COURS COMPLET
D'HARMONIE
THÉORIQUE ET PRATIQUE.

PAR

AUGUSTIN SAVARD,

Professeur au Conservatoire impérial de Musique.

Ouvrage adopté pour servir à l'Enseignement
AU CONSERVATOIRE IMPÉRIAL DE MUSIQUE
ET AU GYMNASE MUSICAL MILITAIRE.

TOME PREMIER.

PARIS.
J. MAHO, ÉDITEUR DE MUSIQUE,
PASSAGE JOUFFROY, 40.

1853.

COURS COMPLET

D'HARMONIE

THÉORIQUE ET PRATIQUE.

I

COURS COMPLET

D'HARMONIE

THÉORIQUE ET PRATIQUE.

PAR

AUG^{tin} SAVARD,

Professeur au Conservatoire impérial de Musique.

Ouvrage adopté pour servir à l'Enseignement

AU CONSERVATOIRE IMPÉRIAL DE MUSIQUE

ET AU GYMNASE MUSICAL MILITAIRE.

TOME PREMIER.

PARIS.

MAHO, ÉDITEUR DE MUSIQUE,

PASSAGE JOUFFROY, 10.

1853

A MONSIEUR

Françoia Bazin.

Mon cher Ami,

Permettez-moi de vous dédier cet ouvrage. Votre nom placé en tête de ce livre sera heureux pour lui comme l'a été pour moi une amitié née au début de ma carrière, et dont je vous prie d'accepter ici un faible témoignage.

Augustin SAVARD.

INSTITUT DE FRANCE.

ACADÉMIE DES BEAUX-ARTS.

RAPPORT *de l'Académie des Beaux-Arts sur le* **Cours complet d'Harmonie théorique et pratique** *de M. Augustin Savard.*

Paris, le 7 octobre 1851.

Le Secrétaire perpétuel de l'Académie certifie que ce qui suit est extrait du procès-verbal de la séance du samedi 27 septembre 1851.

Messieurs,

Par sa lettre du 17 juillet 1851, M. le Ministre de l'intérieur a invité l'Académie des Beaux-Arts à prendre connaissance de l'ouvrage de M. Augustin Savard, lequel a pour titre : Cours complet d'harmonie théorique et pratique. Vous avez chargé votre section de musique de l'examiner, et nous avons l'honneur de soumettre à vos lumières le rapport dans lequel nous avons résumé votre opinion.

C'est une entreprise sérieuse aujourd'hui d'écrire un Traité d'harmonie, d'offrir à ceux qui se livrent à l'étude de la Composition musicale un guide sûr, un livre complet, basé sur de saines doctrines, et contenant aussi des analyses et des développements trop souvent négligés dans ces sortes d'ouvrages, et que l'art moderne a rendus indispensables.

C'est une tâche difficile, en un mot, de retenir, par une discipline sévère, les élèves qui cherchent incessamment à se dégager des entraves de l'École, d'intéresser en même temps, par des aperçus nouveaux, les esprits observateurs, en parcourant d'un œil impartial le vaste domaine de la fantaisie, en acceptant les progrès de l'art, en s'emparant de ses conquêtes, de ses richesses, de ses licences même, et de rattacher, de déductions en déductions, ces nouveaux faits à des principes fondamentaux.

Tel est le but qu'un théoricien doit se proposer. M. Savard nous semble l'avoir atteint.

Son ouvrage se divise en trois parties : la première partie traite de l'harmonie consonnante.

L'auteur donne pour point de départ l'origine de notre tonalité, comparée aux tonalités anciennes. Cette étude l'amène à expliquer d'une manière très-satisfaisante les rapports sympathiques des accords, rapports sur lesquels sont établies les règles qui président à leur enchaînement. Ce même principe expose clairement le mécanisme de la modulation, et met à découvert ses plus mystérieux ressorts.

La seconde partie comprend l'harmonie dissonante et tous les artifices qui peuvent l'enrichir, tels que les préparations, les altérations, les pédales.

La troisième partie contient les artifices mélodiques, les notes étrangères à l'harmonie, les notes de passage, appoggiatures, groupes, syncopes et anticipations, etc., etc.

Enfin, on trouve comme appendice à ce travail, déjà si complet, un dernier chapitre traitant de la production de l'harmonie sous un chant donné, de l'imitation et du contre-point renversable.

Nous nous plaisons à reconnaître que ce livre est remarquable par la logique et la clarté, par l'ordre rationnel dans lequel toutes les matières sont exposées, par la disposition ingénieuse du texte, qui permet à l'élève de ne prendre que ce qui lui est nécessaire, et par les leçons d'analyse et les nombreux exercices, qui révèlent chez l'auteur un musicien savant et profond.

En conséquence, nous vous prions, Messieurs, de vouloir bien accorder votre honorable approbation à l'intéressant ouvrage de M. Augustin Savard.

Signé à la minute : HALÉVY, CARAFA, Ad. ADAM,
et Ambroise THOMAS, Rapporteur.

L'Académie adopte les conclusions de ce rapport.

Certifié conforme,

Le Secrétaire perpétuel,
Signé : RAOUL-ROCHETTE.

CONSERVATOIRE NATIONAL DE MUSIQUE ET DE DÉCLAMATION.

Paris, le 27 octobre 1851.

Extrait du Procès-verbal de la séance du Comité des études musicales du Conservatoire, du lundi 27 octobre 1851.

M. Augustin SAVARD, Professeur au Conservatoire national de musique, a présenté au Comité des études musicales un TRAITÉ D'HARMONIE THÉORIQUE ET PRATIQUE. Cet ouvrage, d'un mérite incontestable, se distingue par la clarté, par l'ordre dans lequel les divers faits harmoniques sont exposés, et par quelques aperçus nouveaux dans le rapport des tonalités anciennes avec la tonalité moderne.

En conséquence, le Comité conclut à ce que cet ouvrage, fruit d'une longue expérience et de sérieuses méditations, soit adopté par le Conservatoire, où l'auteur a puisé les saines traditions de l'art.

Signé : AUBER, directeur-président; Édouard MONNAIS, commissaire du gouvernement; F. HALÉVY, Ad. ADAM, Ambroise THOMAS, Louis PERROT, ZIMMERMAN, PONCHARD, GIRARD.

Pour extrait conforme :

Le Secrétaire du Conservatoire et du Comité,

A. DE BEAUCHESNES.

GYMNASE MUSICAL MILITAIRE.

Paris, le 7 avril 1852.

Monsieur,

J'ai le plaisir de vous informer qu'après avoir pris connaissance de votre ouvrage intitulé : Cours complet d'Harmonie théorique et pratique, je l'ai adopté pour servir à l'enseignement dans les classes du Gymnase musical militaire.

Je me plais à vous répéter ce que mes confrères de l'Institut vous ont déjà dit dans leur rapport. Votre ouvrage se distingue surtout par la clarté et l'ordre excellent dans lequel les divers faits harmoniques sont présentés, et par les aperçus nouveaux que vous avez su tirer de l'étude des tonalités anciennes appliquées à la tonalité moderne.

Agréez, Monsieur, avec mes félicitations, l'assurance de ma considération distinguée.

Le Directeur du Gymnase musical, membre de l'Institut,

M. CARAFA.

COURS COMPLET D'HARMONIE.

COURS COMPLET

D'HARMONIE THÉORIQUE ET PRATIQUE.

PRÉFACE. — INTRODUCTION.

TABLE DES MATIÈRES.

(¹) Les chiffres indiquent le nᵒ des pages.

CHAPITRE SEPTIÈME.

DE LA MODULATION, 92.

CHAPITRE HUITIÈME.

DES MARCHES HARMONIQUES UNITONIQUES ET MODULANTES, 115.

DEUXIÈME PARTIE.

HARMONIE DISSONANTE.

—

De l'harmonie dissonante en général, 135.

PREMIÈRE DIVISION. — DISSONANCES NATURELLES.

ACCORDS DANS LESQUELS LA DISSONANCE ÉTANT NATURELLE N'A PAS BESOIN DE PRÉPARATION.

CHAPITRE PREMIER.

ACCORD DE SEPTIÈME DE DOMINANTE, 136. — *Exercices*, 141.

CHAPITRE DEUXIÈME.

CHAPITRE TROISIÈME.

CHAPITRE QUATRIÈME.

2ª DIVISION. — DISSONANCES ARTIFICIELLES.

LEÇONS SUR L'ENSEMBLE DU COURS D'ÉTUDE.

PRÉFACE.

L'harmonie, telle que nous la comprenons, n'était pas connue des anciens. Ce fut seulement vers la fin du neuvième siècle que le moine Hucbald de Saint-Amand, en Flandre, en fit les premiers essais. Ils furent d'abord bien imparfaits; ils se réduisaient à l'emploi des seules consonnances d'octave, de quinte et de quarte.

Dans le onzième siècle, Guido d'Arezzo et Francon de Cologne préparèrent les progrès de l'art du *contre-point*; mais cette science resta à peu près stationnaire jusqu'au commencement du quatorzième siècle.

A cette époque, Jean de Muris, chanoine de Paris, donna, assure-t-on, aux notes les différentes figures destinées à marquer la durée relative des sons (1).

Ces nouveaux signes remplacèrent les points que Guido avait substitués aux caractères qui, avant lui, servaient à représenter les notes.

Avec ce perfectionnement se répandit l'usage du contre-point *figuré* qui, vers la seconde moitié du quinzième siècle, avait déjà atteint un certain degré de complication. Mais on en fit bientôt un tel abus, que toutes les compositions se bornèrent à des combinai-

---

(1) Quoique l'invention de la musique *figurée* soit vulgairement attribuée à Jean de Muris, il est néanmoins incontestable qu'elle lui est antérieure, puisque l'on en trouve des traces dès le commencement du XI⁰ siècle.

sons énigmatiques et puériles, aussi étrangères au sentiment qu'au bon goût, et sous lesquelles l'art véritable disparut complétement.

Toutefois, les progrès de l'harmonie proprement dite furent si lents, et on était encore si loin de notre système moderne, que jusqu'à Orlandus Lassus, c'est-à-dire jusque vers le milieu du seizième siècle, on n'osait pas encore employer les consonnances de tierce et de sixte au commencement et à la fin d'un morceau de musique.

Cependant des maîtres habiles, au premier rang desquels on doit placer Jacques Hobrecht, Jean Okeghem et Jean Tinctoris (1), préparaient la révolution que le seizième siècle allait voir s'opérer.

Ce fut, en effet, à cette époque que le génie de Jean Pier Luigi de Palestrina vint tirer l'art de son long sommeil et inaugurer avec splendeur la glorieuse carrière de l'école d'Italie.

Enfin, vers les premières années du dix-septième siècle, Claude Monteverde découvrit ou plutôt adopta l'accord de *septième de dominante*, qui renfermait dans son sein notre tonalité moderne.

Cette découverte devait transformer complétement l'ancien système, basé sur des débris de la syntaxe musicale des Grecs.

La transition ne fut pas subite, et Monteverde lui-même fut loin de prévoir la révolution que son innovation devait amener. Pendant longtemps, les œuvres musicales sont empreintes de cette indécision du compositeur, placé entre les données anciennes qui constituaient les principes de l'art et l'influence encore mystérieuse mais irrésistible du nouvel élément harmonique. Cet agent fécond fait éclore des instincts nouveaux, et bientôt les maîtres fameux surgissent de toutes parts.

Alors des conservatoires se forment en Italie ; ils ont pour mission de recueillir les préceptes de l'art et de les ériger en corps de doctrine. Mais la perturbation qu'amenait dans l'ancienne théorie le développement rapide de la nouvelle tonalité, la lutte entre les

____

(1) Tous trois appartenaient à l'illustre école flamande, mère de toutes les autres.

anciennes idées et les nouveaux instincts, s'opposaient à la formation d'un système harmonique clair, précis et rationnel. Les compositeurs de génie écrivaient par intuition et le haut enseignement était de l'empirisme.

A Rameau était réservée la gloire de débrouiller le premier ce chaos. En 1722, il fit paraître un traité d'harmonie fondé sur une théorie nouvelle; il chercha même à placer son système au rang des sciences exactes.

Et pourtant les admirables compositions des maîtres illustres qui se succédèrent vinrent donner un démenti à l'ingénieux système de Rameau. A la suite de faits nouveaux, de nouveaux systèmes s'élevèrent pour les contenir et les expliquer; de là, le nombre prodigieux de traités d'harmonie différant les uns des autres suivant la date de leur publication et le point de vue auquel l'auteur s'est placé. Tous tendent au même but, la connaissance de l'harmonie de leur époque; mais cette connaissance peut être plus ou moins pratique, et la route qu'on suit pour l'acquérir plus ou moins directe.

De tous les ouvrages didactiques qui ont succédé à celui de Rameau, le plus clair, le plus précis est incontestablement le Traité d'Harmonie de Catel; la théorie y est fondée sur un système simple et naturel. Mais les exemples sont rares; les exercices manquent dans ce livre.

Pour combler la lacune laissée par son maître, M. Dourlen a fait paraître un ouvrage pratique où la théorie de Catel reçoit son application dans d'excellents modèles.

Dans ces derniers temps, des hommes éminents ont de leur côté publié d'importants travaux pour améliorer l'enseignement. Ils ont émis des idées neuves et répandu de la lumière sur des points obscurs; malheureusement il est à regretter qu'ils aient trop négligé la pratique de l'art.

Il restait donc à faire un ouvrage réunissant, dans une juste mesure, les exercices pratiques et les notions théoriques qui les éclairent et les vivifient.

C'est ce que nous avons tenté.

Asseoir et *coordonner* les faits, éclaircir et formuler en règles précises certains points de la science harmonique demeurés jusqu'à présent vagues, indéfinis et abandonnés en quelque sorte à l'instinct musical, tel a été le but de nos efforts.

Nous espérons avoir réussi, et l'on trouvera des aperçus nouveaux sur les lois qui régissent l'enchaînement des accords consonnants (1), et sur le mécanisme de la modulation.

Quant au plan que nous avons suivi (2), un coup d'œil jeté sur la table synoptique des matières, placée en tête de notre livre, suffira pour en donner une idée exacte.

Les divers points théoriques indiqués par ce plan sont toujours accompagnés d'exercices pratiques (3). Un volume à part donne ces mêmes leçons entièrement écrites pour servir à l'élève de modèles et de corrigé.

Une étude trop négligée et dont le résultat est cependant indispensable à un musicien, c'est d'habituer l'oreille à reconnaître les divers faits harmoniques. Nous indiquons des exercices qui tendent à ce but.

En suivant consciencieusement ce cours d'études, on acquerra promptement, avec une connaissance raisonnée de la science de l'harmonie, l'art plus difficile de la bien mettre en œuvre.

Nous terminerons ces observations par les réflexions suivantes

---

(1) Nous ne nous occupons que de l'harmonie *moderne*, fondée sur notre tonalité, et non de l'harmonie primitive qui se réduisait à l'art de faire consonner certains intervalles avec les notes d'une mélodie conçue dans l'un des *modes* ou *tons* du plain-chant. On donnait à cet art le nom de *Contre-Point*.

Cette observation expliquera l'espèce de contradiction qui existe entre les règles que nous établissons relativement à la succession des accords consonnants, et l'indifférence que montrent, sur ce sujet, les ouvrages des maîtres antérieurs à notre système moderne.

(2) Il n'est pas besoin de faire observer que dans la pratique de l'enseignement il appartiendra au maître de modifier, suivant les circonstances, l'ordre que nous imposait ici la classification rationnelle des faits.

(3) Dans le cas où les leçons que nous donnons seraient insuffisantes, il ne manque pas d'ouvrages où l'on pourrait en trouver; nous avons déjà cité le Traité d'Harmonie de Dourlen.

empruntées à un auteur moderne (1). « La composition, dit-il, étant
« non-seulement un art d'investigation, mais surtout de création,
« c'est par l'observation, la lecture, l'audition des grands modèles
« en tous genres, jointes à quelques excursions plus ou moins pro-
« fondes, mais consciencieuses, dans les lettres, les sciences, l'his-
« toire et les beaux-arts; c'est enfin par la culture éclairée de
« l'intelligence que l'élève peut franchir la limite qui sépare le
« grammairien de l'orateur, l'harmoniste du compositeur. »

(1) A. Barbereau. (*Traité théorique et pratique de Composition musicale.*)

INTRODUCTION [1].

La Musique est formée de deux éléments distincts : la *Mélodie* et l'*Harmonie*.

La MÉLODIE est l'union successive des sons.

L'HARMONIE est l'union simultanée des sons, c'est-à-dire qu'elle a pour objet d'en faire entendre plusieurs à la fois.

L'homme ne crée pas ; il met seulement en œuvre les éléments que lui fournit la nature. Ainsi donc, quoique la Mélodie, et même jusqu'à un certain point l'Harmonie, soient du domaine de l'imagination, l'une et l'autre ont cependant pour principe un élément naturel.

Quel élément musical fournit la nature ? Un seul : la résonnance du corps sonore.

Étudions ce phénomène.

Tout corps sonore mis en vibration produit, outre le son principal, deux autres sons plus faibles dits *harmoniques* ou *concomitants*, l'un à la 12e, l'autre à la 17e majeure de ce son principal. La certitude mathématique que donnent, à cet égard, les lois de l'acoustique, peut être rendue sensible par l'expérimentation surtout, si elle est faite sur un corps doué d'une grande sonorité.

Faisons sonner, par exemple, la corde *fa* :

---

(1) Prévenons, en commençant, que l'élève est supposé connaître les principes de musique qui appartiennent à l'étude du solfége, tels que la nature et la composition des intervalles, la constitution de la gamme majeure et mineure, la génération des dièzes et des bémols, la classification, l'étendue et le diapason des voix, etc., etc.

elle fera résonner simultanément, outre le son principal, les sons harmoniques *ut, la* :

Qu'on répète cette expérience sur différents sons, et on obtiendra toujours un résultat analogue.

Voyons maintenant comment ce phénomène peut devenir principe mélodique.

La Mélodie est formée par les sons de l'échelle musicale ou *gamme*. La gamme diatonique est composée de sept notes ; or, on vient de voir que la résonnance du corps sonore nous en fournit déjà trois.

Pour compléter le nombre de sept notes, nous devons rechercher de nouveaux sons qui ressortent des premiers. A cet effet, prenons pour son fondamental l'un des sons harmoniques donnés par la première résonnance, et il produira à son tour de nouvelles notes harmoniques.

Ainsi, *fa* nous a donné *ut, la* ; faisons raisonner *ut*, et il donnera naissance à *sol, mi*. Le nombre des sept notes n'étant pas encore complet, continuons la même opération en prenant *sol* pour son fondamental, et il nous donnera *ré, si*. Exemple :

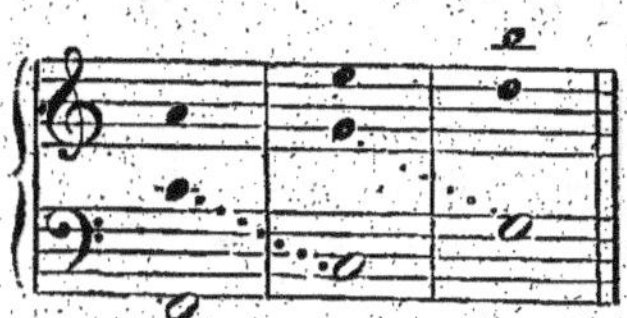

En rapprochant les unes des autres les notes que nous avons obtenues au moyen de ces deux générations, nous aurons la série suivante :

c'est-à-dire toutes les notes de la gamme d'*ut* :

Cette gamme est donc le produit de trois notes génératrices *fa, ut, sol.*
En effet, toute autre note eût donné pour harmoniques des sons étrangers à cette gamme ; *la,* par exemple, donnait *mi, ut* dièse. *Mi* produirait *si, sol* dièse, et ainsi de suite. Ces notes, *la* et *mi,* et toute autre note que *fa, ut, sol,* ne pouvaient donc être génératrices de la gamme d'*ut.*

Pour mieux comprendre l'importance de ces sons générateurs, jetons un coup d'œil sur l'échelle musicale des anciens, et parcourons les différentes modifications qu'elle a subies avant d'arriver à notre système moderne.

Le système grec le plus ancien avait une très-petite étendue. Il était renfermé dans les limites d'une quarte dont les deux sons extrêmes restaient fixes, tandis que les deux sons intermédiaires étaient mobiles, et constituaient par leur position les trois genres : diatonique, chromatique et enharmonique. On appelait *tétracorde* (τετρα, quatre ; χορδν, corde) la réunion de ces quatre sons.

Ce système si restreint reçut des agrandissements successifs ; ainsi, à ce tétracorde primitif : *mi, fa, sol, la,* on en ajouta un second : *si, ut, ré, mi.* Cette échelle de huit cordes fut appelée *lyre pythagorique,* de Pythagore qui y mit la dernière main.

A ce système, on unit par la suite plusieurs autres sons, jusqu'à ce qu'enfin, au temps d'*Aristoxène,* il eût atteint une étendue de plus de quatre tétracordes.

Voici cette échelle (1) que les Grecs appelaient leur système grand et immuable.

---

(1) Remarquons qu'il n'est ici question que du genre diatonique.

DIAGRAMME GÉNÉRAL DU SYSTÈME DES GRECS

POUR LE GENRE DIATONIQUE.

Grave (1).

Τετράχορδον ὑπατῶν
Tétracorde hypaton
(Des fondamentales.)

- Προσλαμβανόμενος — Proslambanomène (L'ajoutée.) — **LA**
- Ὑπάτη ὑπατῶν — Hypate hypaton (La fondamentale des fondamentales.) — **SI**
- Παρυπάτη ὑπατῶν — Parhypate hypaton (Contre la fondamentale des fondamentales.) — **UT**
- Λιχανός ὑπατῶν — Lichanos hypaton (Celle des fondamentales qui se touche de l'index.) — **RÉ**

Τετράχορδον μέσων
Tétracorde meson
(Des moyennes.)

- Ὑπάτη μέσων — Hypaton meson (La plus élevée des moyennes.) — **MI**
- Παρυπάτη μέσων — Parhypate meson (Contre la plus élevée des moyennes.) — **FA**
- Λιχανός μέσων — Lichanos meson (Celle des moyennes qui se touche de l'index.) — **SOL**
- Μέση — Mèse (la moyenne). — **LA**

Colonne de droite (Tétracorde synemmenon — Des notes conjointes) :

- Μέση — Mèse (la moyenne). — **LA**
- Τρίτη συνεμμένων — Trite synemmenon (La troisme des conjointes) — **SI ♭**
- Παρανήτη συνεμμενῶν — Paranete synemmenon (L'avant-dernière des conjointes.) — **UT**
- Νήτη συνεμμενῶν — Nete synemmenon (La dernre des conjointes.) — **RÉ**

Τετράχορδον διεζευ-
γμένων
Tétracorde diezeugmenon
(Des disjointes.)

- Παραμέση — Paramèse (Contre la moyenne.) — **SI**
- Τρίτη διεζευγμένων — Trite diezeugmenon (La troisième des disjointes) — **UT**
- Παρανήτη διεζευγμένων — Paranete diezeugmenon (L'avant-dernière des disjointes.) — **RÉ**
- Νήτη διεζευγμένων — Nete diezeugmenon (La dernière des disjointes.) — **MI**

Τετράχορδον ὑπερβο-
λαίων
Tétracorde hyperboléon
(Des elevées.)

- Τρίτη ὑπερβολαίων — Trite Hyperboléon (La troisième des élevées.) — **FA**
- Παρανήτη ὑπερβολαίων — Paranete hyberleon (L'avant-dernière des élevées.) — **SOL**
- Νήτη ὑπερβολαίων — Nete hyperboléon (La dernière des élevées.) — **LA**

Aigu.

---

(1) Pour comprendre ce tableau, il faut savoir que les anciens plaçaient les sons graves en haut et les sons aigus en bas.

En étudiant ce tableau, on remarque :

1° Que l'échelle musicale des Grecs était divisée en *quartes* ou *tétra-cordes*, tantôt unis :

si, ut, ré, mi, fa, sol, la,

tantôt séparés par un ton :

mi, fa, sol, la, si, ut, ré, mi.

Deux tétracordes unis, συνεμμένα τετράχορδα, formaient l'*heptacorde*. Deux tétracordes séparés, διεζευγμένα, formaient l'*octocorde*.

2° Que chaque tétracorde est, comme nous l'avons dit, composé de quatre cordes dont les deux extrêmes donnent une quarte juste, et que le demi-ton, dans le genre diatonique (celui dont il est ici question), se trouve de la première à la seconde note, en lisant suivant notre manière de placer les notes du grave à l'aigu.

3° Que tout le système a une étendue de deux octaves comprenant quatre tétracordes formés par les notes naturelles.

4° Qu'en introduisant entre la *mèse* et la *paramèse* un seizième son (*si* ♭), on obtient un cinquième tétracorde (*la, si* ♭, *ut, ré*). C'est le tétracorde synemmenon, συνεμμε.ῶν, qui, bien que donnant des noms particuliers aux notes dont il est composé, emprunte cependant ces notes aux autres tétracordes, sauf la seconde note (*si*) qui est modifiée.

Or, c'est précisément la variation que subissait cette corde (*si*), qui a été le principe des changements apportés à ce système au moyen âge.

Jusqu'au onzième siècle, le système tétracordal des Grecs forma la base de la théorie musicale ; mais à cette époque ce système reçut d'importantes modifications dont Guido d'Arezzo, moine bénédictin, est vulgairement réputé l'auteur.

Saint Grégoire avait déjà simplifié le système de la notation en substituant au nombre infini de signes dont les Grecs se servaient pour représenter les notes, les simples caractères de l'alphabet. Les majuscules indiquaient les sons de l'octave inférieure, et les minuscules, ceux de l'octave la plus élevée, de la manière suivante :

Aigu.

aa — LA

g — SOL

f — FA

e — MI

d — RÉ

c — UT

b — SI variable.

a — LA

G — SOL

F — FA

E — MI

D — RÉ

C — UT

B — SI

A — LA

Grave.

Or, Guido ajouta au grave une nouvelle corde (*sol*), et, pour la distinguer des autres, il la représenta par le *gamma* (*G* des Grecs), ce qui fit donner à sa nouvelle échelle le nom de gamme. Il ajouta en outre quatre notes à l'aigu, et porta ainsi jusqu'à l'*ee* (*mi*) le système des Grecs qui s'arrêtait à *aa* (*la*).

Cette nouvelle échelle fut distribuée en sept *hexacordes* (1) (e., six ; χορδή, corde). Dans le système tétracordal, le demi-ton, comme nous l'avons fait remarquer, devait se trouver entre le premier et le second degré pour le genre diatonique ; c'est pourquoi les anciens ne commençaient pas la division de leur système par le son le plus grave (*la*), appelé *proslambanomène*, mais par l'*hypate hypaton* (*si*). Or, l'inventeur de l'hexacorde voulant commencer par le son le plus bas, c'est-à-dire par le *G* (*sol*), le demi-ton se trouva naturellement placé entre le troisième et le quatrième degré de l'hexacorde.

Ayant remarqué que la corde *B* (*si*) était seule sujette à variation, et que les six autres avaient leur son fixé, Guido appliqua à ces dernières les six

______

(1) Certains critiques pensent que la division de l'échelle en hexacordes est postérieure à Guido.

syllabes *ut, ré, mi, ja, sol, la* (1). La corde *C* correspondait à *ut*, la corde *D* à *ré*, la corde *E* à *mi*, et ainsi de suite jusqu'à la corde *B* variable, exclusivement. En transposant cette série de syllabes trois degrés plus haut, c'est-à-dire en appelant *ut* la corde *F*, la syllabe *fa* s'appliquait à la corde *B*, qui alors était nécessairement bémolisée. Au contraire, en transposant la série de syllabes trois degrés plus bas, et appliquant au *G* la syllabe *ut*, la corde *B* prenait le nom de *mi* et était bécarre. De cette sorte, les syllabes *mi, fa* servaient toujours à désigner les notes entre lesquelles se trouvait placé le demi-ton.

Ces hexacordes étaient partagés en *durs, mols* et *naturels*.

Le tableau suivant donnera d'ailleurs une idée suffisante de ce système :

---

(1) Guido donna une désignation syllabique aux notes pour faciliter la solmisation. Il tira ces syllabes de la première strophe d'une hymne en l'honneur de saint Jean-Baptiste. Voici le chant de cette hymne trouvé dans un ancien manuscrit de la bibliothèque du chapitre de Sens :

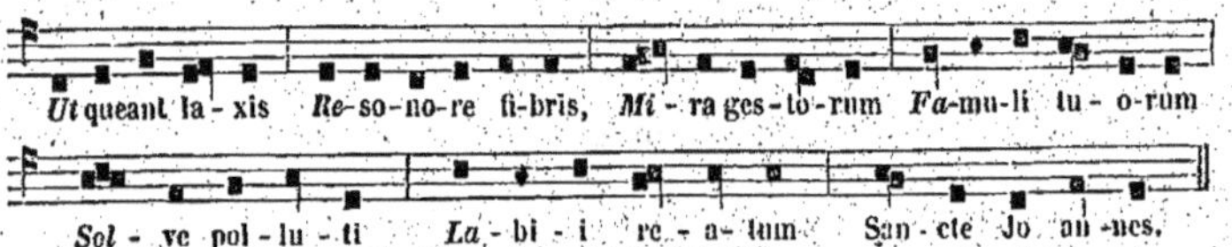

Ce qui donne les six notes de Guido :

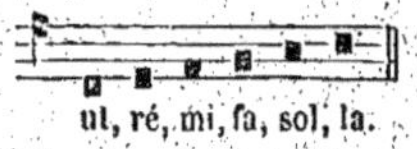

TABLEAU DU SYSTÈME HEXACORDAL.

ATTRIBUÉ A GUIDO D'AREZZO

		b mol Hexacorde mol.	nature Hexacorde naturel	*b* quarre Hexacorde dur.
ee	mi			LA
dd	ré	LA		SOL
cc	ut	SOL		FA ⎫ demi-ton.
bb	si	FA ⎫ demi-ton.		MI ⎭
aa	la	MI ⎭	LA	RÉ
g	sol	RÉ	SOL	UT
f	fa	UT	FA ⎫ demi-ton.	
e	mi		MI ⎭	LA
d	ré	LA	RÉ	SOL
c	ut	SOL	UT	FA ⎫ demi-ton.
b	si	FA ⎫ demi-ton.		MI ⎭
a	la	MI ⎭	LA	RÉ
G	sol	RE	SOL	UT
F	fa	UT	FA ⎫ demi-ton.	
E	mi		MI ⎭	LA
D	ré		RÉ	SOL
C	ut		UT	FA ⎫ demi-ton.
B	si			MI ⎭
A	la			RÉ
Γ	sol			UT

Lorsque la Mélodie dépassait l'étendue de l'hexacorde, on comblait la lacune qui existait entre chaque hexacorde en empruntant à l'une des colonnes voisines les notes dont on avait besoin. Chaque note pouvait ainsi recevoir plusieurs noms selon la colonne à laquelle elle appartenait. On appelait *muances* ces changements du nom des notes dans la solmisation.

Le tableau qui précède fait voir ces différentes *muances* et explique l'usage qu'avaient les anciens auteurs d'employer plusieurs noms à la fois pour désigner une seule et même note; ainsi, par exemple, ils disaient *C, sol, ut, fa* pour indiquer l'*ut*; le *sol* prenait nom: *G, sol, ré, ut*; le *la*: *A, la, mi, ré*, et ainsi de suite.

Voilà le système attribué à Guido. Remarquons en passant qu'il ne diffère guère du système des anciens que par le développement de l'échelle et sa division en hexacordes, mais qu'au fond la constitution de cette échelle est restée la même.

Pour tirer des conséquences pratiques de ce que nous venons de dire, observons :

1° Que chaque hexacorde commençait sur une des cordes génératrices de l'échelle : *G sol, C ut, F fa* (1).

2° Que les différents noms qu'une même note pouvait recevoir, d'après le système des muances, étaient précisément ceux des cordes génératrices de la gamme dont cette note serait la tonique dans notre système moderne.

Il est maintenant facile d'entrevoir l'importance de ces notes constitutives dans le système musical.

Notre échelle moderne n'est, en effet, que la précédente étendue, développée jusqu'aux dernières limites de l'appréciabilité du son.

Toutefois, nous devons faire observer que notre gamme diatonique n'étant pas fixe, mais pouvant prendre pour son fondamental une note quelconque, cette mobilité nécessite l'intervention des signes altératifs pour conserver dans la transposition les proportions d'intervalles du type primitif. En un mot, nous avons généralisé ce qui, dans le système hexacordal que nous venons d'exposer, existait déjà à l'égard de la corde *B, si*.

Les difficultés occasionnées par les *muances* augmentant à mesure que la Musique devint plus compliquée, l'on dut adopter un meilleur système de solmisation.

En Italie et en France, on conserva les six syllabes en y ajoutant, pour éviter les *muances*, une syllabe nouvelle, *si*, désignant le septième son. Dans d'autres pays, en Allemagne, par exemple, l'on a négligé toute espèce de syllabisation, et les notes ne reçoivent pas d'autre nom que celui des caractères alphabétiques qui servaient primitivement à les indiquer.

Telle est l'origine de notre gamme. Comprise entre les limites de l'octave au-delà de laquelle elle se reproduit exactement, elle se compose de deux fractions mélodiques parfaitement semblables, quoiqu'à une quinte de distance. Exemple :

Les deux notes de la gamme par lesquelles commence chacune de ces séries jouent un rôle plus important qu'aucune des autres. La première se

____

(1) On voit l'origine de nos clefs de *fa*, d'*ut* et de *sol*, qui n'étaient primitivement que le caractère alphabétique représentant chacune de ces notes.

nomme *tonique*, la seconde, *dominante*. Ces deux points s'appellent et se répondent ; autour d'eux, tous les autres sons viennent se grouper. Enfin, le nom donné à chacun de ces derniers exprime sa position dans la gamme relativement à la *tonique* et à la *dominante*, ainsi qu'on peut le voir dans l'exemple suivant :

On sait que cette gamme d'*ut* est le produit des trois sons générateurs, *fa, ut, sol*. Le *fa*, quatrième degré ou *sous-dominante*, sera donc aussi un des points essentiels de cette gamme.

La *sous-dominante*, la *tonique* et la *dominante*, sons générateurs, renfermant implicitement toutes les notes de la gamme, au moyen de leurs harmoniques, déterminent d'une manière absolue la tonalité et prennent en conséquence le nom de *notes tonales*.

Le repos plus ou moins complet résultant de la chute de la phrase, de l'un de ces points sur l'autre, constitue les cadences (*cadere*, tomber).

L'origine de la tonalité établie, il reste à indiquer celle du *mode*.

DU MODE.

Le mode est la manière d'être d'une gamme diatonique, c'est-à-dire qu'il détermine la place des demi-tons.

Les modes de notre Musique diffèrent beaucoup de ceux de la Musique des anciens. Nous avons dit que dans chacun de leurs tétracordes les deux sons extrêmes étaient fixes ; mais on pouvait faire varier les cordes intermédiaires, et par ce moyen on obtenait les différents genres, γένη.

Pour les anciens, la différence des *modes*, τρόποι, qu'ils nommaient quelquefois *tons*, τόνοι, résultait de la place qu'occupaient, dans le système général, les sons d'une échelle particulière.

Le *genre* déterminait donc la valeur relative des sons de cette échelle, et le *mode*, leur valeur absolue.

Les bornes étroites dans lesquelles était renfermé primitivement le système musical, alors que l'échelle ne dépassait par les limites de l'octocorde, ne firent d'abord admettre que trois modes, savoir : le *dorien*, le *phrygien* plus aigu d'un ton, et le *lydien* plus aigu d'un ton que le phrygien.

Dans la suite, le nombre des modes s'accrut successivement, à mesure que l'échelle s'étendit. Ainsi, à ces trois modes primitifs furent ajoutés l'*iastien*, autrement dit *ionien*, et l'*éolien*.

Puis à ces modes on adjoignit, au grave et à l'aigu, de nouveaux modes qui tiraient leur dénomination des premiers, en y joignant la préposition *hyper* (sur) pour ceux d'en haut et *hypo* (sous) pour ceux d'en bas (1). De la sorte, on eut jusqu'à quinze modes distants chacun d'un demi-ton.

TABLEAU DE TOUS LES MODES DE LA MUSIQUE ANCIENNE.

	15 Si	hyper-lydien.
	14 Si ♭	hyper-éolien.
AIGUS :	13 La	hyper-phrygien.
	12 La ♭	hyper-iastien, ou hyper-ionien.
	11 Sol	hyper-dorien, ou mixo-lydien.
	10 Fa ♯	LYDIEN.
	9 Fa	ÉOLIEN, ou lydien grave.
MOYENS :	8 Mi	PHRYGIEN.
	7 Mi ♭	IASTIEN, OU IONIEN.
	6 Ré	DORIEN, ou hypo-mixo-lydien.
	5 Ut ♯	hypo-lydien.
	4 Ut	hypo-éolien.
GRAVES :	3 Si	hypo-phrygien.
	2 Si ♭	hypo-iastien, ou hypo-ionien.
	1 La	hypo-dorien.

Toutefois, ces accroissements, nous le répétons, ne furent que successifs ; ainsi, au temps d'*Aristoxène* et d'*Euclide*, où l'échelle comprenait deux octaves, on ne comptait encore que treize modes.

------

(1) On sait que les Grecs plaçaient le grave en haut et l'aigu en bas. Il pourrait donc se faire que ces prépositions ne s'appliquant qu'à cette situation des signes servant à représenter les sons, désignassent précisément le contraire de ce qu'elles semblent indiquer. Ainsi *hyper* s'appliquerait aux sons graves, et *hypo* aux sons aigus. (Voir le savant ouvrage de M. A.-J.-H. Vincent, de l'Institut ; *Notices et Extraits des Manuscrits*, t. XVI, 2ᵉ partie, p. 76.)

Le système complet que nous venons d'exposer dans le tableau précédent, fut modifié du temps de Ptolémée. Parmi les quinze modes énumérés ci-dessus, on supprima le 2°, le 4°, le 7°, le 9°, le 12°, le 14° et le 15°; le nom du 13° fut changé. Alors, de l'hypo-dorien (le plus grave de tous) à l'hypo-phrygien, il y eut un ton plein; de celui-là à l'hypo-lydien, un ton plein; de ce dernier au dorien, un *limma* (1); du dorien au phrygien, un ton plein; du phrygien au lydien, un ton plein; du lydien an mixo-lydien, un limma; enfin, de ce dernier à l'hyper-mixo-lydien un ton plein.

Les premiers chrétiens firent naturellement usage, pour leurs chants sacrés, du système musical alors en vigueur; néanmoins, ce ne fut pas sans y apporter de nouvelles modifications.

Plusieurs des modes antiques furent abandonnés comme impropres à l'expression des graves et saintes mélodies de l'Église. Ce fut ainsi que, dans le quatrième siècle de l'ère chrétienne, saint Ambroise, archevêque de Milan, limita aux quatre modes: dorien, phrygien, lydien et mixo-lydien, la composition du chant ecclésiastique qu'il régularisa. Vers la fin du sixième siècle, saint Grégoire y ajouta les modes hypo-dorien, hypo-phrygien, hypo-lydien et hypo-mixo-lydien. Les quatre modes de saint Ambroise sont appelés *authentes* ou *authentiques*, c'est-à-dire prn - paux; les quatre ajoutés par saint Grégoire sont nommés *plagaux* ou dérivés.

Ces huit modes forment les huit tons du chant ecclésiastique.

Dans ce chant, dit *chant grégorien* ou *plain-chant*, il y a, pour chaque ton ou mode, une note qui en est le point d'appui ou de repos final, et une autre qui est fréquemment répétée et sur laquelle s'établit la psalmodie.

La première de ces notes fut nommée *finale*, et on appela l'autre *dominante* ou bien encore *répercussion*. Un mode ou ton quelconque se trouve caractérisé par les limites de sa gamme, par la *finale* et par la *dominante*.

Voici les huit tons avec leur *finale* et leur *dominante* :

---

(1) Le *limma* équivaut à notre demi-ton diatonique, l'*apotome* à notre demi-ton chromatique. On appelait *comma* (κόμμα), l'excès de l'apotome sur le limma, ou, en d'autres termes, ce qui manque à deux limmas pour valoir un ton. Observons, d'ailleurs, que chez les anciens ces mots avaient diverses significations.

MODES AUTHENTES. **MODES PLAGAUX.**

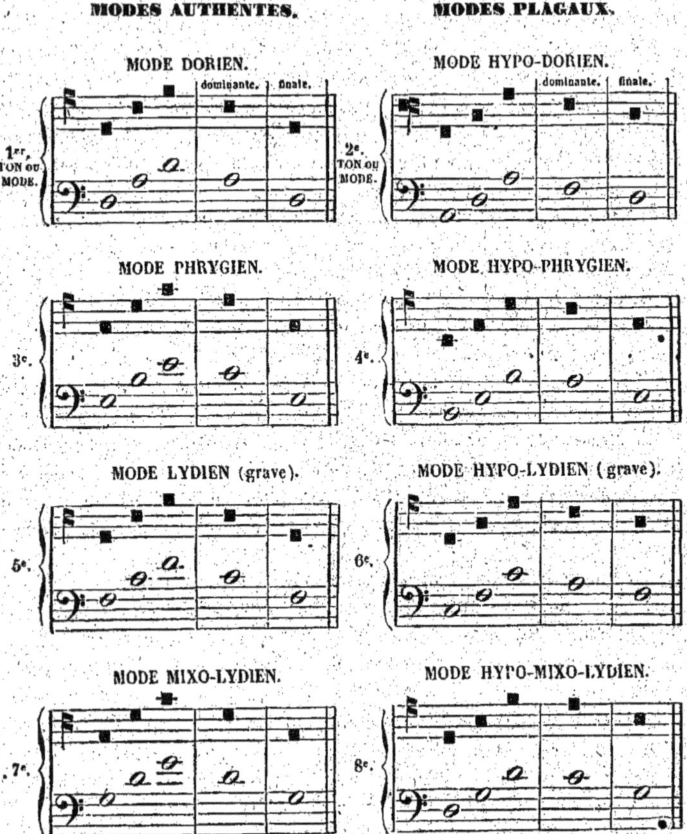

On voit :

1° Que les cordes constitutives des modes *authentes* sont la note fondamentale du mode et la quinte juste de cette note.

2° Que les modes *plagaux* sont constitués sur les mêmes notes que les modes authentes dont ils dérivent, mais qu'ils sont établis une quarte au-dessous ; qu'ainsi le mode authente *ré, la, ré* donne naissance au mode plagal *la, ré, la,* etc.

3° Que dans les modes authentes du plain-chant, la dominante est la quinte de la note fondamentale du mode, à moins que cette quinte ne soit le *si*, comme cela arrive dans le troisième ton. Dans ce cas, on prend pour dominante la note la plus voisine de *si*, c'est-à-dire *ut*.

La dominante dans les modes plagaux est une tierce au-dessous de la dominante du mode authente correspondant, excepté encore quand cette tierce tombe sur le *si*, car alors, comme pour les modes authentes, il faut prendre *ut* pour dominante ; c'est ce qui a lieu dans le huitième ton.

4° Que la finale est la même dans le ton authente et dans son ton plagal (1).

Dans notre système musical moderne, nous donnons une autre acception au mot *mode*. Le mode, pour nous, se rapporte à la place qu'occupent les demi-tons dans une gamme diatonique. Nous n'avons que deux modes, le majeur et le mineur.

Ces deux modes ont leur origine dans les trois triades harmoniques dont les cordes fondamentales nous ont déjà donné la tonalité. Ces trois notes tonales et leurs 12es ou 5tes restent fixes, tandis que leurs 17es ou 3^{ces} peuvent être majeures ou mineures (2). Or, la manière d'être de ces 17es ou 3^{ces}, dans les triades constitutives, détermine la nature du mode.

La première progression produit la gamme d'*ut*, mode *majeur*, et la seconde, la gamme d'*ut*, mode *mineur*. On voit la cause des trois signes

---

(1) Si l'on veut des notions plus étendues sur la musique des anciens et sur la révolution qui s'opéra dans le système musical sous l'influence des idées chrétiennes, nous renvoyons aux savants travaux de M. A.-J.-H. Vincent.

(2) Veut-on savoir comment la dix-septième ou tierce majeure, produit immédiat de la résonnance du corps sonore, peut devenir mineure ? Qu'on se rappelle que dans une triade harmonique, *fa, ut, la*, par exemple, la quinte *ut* est bien le produit de la fondamentale *fa*, mais nullement de la tierce *la*; car *la* naturel pris pour son fondamental ferait résonner *ut* ♯. Or, si on veut que la quinte *ut* puisse être à la fois le produit de deux sons, il faudra abaisser le *la* d'un demi-ton ; nous aurons alors la triade mineure *fa, la♭, ut*, dans laquelle *ut* sera tout à la fois le produit de *fa* et de *la♭*; et ainsi des autres triades.

d'altération constitutifs qui, dans le même ton, différencient les deux modes. Cependant, cette gamme mineure se trouvant dépourvue de note sensible, on est obligé, pour obtenir cette note dont la tendance résolutive forme un des principaux caractères de notre tonalité moderne, d'avoir recours à une *altération accidentelle* qui rend *majeure* la tierce de la troisième triade. Or, la perturbation apportée par cette altération dans les rapports réciproques des éléments constitutifs de la gamme sont la cause des irrégularités inhérentes à la gamme mineure.

Nous venons de montrer comment de la résonnance du corps sonore ressort l'élément mélodique : la *gamme*; il nous reste à considérer ce même phénomène comme principe harmonique.

La réunion de plusieurs sons rendus à la fois se nomme *accord*. Les accords et les lois qui président à leur enchaînement forment le domaine de l'harmonie.

Or, de la résonnance du corps sonore naissent, comme nous l'allons voir, les accords et les rapports réciproques qui en règlent la succession.

PREMIÈRE PARTIE.

⋖⋗

HARMONIE CONSONNANTE.

Nous avons disposé le texte de telle sorte qu'on puisse, du premier coup d'œil, distinguer les préceptes indispensables à la pratique de l'art, des notes explicatives que l'élève peut négliger sans inconvénient, ces notes sont en petit caractère et rentrées sur texte.

Le texte le plus fort donne un résumé succinct des faits harmoniques et les règles positives dont la connaissance peut suffire à des élèves qui n'ont pour but que d'acquérir les notions d'harmonie nécessaires à l'accompagnement, ainsi qu'à ceux pour lesquels un simple énoncé des faits convient mieux qu'une méthode raisonnée et philosophique.

Ces élèves pourraient donc n'avoir égard qu'à ce gros texte, qui forme, à lui seul, un ensemble suivi et complet.

CHAPITRE PREMIER.

ACCORD PARFAIT MAJEUR, ACCORD PARFAIT MINEUR, ACCORD DE QUINTE DIMINUÉE (*)

De l'Accord parfait majeur.

Origine.

1 L'accord le plus simple et le plus parfait est donné immédiatement par la nature. Il se compose de trois sons fournis par la résonnance d'un corps sonore. (Introduction page 23).

Constitution.

2 En rapprochant ces notes l'une de l'autre on trouve que

Cet accord est composé d'un son fondamental, de la tierce majeure et de la quinte juste de ce son.

Tout accord ainsi composé, se nomme: *Accord parfait majeur.*

Doublement et disposition
des notes de l'accord.

3 On peut doubler la fondamentale et toute autre note de l'accord. Ce redoublement d'une note peut avoir lieu soit à l'octave, soit à la double octave, mais il doit être évité à l'unisson.

4 L'écartement et la disposition des notes de l'accord au dessus de la Basse sont d'ailleurs à la volonté du compositeur.

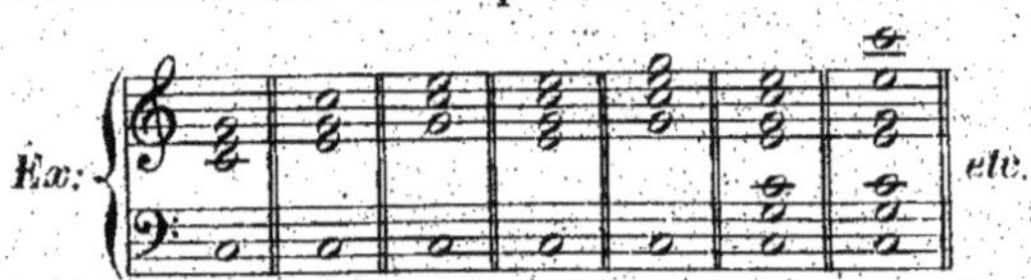

(*) NOTA. L'accord de *Quinte diminuée* ne donnant pas le sentiment de repos, est considéré comme dissonant par certains théoriciens. D'autres auteurs didactiques (nommément M᷍ Fétis: *Traité complet de la Théorie et de la Pratique de l'Harmonie*, page 28 § 80) mettant au nombre des consonnances la quinte diminuée qui entre dans la composition de cet accord, ne voient en lui qu'un accord consonnant, conformément à la nature de ses intervalles.

Quoi qu'il en soit, cet accord devant être traité de la même manière que l'accord parfait, quand il en tient la place, ce qui a lieu, par exemple, quand il est employé dans les marches harmoniques, ou sur le second degré de la gamme mineure, nous avons cru devoir le ranger à la suite des accords parfaits pour compléter ce que nous avons à dire sur leur enchaînement.

Caractère.

5 L'accord parfait majeur forme un sens harmonique complet et absolu, qui, en donnant entière satisfaction à l'oreille, fait naître le sentiment du repos.

Chiffrage.

6 Pour éviter d'écrire toutes les notes d'un accord, on le représente par un signe qui se place au dessus de la note de la basse: ainsi

Nous désignerons l'accord parfait majeur par 5

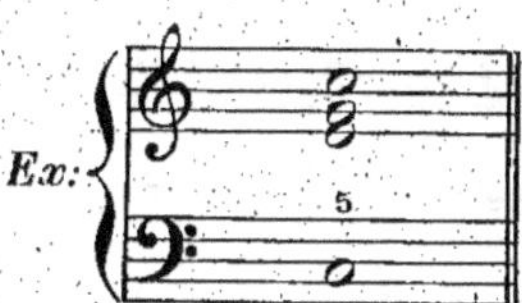

7 Si pour obtenir la _tierce majeure_ on était obligé d'avoir recours à un signe accidentel: dièse ou bécarre, ce signe seul suffirait pour désigner l'accord.

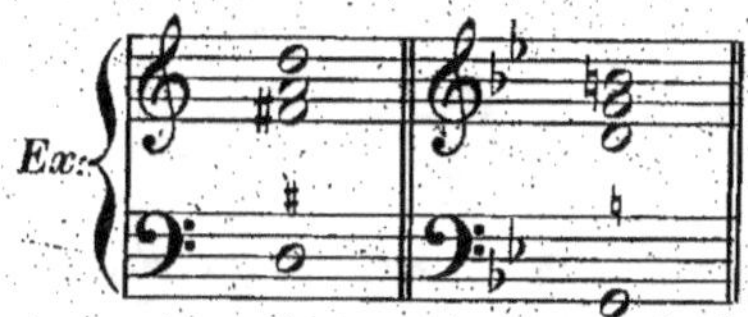

Emploi.

8 La gamme majeure peut recevoir trois accords parfaits majeurs; savoir: un sur la tonique, un sur la sous-dominante, et un sur la dominante.

9 La gamme mineure peut recevoir deux accords parfaits majeurs; savoir: un sur la dominante et un sur la sus-dominante.

10 Les accords parfaits majeurs qu'on voudrait établir sur tout autre degré produiraient des notes étrangères à la tonalité.

11. La note sensible, dans le mode mineur, n'étant qu'artificielle et l'accident qui la produit n'étant pas fixe, on obtiendrait dans le cas où il serait supprimé, (ce qui peut arriver dans la gamme descendante) un troisième accord parfait majeur, placé sur la médiante. Par la même raison l'accord de dominante pourrait devenir mineur. ex:

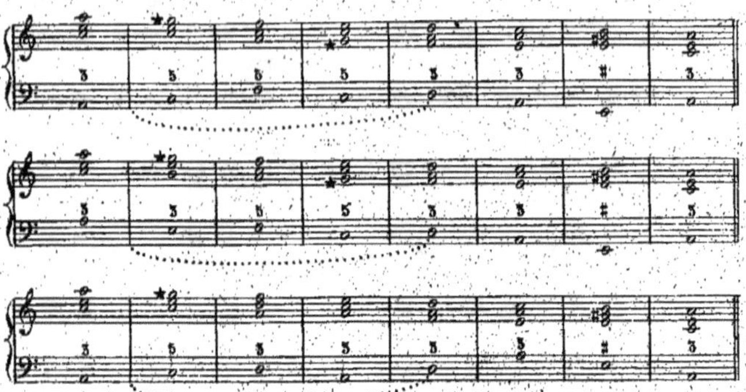

12 Observons toutefois que l'introduction des accords qui résultent de la suppression de la note sensible fait naître un sentiment très prononcé du ton majeur relatif auquel appartiennent naturellement ces accords. C'est ce qu'on peut voir dans les passages soulignés des exemples précédents.

EXERCICES.

1° *Former des accords parfaits majeurs sur différentes notes; — exécuter ces accords et en observer attentivement le caractère de manière à les reconnaître facilement à l'audition.*

2° *Rechercher dans des morceaux de musique les accords parfaits majeurs qui s'y trouvent; — indiquer le signe propre à représenter chacun de ces accords.*

3° *Désigner les différents accords parfaits majeurs contenus dans chacune des gammes majeures et mineures; — indiquer les différentes gammes auxquelles un accord parfait majeur donné peut appartenir.*

De l'Accord parfait mineur.

Origine.

13 Comme l'accord parfait majeur, il tire son origine de la résonnance du corps sonore, quoique d'une manière moins immédiate et plus artificielle. (Voir l'Introduction, note à la page 36).

Constitution.

14 L'accord parfait mineur se compose d'un son fonda-mental, de la tierce mineure, et de la quinte juste de ce son.

Ex: 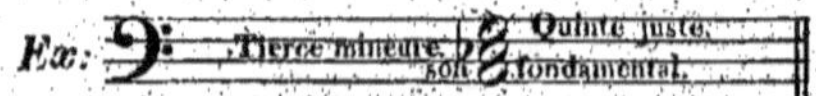

15 Cet accord ne diffère de l'accord parfait majeur que par la tierce qui est mineure.

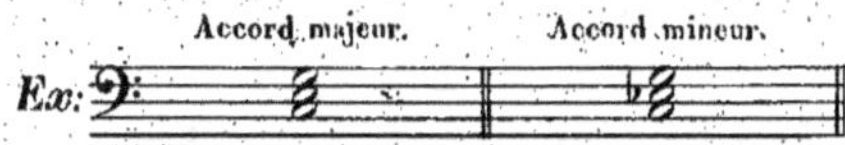

**Doublement et disposition
des notes de l'accord.**

16 Les observations que nous avons faites § 3 et 4, relativement au re-doublement et à la disposition des notes dans l'accord parfait majeur, sont applicables à celui-ci.

17 Si l'on se trouvait forcé de supprimer une des trois notes dont se compose l'accord parfait, soit majeur, soit mineur, comme dans l'harmonie à deux parties, il faudrait supprimer la *quinte* de préférence à la *tierce*, puisque c'est cette dernière qui caractérise le mode de l'accord. (Voir § 90).

Caractère.

18 L'accord parfait mineur forme comme l'accord parfait majeur un sens complet et arrêté; mais la nuance en est différente. L'accord mineur a une tein-te plus sombre, plus triste qui lui donne un caractère particulier, comme on peut s'en convaincre en frappant successivement des accords majeurs et mineurs.

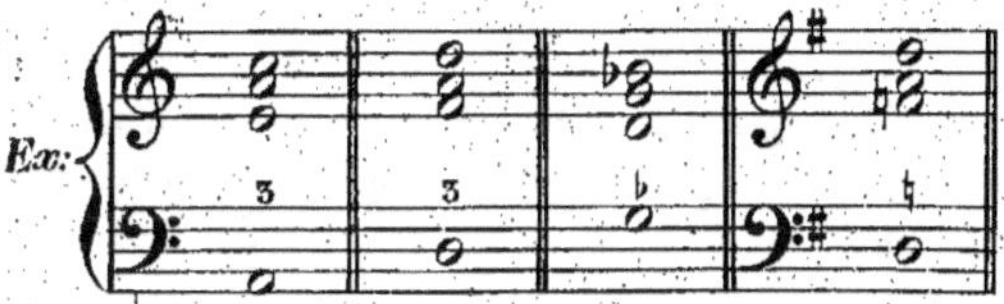

Chiffrage.

19 Nous désignerons l'accord parfait mineur par **3**, ou par le signe accidentel qui serait nécessaire pour obtenir la *tierce mineure* de l'accord.

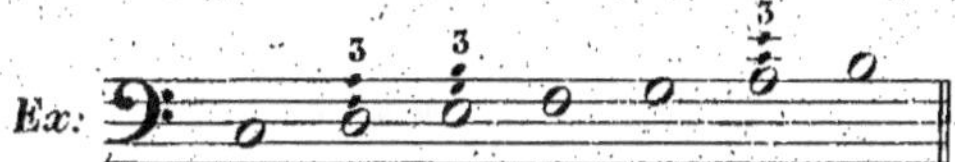

20 NOTA. Nous affectons un chiffre particulier à chacun de ces deux accords pour que l'élè-ve puisse mieux les distinguer, quoique l'on ait généralement l'habitude d'employer indistincte-ment, pour l'un et pour l'autre, les chiffres 5, 3 et quelquefois 8; souvent même on ne chiffre pas du tout les notes qui doivent recevoir l'accord parfait.

Emploi.

21 La sus-tonique, la médiante et la sus-dominante, dans le mode majeur, peuvent porter l'accord parfait mineur.

Ex:

22 Cet accord se place également sur la tonique et la sous-dominante dans le mode mineur.

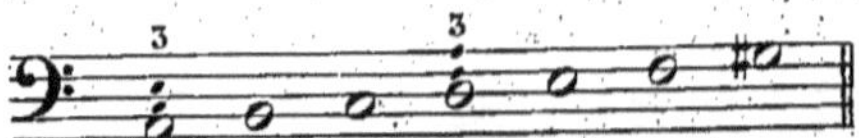

23 L'accord parfait mineur établi sur tout autre degré de la gamme, contiendrait inévitablement des notes étrangères à la tonalité.

Voir l'exception indiquée au § 11.

EXERCICES:

Faire pour l'accord parfait mineur des exercices semblables à ceux indiqués pour l'accord parfait majeur.

Exercices analogues sur les deux accords entremêlés.

De l'Accord de Quinte diminuée.

Origine et Constitution.

24 Nous venons de voir que toutes les notes de la gamme majeure, la septième exceptée, peuvent recevoir un accord parfait, soit majeur, soit mineur. Si par analogie on établit un accord de tierce et quinte sur ce septième degré, on obtiendra un . . . .

Accord formé du son fondamental, de sa tierce mineure et de sa quinte diminuée.

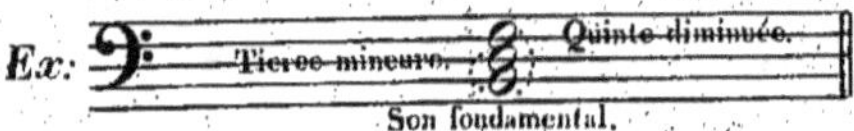

Ce qui donne deux tierces mineures superposées. Cet accord prend le nom d'accord de *quinte diminuée*.

25 Il est plus artificiel que l'accord parfait mineur, cependant on peut remarquer que la tierce mineure qui en est le principe est fournie par la nature. (Voir l'introduction).

Caractère.

26 L'accord de quinte diminuée produit un effet moins franc que l'accord parfait, et ne donne pas, comme ce dernier, le sentiment du repos; aussi n'était-il employé qu'avec réserve par les anciens maîtres. (*)

Chiffrage.

27 L'accord de quinte diminuée se chiffre par ♭5.

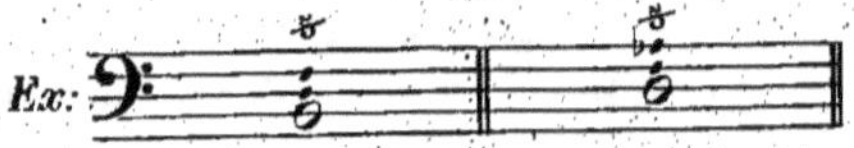

(*) L'usage de l'accord de *Quinte diminuée* ne remonte qu'à Monteverde; c'est-à-dire, vers le commencement du 17e siècle.

Emploi.

28 Il se place dans le mode majeur, sur la note sensible.

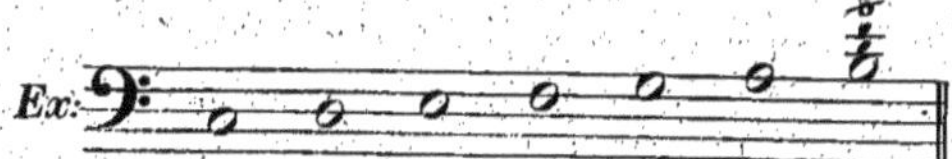

29 Et dans le mode mineur, sur la sus-tonique et la note sensible.

EXERCICES:

1°. *Faire pour l'accord de quinte diminuée des exercices semblables à ceux que l'on a pratiqués sur les accords parfaits.*

2°. *Indiquer par le chiffrage les accords fondamentaux à établir sur les Basses suivantes.*

On trouvera ces leçons toutes chiffrées, tome 2 page 1. (*)

(*) Le maître au besoin multipliera ces leçons.

CHAPITRE DEUXIÈME.

DE L'ENCHAINEMENT DES ACCORDS CONSONNANTS
A L'ÉTAT FONDAMENTAL.

30 De ce qui vient d'être établi dans le chapitre précédent, il résulte que chaque dégré de la gamme peut recevoir un accord de tierce et quinte, c'est-à-dire: un accord parfait, soit majeur, soit mineur, ou un accord de quinte diminuée, selon ce que ce degré comporte.

Ex: { Mode majeur. / Mode mineur.

31 En comparant ces deux gammes, on remarquera que dans le mode majeur comme dans le mode mineur, deux degrés portent un accord analogue: ainsi la dominante porte l'accord parfait majeur, et la note sensible l'accord de quinte diminuée dans l'un et l'autre mode. Les autres degrés correspondants n'offrent pas le même rapport entre eux dans les deux modes.

32 Mais l'ordre dans lequel ces accords peuvent se succéder n'est pas indifférent et quoique formés par des notes appartenant à une même gamme, tel et tel de ces accords, accolés l'un à l'autre, produiraient forcément un effet de dureté ou d'incohérence. Ainsi, par exemple, dans la gamme majeure d'*ut*, l'accord de *sol* suivi de celui de *fa*, ou l'accord de *fa* suivi de celui de *mi*, sont dans ce cas.

33 Pour qu'une succession d'accords soit naturelle et agréable, il faut qu'entre les accords mis en contact, il existe quelques liens de parenté.

34 Ces rapports proviennent soit de la génération des sons qui a donné naissance à la tonalité, (Introduction page 24); soit de l'identité des éléments qui entrent dans la composition des accords.

De l'enchaînement des accords dans le mode majeur.

Relations directes.

35 Nous disons que le premier principe des relations harmoniques des accords réside dans la génération même des sons de laquelle est sortie la gamme, c'est-à-dire la succession de quintes justes; ainsi pour le ton d'*ut*:

Génération des accords dans le ton d'Ut.

(*) Comme nous l'avons fait remarquer § 11 on ne pourrait former un accord parfait sur la médiante du mode mineur qu'en retranchant le signe accidentel qui affecte le 7e degré, car cette altération produirait sur la médiante un intervalle de *Quinte augmentée* et donnerait un accord que nous étudierons au chapitre qui traite des altérations.

36 D'après ce qui a été dit au sujet de la génération des sons, *(Introduction)* on voit le rapport intime qui lie l'accord de *fa* à celui d'*ut*, et l'accord d'*ut* à celui de *sol*.

37 En conséquence, l'accord de tonique pourra succéder à celui de sous-dominante et l'accord de dominante à celui de tonique et *vice versa*.

38 En poursuivant cette progression de quintes ascendantes nous obtiendrons d'abord les trois accords parfaits mineurs et enfin l'accord de quinte diminuée; c'est-à-dire, tous les accords de la gamme majeure.

1ʳᵉ Catégorie.	2ᵉ Catégorie.	3ᵉ Catégorie.
Accords majeurs.	Accords mineurs.	Accord de 5ᵗᵉ.

39 Donc tous les accords d'une gamme peuvent s'enchaîner par *quinte* ou par *quarte* (la quarte n'étant que le renversement de la quinte).

40 Observons toutefois que le passage d'une catégorie d'accords à la catégorie suivante (comme de l'accord majeur de *sol* 1ᵉ catég., à l'accord mineur de *ré* 2ᵉ catég.; de l'accord mineur de *mi* 2ᵉ catég., à l'accord de quinte diminuée de *si* 3ᵉ catég.), présente des rapports moins parfaits.

En effet, pour que la relation fût parfaite entre l'accord de *sol* et celui de *ré*, il faudrait que ce dernier accord fût majeur; mais alors il n'appartiendrait plus à la gamme d'*ut* dans laquelle est l'exemple ci-dessus, et fournirait au contraire avec les deux accords précédents, les éléments constitutifs de la gamme de *sol*. Ex:

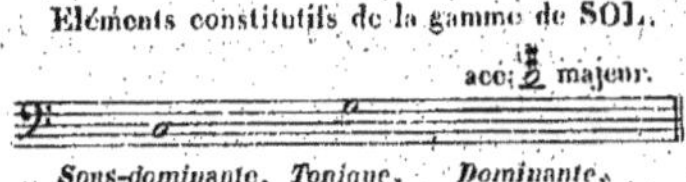

Or, pour conserver le ton primitif, il faut que l'accord de *ré* soit mineur et de là naît ce qu'on appelle une *fausse relation*, comme nous le ferons voir plus loin.

Observation analogue relativement au passage de l'accord de *mi* à celui de *si*.

41 Outre ces rapports de filiation, il y a, avons-nous dit, entre les accords, des relations provenant de l'identité des éléments qui entrent dans leur composition. Ainsi, par exemple, l'accord majeur de *fa* et l'accord mineur de *ré* contiennent deux notes, *fa* et *la*, communes à l'un et à l'autre accord.

42 Il résulte de là, qu'à côté de chaque accord parfait majeur viendra naturellement se placer un accord parfait mineur qui lui est relatif et avec lequel, par conséquent, il peut s'enchaîner. Ce qui donne la formule suivante pour la gamme majeure d'*ut*.

43 Donc un accord parfait majeur peut s'enchaîner à un accord parfait mineur par *tierce mineure inférieure,* ou *sixte majeure supérieure* (la sixte majeure étant le renversement de la tierce), et *vice versâ.*

Relations indirectes.

44 De ces relations directes naissent des rapports *indirects:* Tels sont ceux qui existent entre un accord majeur et un accord mineur appartenant dans la formule précédente, à des séries voisines.

45 Alors on obtient soit une succession par tierce majeure (ou sixte mineure) comme celle produite par l'enchaînement de l'accord majeur de sous-dom: *fa,* à l'accord min: de sus-dom: *la;* ou de l'accord majeur de tonique *ut,* à l'accord min: de médiante *mi,* et *vice versâ.* Ex:

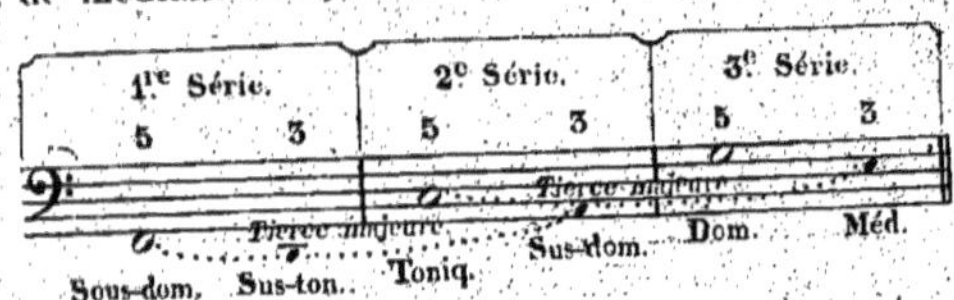

46 Soit une succession par seconde majeure comme de l'accord majeur de tonique *ut,* à l'accord min: de sus-tonique *ré;* ou de l'accord maj: de domin: *sol* à l'accord min: de sus-domin: *la,* et *vice versâ.*

47 Dans le premier cas, il existe entre les accords des notes communes; mais dans le second cas il n'y en a pas.

48 Il va sans dire que les accords qui n'ont entre eux que des relations *indirectes* se lient moins intimement que ceux unis par des relations directes.

49 L'absence de notes communes et de relation *directe* explique suffisamment le peu de cohésion des accords formant le second cas de relations *indirectes.* Quand au premier cas, bien qu'il y ait des notes communes entre les accords, on doit remarquer que les rapports existant entre ces accords sont moins parfaits que ceux qui unissent les accords majeur et mineur appartenant à une même série de notre formule, comme les accords de *fa* et de *ré,* d'*ut* et de *la,* etc.

En effet, outre que ces derniers considérés comme accords de tonique représenteraient les deux modes relatifs, leur réunion produirait une septième mineure: *ré ut,* par exemple, donnés par les accords de *ré* et de *fa,* ou *la sol,* par les accords de *la* et d'*ut.*

intervalle beaucoup plus doux que la septième majeure formée par la réunion des accords appartenant, non plus à la même série, mais à des séries voisines: comme *fa mi*, donnés par les accords de *fa* et de *la* ou *ut, si*, par les accords d'*ut* et de *mi*. Ex:

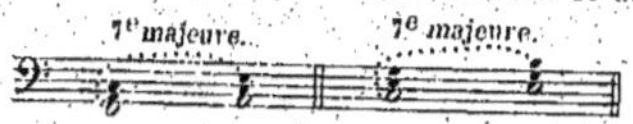

Or, bien que les deux accords ne soient pas frappés simultanément, l'impression produite par le premier n'est pas entièrement détruite quand on fait entendre le second et se marie en quelque sorte avec lui. [1]

Relations de l'accord de Quinte diminuée.

50 Quant à l'accord de *quinte diminuée* (*si ré fa* dans le ton d'*ut*) on voit qu'il a des relations directes avec les points les plus éloignés de l'échelle tonale représentée dans cette formule:

Avec l'accord de médiante *mi* et l'accord de sous-dom: *fa*, il s'enchaîne par *quinte* ou par *quarte*. Avec l'accord de sus-tonique *ré* et celui de domin: *sol* il s'enchaîne par *tierce*. Il a avec l'un et l'autre accord deux notes communes et il donne avec chacun d'eux la septième mineure. (Voir relativement à cette dernière propriété le § 49.)

51 Donc l'accord de *quinte diminuée* placé sur la note sensible peut s'enchaîner à tous les accords parfaits par *intervalles disjoints*. [2] dans la marche de la Basse.

52 Par *intervalle conjoint* il s'enchaîne avec l'accord de tonique. Il peut encore se trouver précédé de l'accord du 6ᵉ degré, mais il n'en doit jamais être suivi. (Nous verrons pourquoi, quand nous parlerons des cadences harmᵠᵘᵉˢ (§ 219)

Tout ceci peut être résumé dans la règle suivante:

RÈGLES CONCERNANT L'ENCHAINEMENT DES ACCORDS À L'ÉTAT FONDAMENTAL POUR LE MODE MAJEUR.

53 1° **Les accords parfaits appartenant à une même gamme majeure peuvent s'enchaîner: Toujours par *intervalles disjoints*, c'est-à-dire par quinte ou quarte, tierce ou sixte, supérieures ou inférieures.**

---

[1] Il y a là une sorte de *fausse relation harmonique*. (Voir § 131).

Autrefois on défendait de faire succéder immédiatement des sons tels que *fa* et *mi*, ayant entre eux ces mauvais rapports harmoniques, lorsque chacun de ces sons se trouvait placé dans une partie différente. On disait à ce sujet: *Mi contra Fa est diabolus in musica*.

[2] L'intervalle de *septième* doit être considéré, sous ce rapport, comme *seconde* dont il n'est que le renversement.

54 Quelquefois par *intervalles conjoints*, c'est-à-dire par se-conde supérieure ou inférieure. (quand dans notre formule de la génération des accords [1] ils appartiennent à des séries voisines. Tels sont les accords de 1er et 2e degré, et ceux de 5e et 6e).

55 2° L'accord de 5te diminuée, placé sur le septième de-gré, et traité comme accord parfait, s'enchaîne comme eux et avec eux par *intervalles disjoints*.

56 Par *intervalles conjoints*, il s'enchaîne avec l'accord de to-nique; il peut être quelquefois précédé, mais jamais suivi de l'accord de 6e degré.

57 *NOTA.* Les *relations directes* résultent de successions par *intervalles disjoints*. Les successions par *intervalles conjoints*, c'est-à-dire par secondes, ou sont impraticables, ou ne fournissent que des *relations indirectes*.

Donc, les accords à l'état fondamental s'enchaînent tou-jours d'une manière naturelle et facile par *intervalles disjoints*; mais par *intervalles conjoints* ils ne s'enchaînent que condi-tionnellement.

58 Veut-on un moyen mécanique de faire l'application de ces règles? qu'on prenne notre formule de la génération des accords: [2]

<table>
<tr><td>1re Série.</td><td>2e Série.</td><td>3e Série.</td></tr>
<tr><td>5　　3</td><td>5　　3</td><td>5　　3</td></tr>
</table>

Sous-dom: Sus-ton: Tonique. Sus-dom: Dom: Méd:

(L'accord de quinte diminuée n'y entre pas; mais qu'on se rappelle ce qui vient d'être dit à son sujet § 55. 56).

59 Les accords d'une même *série* peuvent s'enchaîner entre eux et avec ceux de la série *voisine*. Ex: [3]

---

(1) Formule de la génération des accords dans le ton d'Ut majeur.

<table>
<tr><td>1e Série.</td><td>2e Série.</td><td>3e Série.</td></tr>
</table>

Sous-dom: Sus-ton: Tonique. Sus-dom: Dom: Méd:

(2) Il est bien entendu que cette formule devra être transposée du ton d'ut, où elle est présentée ici, dans le ton dont il s'agira.

(3) Les liaisons formées par un trait indiquent les *rapports directs*, et celles représentées par une li-gne pointée indiquent les *rapports indirects*.

60 Ceux appartenant à des *séries éloignées* ne peuvent se succéder immédiatement, à moins qu'ils ne soient à intervalle de *quinte* ou de *quarte* comme l'accord de *sol* et celui de *ré*. Ex:

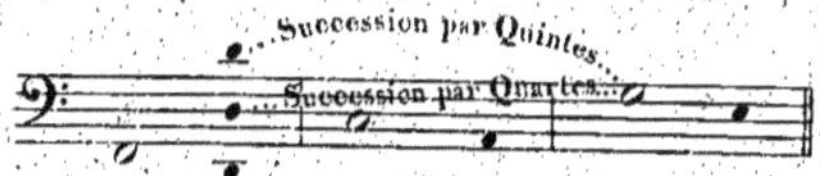

61 Le contact des accords appartenant à des séries éloignées fait naître ce qu'on appelle une *fausse relation de Quarte augmentée* ou *Triton*. Voir § 131. Ex:

62 Cependant c'est moins à la *fausse relation* de *Triton* que doit être attribuée la dureté de ces successions qu'à l'incohérence résultant du défaut de parenté des accords. En effet, parmi les successions précédentes, toutes entachées de la *fausse relation de Triton*, il y en a une dans laquelle la filiation des accords est évidente et qui est par conséquent fort douce malgré la fausse relation: nous voulons parler de l'enchaînement par *quarte* ou par *quinte* comme sont les accords de ré et de sol.

Mais les autres accords mis en contact dans cet exemple, n'ayant, avec ceux qui les touchent, aucun lien de parenté, *(ni succession par quinte, ni note commune)* sont par cela même incohérents.

63 Faisons ici une observation importante:

On sait que l'accord de dominante n'a aucune affinité avec celui de sous dominante et qu'en conséquence il n'en peut être suivi 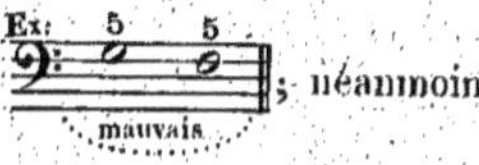 ; néanmoins il n'est pas rare de l'en voir précédé.

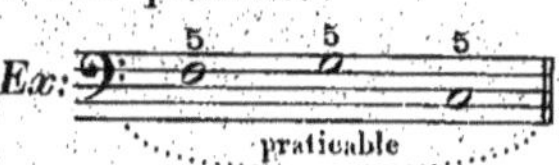

64 En voici la raison: L'accord de dominante, bien loin d'être, dans ce dernier cas, un point de repos, appelle au contraire l'accord de tonique *(voir les cadences harmoniques Chap. 6)* qui a des rapports directs avec celui de sous-dominante. Ainsi en entendant l'accord de dominante, on pressent l'accord de tonique *(ou un de ses dérivés)* dont l'affinité avec l'accord de sous-dominante est remarquable, et ce pressentiment atténue suffisamment la dureté provenant du contact passager des deux accords de sous-dominante et de dominante qui, isolés, seraient incohérents.

Ajoutons cependant que dans l'ancien style sévère, dit *Contre-point rigoureux*, cette succession n'est pas admise à cause de la *fausse relation de Triton* qui en résulte.

65 Mais voyons ce qui arriverait si l'accord de dominante, au lieu d'être précédé de celui de sous-dominante, en était suivi.

Nous savons que l'accord parfait majeur peut être placé, dans le mode majeur, sur la *tonique*, la *sous-dominante* et la *dominante*, et dans le mode mineur, sur la *dominante* et la *sus-dominante*. Raisonnons dans chacune de ces hypothèses.

Prenons l'accord majeur de *sol* pour exemple:

1°. Si nous envisageons cet accord de *sol* comme accord de *tonique*, nous sommes en sol majeur, et alors que viendrait faire l'accord de *fa* naturel qui est étranger à ce ton?

2°. Si nous considérons l'accord de *sol* comme accord de *sous-dominante*, nous sommes en ré majeur, et maintenant encore, pourquoi l'accord de *fa* naturel?

3º Voulons-nous que cet accord de *sol* soit accord de *dominante ?* nous sommes alors en *ut* majeur ou mineur, mais n'oublions pas que l'accord de *dominante* doit être suivi de celui de *tonique* (ou de ses dérivés) § 64; ou tout au moins d'un accord avec lequel il ait quelques liens de parenté. Donc, dans cette circonstance encore, la succession immédiate de l'accord de *fa* à l'accord de *sol* sera inadmissible à cause de son incohérence.

4º Il ne nous reste plus qu'à examiner l'accord de *sol* comme accord de *sus-dominante*, mode mineur. Nous serions alors en *si* mineur, et l'on voit que l'accord de *fa* naturel est impossible dans ce ton.

66 Donc, en résumé, on ne peut établir deux accords *parfaits majeurs* sur une Basse *descendant d'un ton.*

67 Nous verrons plus tard, comment ces successions vicieuses en elles-mêmes, deviennent praticables, quand elles entrent régulièrement dans des *marches harmoniques.*

EXERCICES:

1º *Former dans différents tons, de mode majeur, des successions composées des accords précédents, s'enchaînant les uns aux autres conformément aux règles ci-dessus. Ex:*

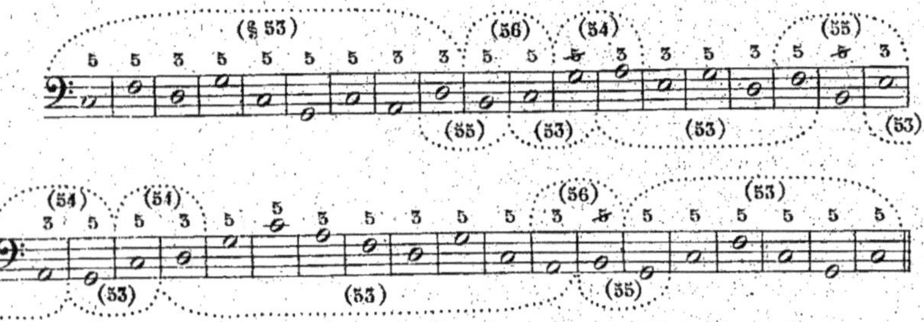

2º *Exercer l'oreille à reconnaître et apprécier les successions d'accords, bonnes ou mauvaises, que le maître exécutera à cet effet.*

De l'enchaînement des accords dans le mode mineur.

68 De toutes les mauvaises relations qu'on vient de voir plus haut, il n'existe plus, dans le mode mineur, que celle produite par le passage immédiat de l'accord de *dominante* à celui de *sous-dominante.*

et encore la dureté de cette succession est-elle singulièrement adoucie par le mode mineur de l'accord de *sous-dominante.*

69 Ajoutons à cela que les accords de *quinte diminuée* placés, dans le mode mineur, l'un sur la *sus-tonique*, l'autre sur la *note sensible*, ne doivent pas être suivis de l'accord parfait placé, dans la même gamme, un degré au dessous d'eux. Ex:

70 On verra, au chapitre traitant des *Cadences harmoniques,* la cause de cette prohibition. (§ 217 et 219)

Ces observations peuvent être formulées de la manière suivante:

RÈGLES CONCERNANT L'ENCHAÎNEMENT DES ACCORDS À L'ÉTAT FONDAMENTAL POUR LE MODE MINEUR.

71 1° **Toutes les successions des accords parfaits de la gamme mineure entre eux sont bonnes. Éviter seulement le passage immédiat de l'accord parfait de** *dominante* **à celui de** *sous-dominante.*

72 2° **Les deux accords de** *quinte diminuée* **placés, dans la gamme mineure, l'un sur la** *sus-tonique***, l'autre sur la** *note sensible***, ne peuvent être suivis immédiatement de l'accord parfait, à l'état fondamental, placé, dans la même gamme, conjointement au dessous d'eux.**

73 **Ces accords de** *quinte diminuée* **doivent être traités d'ailleurs comme les accords des degrés correspondants dans le mode majeur.**

Exercices analogues à ceux que l'on a faits dans le mode majeur. Ex:

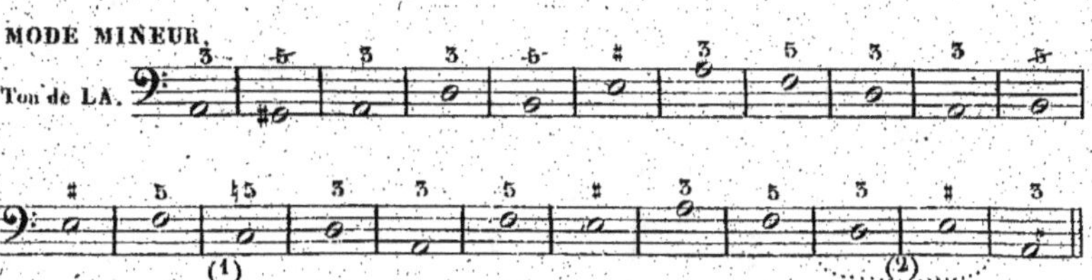

____

(1) Par suppression de la note sensible dans la gamme mineure descendante (voir § 11).

(2) Cette succession fait l'objet du § 63.

CHAPITRE TROISIÈME.

DE L'HARMONIE PRATIQUE.(*)

74 Un accord étant, comme nous le savons, la réunion de plusieurs sons rendus simultanément, la succession de plusieurs accords donnera des suites de sons produisant des parties mélodiques.

Ainsi la succession de toutes les notes superieures des accords forme la partie la plus aiguë dite la première partie. La succession des notes inférieures des accords donne la partie la plus grave, appelée la Basse. La succession des sons intermédiaires forme les parties intérieures.

Il est d'ailleurs bien facile de se rendre compte de ceci en écrivant chacune des notes des accords sur une portée différente. Ex:

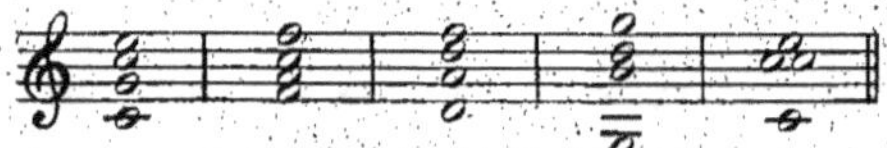

Les mêmes accords écrits sur quatre portées:

75 Chaque partie est destinée soit à une voix, soit à un instrument; mais les instruments à clavier, tels que le Piano et l'Orgue, peuvent résumer tout cet ensemble, appelé *partition;* de là vient l'importance harmonique de ces instruments.

(*) Les règles qui font l'objet de ce chapitre concernent non-seulement la réalisation de l'accord parfait déjà connu de l'élève, mais encore celle de tous les accords formant le domaine de l'harmonie.

Il est bon de faire remarquer que plusieurs points de ce chapitre ayant pour objet des élémens harmoniques dont nous n'avons pas encore parlé, ne recevront qu'ultérieurement leur application, et n'ont été placés ici que pour donner à ces préceptes plus d'ensemble et d'unité. Pour le moment, l'élève ne devra s'attacher qu'à ceux dont la connaissance lui est immédiatement et rigoureusement nécessaire, revenant aux autres à mesure qu'il avancera.

Observons encore que dans l'exposition de ces règles, nous nous sommes renfermés dans des généralités dont le maître dirigera l'application; car en cette matière, vouloir particulariser tous les cas serait un travail trop long et cependant insuffisant et infructueux.

76 Or, pour réaliser ainsi l'harmonie que, jusqu'à présent, nous n'avons fait qu'indiquer par un chiffre ou un signe, placés sur la note la plus grave de l'accord sous-entendu, (ce qui s'appelle *basse chiffrée*) il faut observer dans la disposition des parties certaines règles que nous allons exposer.

77 Les règles que nous allons donner s'appliquent particulièrement au *style vocal classique*, lequel étant plus limité et, dans un sens, plus rigoureux que le *style instrumental*, est soumis à des lois plus positives et s'approprie ainsi beaucoup mieux à des études élémentaires.

A ces règles, nous joindrons celles qui sont spéciales à la réalisation de l'harmonie sur le clavier.

Plus tard, par la lecture et l'analyse des ouvrages des grands maîtres, l'élève verra quel a été l'essor du génie, et comment, guidé par l'esprit même de ces lois, il est sorti quelquefois du cercle étroit circonscrit par la formule rigoureuse de la règle positive.

78 Ces règles sont de deux sortes: les unes regardent la constitution mélodique des différentes parties; les autres ont pour objet leur disposition harmonique, c'est-à-dire les rapports réciproques de ces parties entre elles.

Règles concernant la constitution mélodique des parties.

Intervalles mélodiques permis et défendus. — Choix et distribution des notes de l'accord dans les différentes parties.

Des intervalles mélodiques permis et défendus.

79 Chaque partie ne doit pas, généralement, s'écarter beaucoup ou pour longtemps du *medium* de son diapason.

80 Il faut avant tout se rappeler la nature et l'étendue de la voix ou de l'instrument pour lequel on écrit. (*)

Renfermée dans ces limites, voyons quelles seront les règles de son mouvement mélodique:

81 Dans le style vocal scolastique, les seuls intervalles mélodiques de *seconde* et *tierce, majeures* et *mineures*, de *quarte*, de *quinte* et d'*octave justes*, sont admis.

82 Le saut de *sixte mineure* ne doit être employé qu'avec réserve.

83 Tous les autres intervalles sont prohibés comme donnant une intonation trop difficile.

84 On voit que cette règle, comme toutes celles concernant l'intonation, n'est pas applicable au style instrumental.

(*) La connaissance de l'étendue des voix fait partie des principes élémentaires de la musique, desquels nous supposons l'élève instruit.

85 Cependant le saut de *sixte* même *majeure* est permis quand il est ef_
fectué pendant la durée ou le changement de position d'un même accord, et par
des notes de longue valeur. Ex:

86 Le saut de *quinte diminuée* est toléré en descendant. Ex:

87 On sait que les intervalles mélodiques de *septième* et de *neuvième* ne sont
pas admis; ajoutons qu'il faut éviter de franchir ces intervalles, même par deux sauts successifs, à moins toutefois que l'un des deux sauts ne soit de seconde et que le mouve —
ment ne soit lent. Ex:

88 Le saut d'octave, quoiqu'admis en général, ne pourrait s'effectuer sur certaines
notes, par exemple: la *note sensible* et toutes celles qui, comme nous le verrons plus
tard, sont assujetties à un mouvement *résolutif*, telles que les dissonances.

Du choix des notes des accords et de leur distribution dans les différentes parties.

89 Il y a dans les accords des notes plus importantes les unes que les au_
tres. Or, ces notes importantes sont celles qui caractérisent l'accord et qu'on a
soin, habituellement, d'indiquer dans le chiffrage.

90 Si, par une circonstance particulière, soit nécessité de disposition, soit
insuffisance du nombre des parties, on est obligé d'omettre, dans la réalisation
de l'harmonie, une partie des éléments qui composent l'accord et qui restent a-
lors sous-entendus, cette suppression ne doit jamais porter sur ces notes caractéristiques que nous appellerons *bonnes notes*.

91 On comprend que pour l'accord parfait, la *bonne note* est la *tierce* de la basse,
puisque c'est cette *tierce* qui détermine le mode de l'accord.
La suppression d'une note dans l'accord parfait devrait donc porter sur la *quinte*. (§ 17)

92 C'est principalement sur le temps fort de la mesure qu'il faut tâcher de
compléter l'harmonie.

93 Dans le style scolastique on a toute liberté pour le choix et la distri_
bution des notes composant l'accord parfait qui commence et termine le mor_
ceau.

94 Toutes les parties qui composent l'ensemble harmonique ne sont pas é-
galement saillantes; il y en a qui prédominent naturellement par leur position,
telles sont: la *première partie* et la *basse*; d'autres qu'on doit faire ressortir
en raison de leur intérêt mélodique, ce qui a lieu dans le style concertant.

  8

Or, il faut faire entrer de préférence les bonnes notes des accords dans la formation de ces parties intéressantes, surtout sur le temps fort de la mesure, et reléguer les notes moins significatives dans les parties de remplissage ou d'accompagnement.

95 En raison de la prédominance des parties extrêmes dans l'ensemble harmonique, on doit faire en sorte qu'elles n'indiquent pas une harmonie différente de celle qui résulte de la totalité des parties.

> **96** C'est pour cela qu'il faut éviter, par exemple, de placer à la *partie supérieure* l'octave de la *Basse* dans l'accord de *sixte (accords que nous allons étudier)*. Autrement les deux parties extrêmes feraient naître, par leur *résonnance harmonique*, le sentiment de l'accord parfait, tandis que l'harmonie réelle, donnée par les parties intermédiaires, serait différente.

Règles concernant la disposition harmonique des parties.

Mouvements simultanés des parties. — Consonnances et dissonances. — Quintes et octaves défendues, réelles et cachées. — Fausses relations harmoniques.

Des mouvements simultanés des parties.

97 La comparaison du mouvement mélodique simultané des parties donne lieu à *trois combinaisons* différentes :

1º **Le mouvement est** *direct* **ou** *semblable* **si les parties marchent dans la même direction, c'est-à-dire si elles montent ou descendent en même temps. Ex :**

2º **Le mouvement est** *oblique* **quand une partie monte ou descend et que l'autre reste sur le même degré. Ex :**

3º **Enfin le mouvement est** *contraire* **quand une partie monte, tandis que l'autre descend. Ex :**

98 **De ces trois mouvements, le plus élégant est le mouvement** *contraire* ; **le moins bon est le mouvement** *direct* **ou** *semblable* **à cause des inconvénients auxquels il donne lieu. (Comme on le verra un peu plus loin, aux § 108 et 121).**

Des Consonnances et des Dissonances.

99 Combinés harmoniquement, c'est-à-dire rendus simultanément, les sons forment entre eux des combinaisons dont les unes produisent à l'oreille une sensation douce et agréable et dont les autres font naître une impression toute contraire.

Les premières combinaisons se nomment *consonnances*; les autres, *dissonances*.

100 Les *consonnances* sont de deux sortes: *parfaites* et *imparfaites*.

101 Les *consonnances parfaites* sont produites par deux sons placés à distance de *quinte* ou *d'octave justes* l'un de l'autre.

102 Ces intervalles harmoniques prennent le nom de *consonnance parfaite*, parcequ'ils ne peuvent subir la moindre modification sans cesser d'être consonnance.

103 (Observons que l'intervalle *composé* peut être pris pour l'intervalle *simple*, ainsi la 12e pour la 5te, la 15e pour l'8ve, et de même pour tous les intervalles dont il va être question.)

104 Les *consonnances imparfaites* sont données par l'intervalle harmonique de *tierce* et de *sixte, majeures* et *mineures*.

105 L'intervalle harmonique de *quarte juste* doit, dans certains cas, être traité comme une sorte de *consonnance mixte* et dans d'autres, comme *dissonance*.

106 La quarte juste est consonnance, quand elle est le produit d'un accord consonnant: l'accord parfait majeur ou mineur et ses dérivés. Cependant, bien qu'elle soit alors le renversement d'une consonnance parfaite, la quinte, elle n'est pas soumise aux règles concernant la succession des consonnances parfaites entre les mêmes parties. La quarte juste est dissonance quand, étrangère à l'accord consonnant radical, elle est introduite artificiellement dans l'harmonie, soit à titre de retard (Pag.189), soit comme note d'ornement (Pag. 243). C'est pourquoi certains auteurs considèrent la quarte juste comme un *intervalle mixte*.

107 Tous les autres intervalles harmoniques sont *dissonants*.

Des Quintes et des Octaves défendues.

108 On ne doit pas faire de suite, entre les mêmes parties, deux consonnances parfaites de même nature, c'est-à-dire deux *quintes* ou *deux octaves, surtout par mouvement direct.* **Ex:**

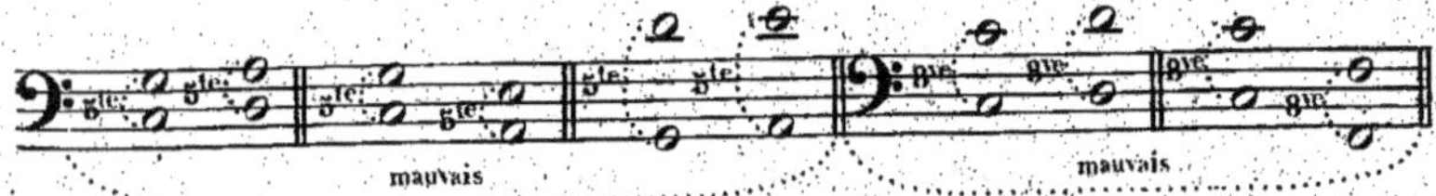

109 Les quintes et les octaves consécutives agissent différemment sur l'oreille. Les quintes produisent un effet dur et désagréable; les octaves ne sont proscrites qu'à cause de leur nullité harmonique.

110 Deux *quintes* par *mouvement contraire* sont tolérées entre les parties intermédiaires, surtout dans un ensemble de plus de quatre parties. Ex:

111 Il n'en est pas de même des *octaves* par *mouvement contraire* qui ne sont permises que lorsqu'on écrit à un grand nombre de parties réelles, sept ou huit au moins, et qui, même dans ce cas, ne peuvent exister qu'entre les deux parties les plus graves. Ex:

112 Deux *quintes* sont tolérées, même par le *mouvement direct*, lorsque la seconde *quinte* est diminuée. Ex:

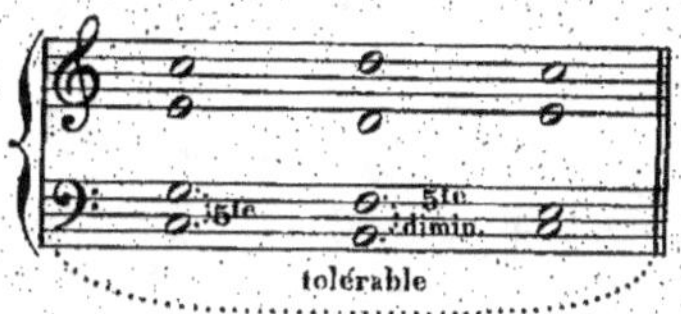

113 L'effet de *deux quintes* ou de *deux octaves* consécutives par le mouvement *direct* ne peut être entièrement détruit par une, deux et quelquefois trois notes intermédiaires, surtout si elles sont de courte durée et si les *deux* 5ies ou les *deux* 8ves que ces notes séparent, sont émises sur des *temps forts*. Ex:

114 Mais cet effet pourra être atténué si entre les *deux quintes* ou les *deux octaves* se trouve un changement d'accord. Ex:

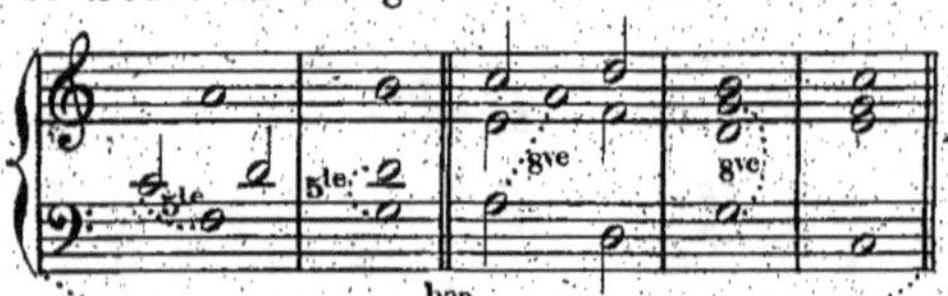

115 Ou même quelquefois par un changement de position dans plusieurs parties pendant la durée des notes intermédiaires. Dans ce dernier cas, l'une des deux parties entre lesquelles existent les quintes ou les octaves doit faire un saut de quarte, au moins. Ex:

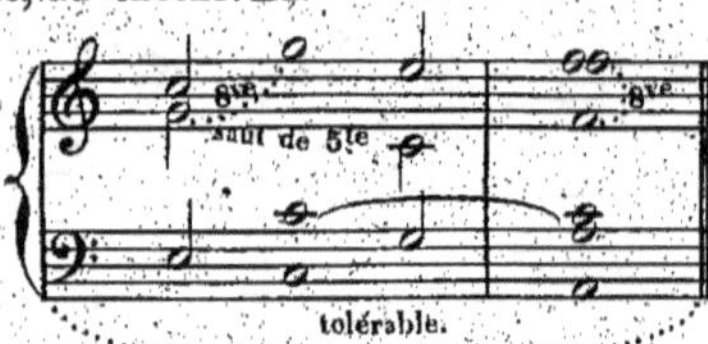

116 Certains auteurs défendent de faire des *octaves retardées*. Ex:

Octaves retardées.

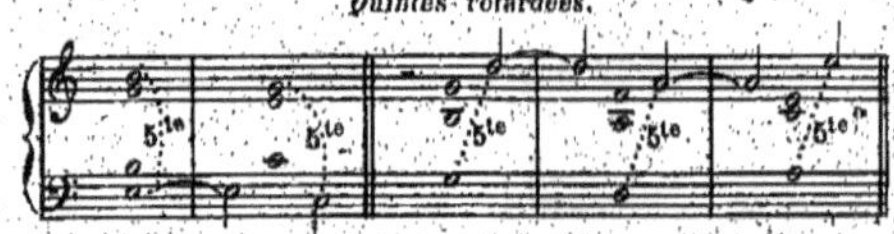

Et engagent à éviter les *quintes retardées*, qu'ils considèrent néanmoins comme plus admissibles. Ex:

Quintes retardées.

117 Ces maîtres veulent aussi qu'on évite les *octaves* et les *quintes anticipées*, lesquelles ont lieu lorsque la première note est sur le temps faible et la seconde sur le temps fort de la mesure suivante. Ex:

Octaves anticipées.

Quintes anticipées.

118 Nous devons dire que l'on trouve fréquemment des exemples contraires à cette dernière prohibition dans les auteurs les plus classiques; ainsi on fait très bien des *quintes anticipées* de la manière suivante. Ex:

Ces *quintes anticipées* sont praticables car la suppression de la syncope les ferait disparaître. Ex:

Mais les *quintes* ou *octaves retardées* seraient rendues directes par la suppression de la syncope. Ex:

119 L'on rencontre quelquefois des passages entiers composés d'*unissons* et d'*octaves*. Dans ces séries, la partie qui marche à l'*unisson* ou à l'*octave* n'est plus considérée comme partie harmonique, mais comme redoublement d'une partie que le compositeur a voulu renforcer.

120 Pour l'exécution de la *basse chiffrée*, ces traits en *octaves* s'indiquent par le mot *uni-sono*, et les notes qui les composent ne devant pas être harmonisées ne se chiffrent pas. Les mots *tasto solo* (une touche seule) indiquent également qu'il faut s'abstenir d'harmoniser la basse.

Des Quintes et des Octaves cachées c'est-à-dire amenées
par mouvement direct.

121 Si l'on va à la consonnance parfaite par le mouvement direct,

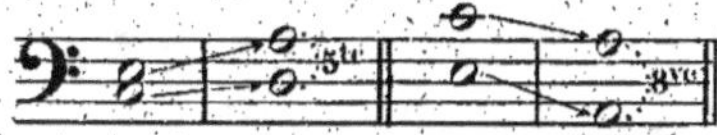

il en résulte nécessairement ce qu'on appelle deux *quintes* ou deux *octaves cachées*, et c'est là encore un des inconvénients du mouvement direct.

122 On fait apercevoir ces *quintes* ou ces *octaves cachées* en remplissant les intervalles mélodiques des parties par des notes ou progression conjointe. Ex:

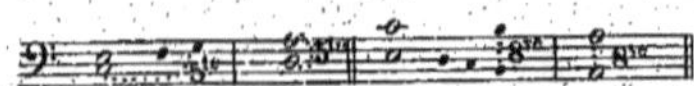

123 Dans l'enchaînement d'un accord à l'autre, les *quintes* et les *octaves cachées* sont défendues entre les parties extrêmes.

124 Néanmoins les *octaves cachées* sont permises quand la partie haute monte d'un demi-ton diatonique. Ex:

125 On permet encore les *quintes cachées* amenées, soit en montant, soit en descendant, sur la dominante et sur la tonique, pourvu que la partie haute procède par intervalles conjoints. (1 ton ou ½ ton diatonique). **Ex:**

126 Enfin on tolère les *quintes cachées* sur d'autres degrés, mais seulement lorsque la partie supérieure descend d'un ½ ton diatonique. Ex:

127 On use d'un peu plus de tolérance à l'égard des *quintes et octaves cachées* dans les *marches harmoniques* (voir § 300)

Il en est de même dans la réalisation de l'harmonie sur le Piano.

128 Pendant la durée ou le changement de position d'un même accord, les *quintes cachées* et quelquefois, mais beaucoup plus rarement, les *octaves cachées* sont permises, même entre les parties extrêmes.

Toutefois on doit éviter d'attaquer isolément cette *quinte* ou cette *octave* prise par le mouvement direct. A cet effet, on aura soin d'articuler simultanément avec elle une autre note de l'accord avec laquelle elle fasse *tierce* ou *sixte*. Ex:

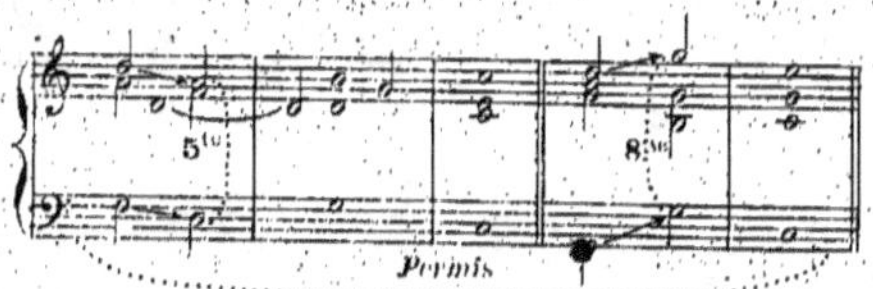

129 La prohibition s'exerce d'une façon moins rigoureuse à l'égard des *quintes* ou des *octaves cachées* quand une des parties qui les forment, ou surtout toutes les deux, sont intermédiaires. La sévérité des règles diminue également à mesure que s'accroît le nombre des parties harmoniques.

130 Nous verrons ultérieurement que les *quintes* et les *octaves cachées* sont rigoureusement interdites sur la *résolution* des dissonances. Ex:

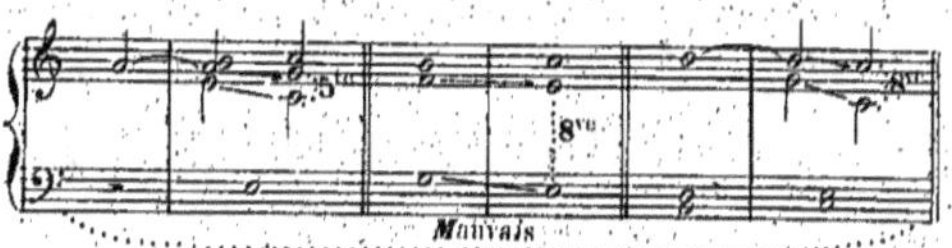

Des fausses relations harmoniques.

131 On appelle ainsi le rapport faux qui existe entre un son qui vient d'être entendu dans une partie et un autre son qu'on entend actuellement dans une partie différente. Les principales fausses relations sont celles de *triton* et celles d'*octave*.

132 Nous avons déjà vu, § 61, ce qu'on entend par *fausse relation* de *triton*; parlons maintenant de la *fausse relation* d'*octaves*. Elle provient de la succession immédiate de deux notes de même nom, mais dans un état différent, (c'est-à-dire dont l'une, par exemple, serait naturelle, tandis que son homonyme serait diésée ou bémolisée) chacune de ces deux notes étant placée dans une partie différente. Ex:

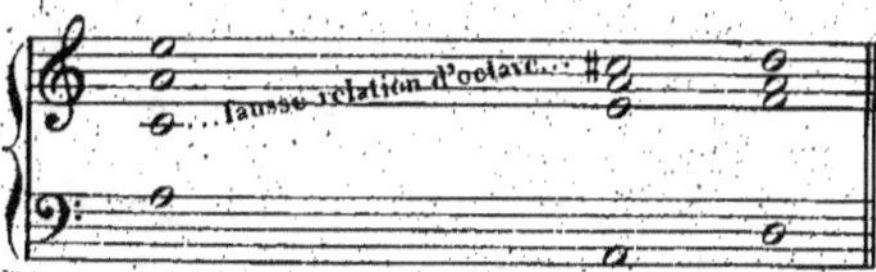

133 Pour éviter la fausse relation d'*octave* il faut placer les deux notes qui la produisent dans la même partie, sous forme de ½ ton chromatique, en s'abstenant de doubler l'une ou l'autre de ces deux notes dans une autre partie. Ex:

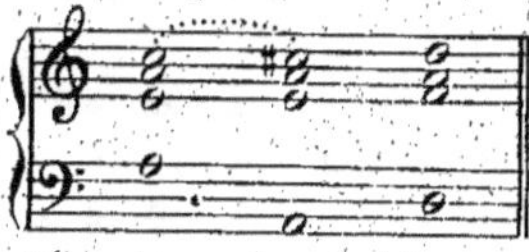

134 La *fausse relation* entre la basse et une partie supérieure est quelquefois tolérée; c'est dans le cas où la basse contenant nécessairement l'une des deux notes sans avoir l'autre, rendrait ainsi la *fausse relation* inévitable; mais cette circonstance ne dispenserait pas de l'observation de la 1re partie de la règle énoncée § 133. Voilà donc ce qu'il faudrait faire :

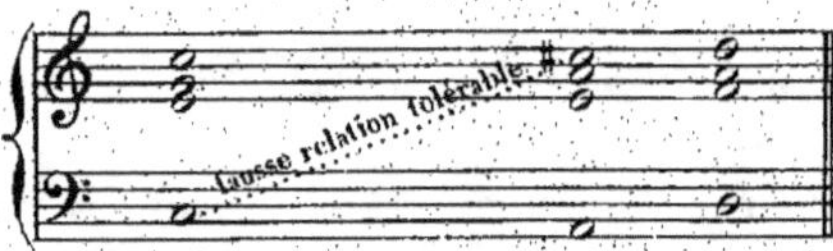

135 Si pour une raison quelconque, celle des deux notes chromatiques qui est à la basse ne pouvait être doublée, il faudrait distribuer ces notes entre une partie supérieure et la basse, comme dans l'exemple suivant, tâchant de dissimuler autant que possible la *fausse relation* qui serait alors dans toute sa nudité, en la plaçant dans une partie intermédiaire. Ex:

Observations générales sur la réalisation de l'harmonie.

Disposition et rapports réciproques des parties; — Croisement;
Distribution du mouvement rhythmique.

136 On doit avoir soin d'enchaîner les sons l'un à l'autre, de manière à former dans chaque partie une succession mélodique facile et naturelle.

137 Dans le style élémentaire, il faut employer, autant que possible, des intervalles conjoints ou de petite étendue et maintenir dans la partie où elle se trouverait une note commune à plusieurs accords successifs.

138 Si l'on fait croiser deux parties l'une sur l'autre, ce qui ne se pratique guère que dans le style concertant, cette transposition d'une partie hors de sa place naturelle doit être passagère, suffisamment motivée et ne donner lieu d'ailleurs à aucune faute.

139 La partie, qui, par suite d'un croisement sous la basse, forme le point le plus grave de l'ensemble harmonique devient, comme tel, la véritable basse et est soumise alors aux règles qui concernent cette partie.

140 Dans le style concertant, le mouvement rhythmique doit être distribué aux différentes parties, de manière à établir entre elles un contraste qui doit surtout être saillant entre les deux parties principales ou prédominantes. C'est pourquoi il faut éviter, entre les parties extrêmes, les doubles syncopes ou l'articulation simultanée des mêmes valeurs rhythmiques, surtout si le mouvement de ces parties suit la même direction. En un mot, on doit s'attacher à contrarier les parties et à amener entre elles des oppositions qui les fassent mieux ressortir.

Observations spéciales à la réalisation de l'harmonie sur les instruments à clavier le Piano et l'Orgue.

141 Toutes les règles énoncées dans ce chapitre, sauf toutefois celles qui ont rapport à l'intonation, sont applicables, mais d'une façon moins rigou - reuse, à la réalisation de l'harmonie sur le Piano.

142 Pour ce qui est spécial à la réalisation de l'harmonie sur les ins - truments à clavier, ajoutons qu'un accord peut être présenté, relativement à la disposition des notes sur la basse, sous diverses faces, appelées *positions*. Le nombre de ces *positions* égale celui des notes constitutives. de l'accord.

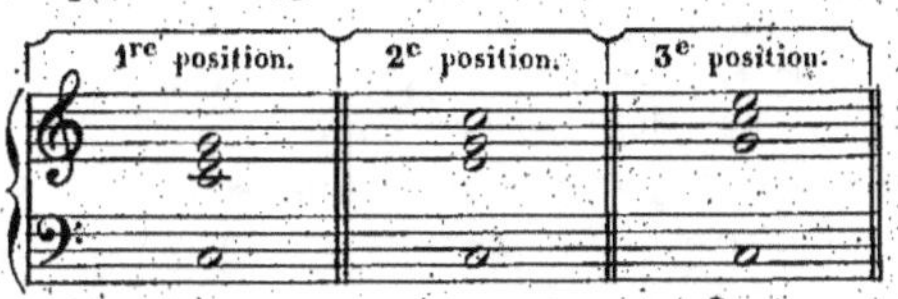

143 Dans l'accompagnement de la *basse chiffrée* la position du premier accord détermine celle des accords suivants, de telle sorte que la main se main - tienne dans la même région du clavier et ne se déplace que le moins possible.

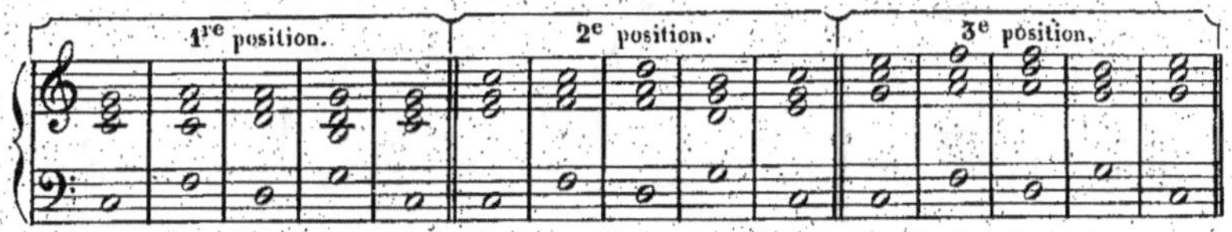

144 On peut choisir entre les trois positions celle qui convient le mieux ; mais une fois adoptée il ne faut pas la changer *sans motif* durant le cours d'une période, et dans le cas où l'on aurait été obligé d'en sortir momenta - nément, il faudra y revenir dès qu'on le pourra.

145 Dans le cas où l'on voudrait suivre une mélodie, ou adopter un système d'accom - pagnement orné ou chantant, on serait dispensé de se renfermer dans les limites d'une seule position.

Mais ce genre de travail demande une expérience suffisante pour ne pas confondre les écarts qui seraient nécessités par les mouvements mélodiques avec ceux qui pro - viendraient de l'ignorance de l'art d'écrire.

Pour faire l'application de ces règles nous allons maintenant réaliser à quatre par - ties, soit pour le piano, soit pour les voix, les successions d'accords que nous n'avons en - core envisagées que d'une manière abstraite et sous forme de *basses chiffrées*.

Nous écrirons d'abord à quatre parties parceque c'est le nombre qui se prête le mieux à la réalisation de l'harmonie par la facilité qu'il donne de compléter les accords sans nuire à la bonne disposition des parties.

Les quatre voix pour lesquelles nous écrirons ces leçons d'harmonie sont celles de *soprano primo*, de *contralto*, de *tenor* et de *basse*.

Nous emploierons ces quatre voix de préférence à toutes autres, parce qu'elles sont les voix types et qu'elles forment par leur réunion le Quatuor vocal naturel, tandis que celles de *mezzo soprano*, de *second tenor* et de *baryton* ne sont que des voix mixtes et intermédiaires.

Plus tard, l'élève fera bien de s'exercer sur les autres voix, les associant de toutes les manières et restreignant ou augmentant le nombre des parties depuis deux jusqu'à huit.

On n'oubliera pas que la rigueur des règles relatives à la réalisation de l'harmonie est en raison inverse des parties.

EXERCICES:

1° *Ecrire à quatre parties, soit pour le piano, soit pour les voix, les successions d'accords N*ᵒˢ *8 et 9.*

On pourra en outre se servir des basses qui sont à la page 46 et que l'on trouvera toutes chiffrées, tome 2, page 1.

2° *Ne conservant que les trois parties supérieures de cette harmonie réalisée, on devra en retrouver la basse.*

On pourra à cet effet se servir des leçons toutes faites que nous plaçons tome 2, page 2 et suivantes.

EXEMPLE:

(La basse se trouve tome 2, page 1 N.º 7.)

3° *Jouer ces leçons dans les trois positions, d'après la basse chiffrée; — les transposer dans différents tons.*

4° *Exercer l'oreille à reconnaître les quintes ou les octaves consécutives, les fausses relations harmoniques.*

LEÇONS EN HARMONIE CONSONNANTE FONDAMENTALE
à réaliser à quatre parties.

On trouvera ces leçons réalisées tome 2, pages 2 et 3.

CHAPITRE QUATRIÈME.

DU RENVERSEMENT DES ACCORDS CONSONNANTS.

146 Un accord est *renversé* quand il a pour basse une des notes qui le composent autre que la note radicale. Ex:

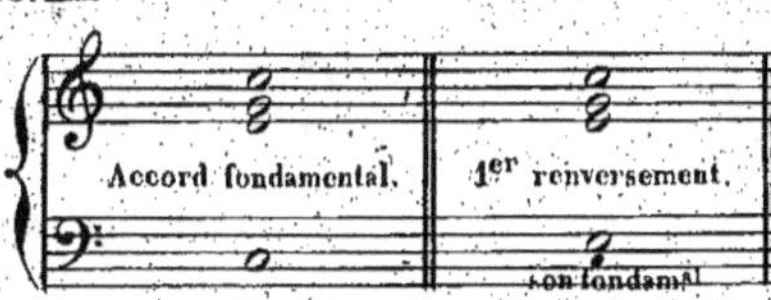

147 On voit que les accords parfaits majeur et mineur et l'accord de quinte diminuée se composant chacun de trois notes sont susceptibles de *deux renversements*.

148 Le premier *renversement* a lieu lorsque la *tierce* du son fondamental est prise pour basse. Ex:

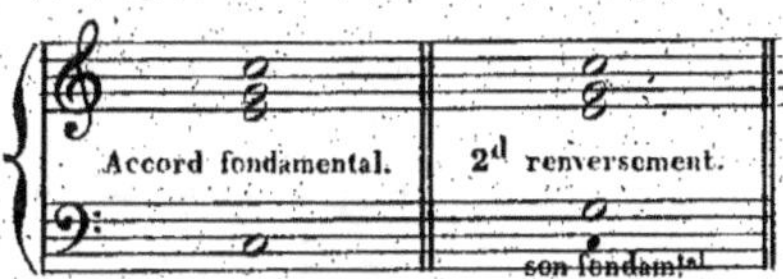

149 On obtient le second *renversement* en mettant à la basse la *quinte* du son fondamental. Ex:

résumé:

150 Pour trouver l'accord fondamental duquel dérive un accord renversé quelconque, il faut faire descendre la basse de tierce en tierce jusqu'à ce qu'on ait obtenu un accord dont toutes les notes soient à la tierce l'une de l'autre, ce qui donne l'accord fondamental non renversé. Ex:

Renversements de l'Accord parfait.

Constitution.
Chiffrage.

151 **Le** *premier renversement* **de l'accord parfait se compose de** *tierce* **et** *sixte* (majeures ou mineures selon le mode de l'accord fondamental).

152 **Il se nomme accord de** *sixte* **et se chiffre par 6. Ex:**

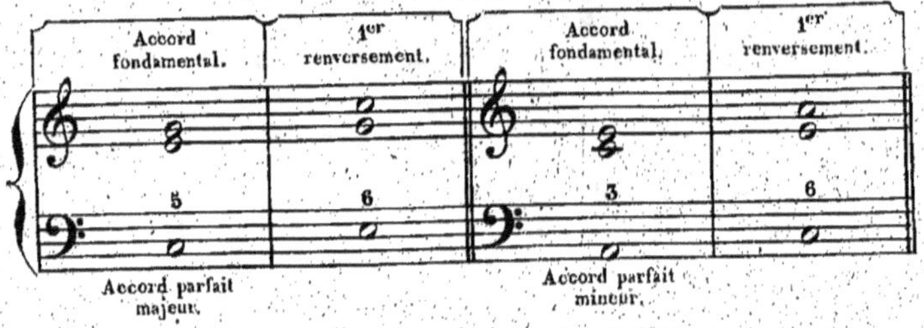

Accord fondamental.	1er renversement.	Accord fondamental.	1er renversement.
5	6	3	6
Accord parfait majeur.		Accord parfait mineur.	

153 **Le** *deuxième renversement* **de l'accord parfait se compose de** *quarte juste* **et de** *sixte* (majeure ou mineure selon le mode de l'accord fondamental).

154 **Il s'appelle accord de** *quarte et sixte* **et se chiffre par** $\frac{6}{4}$.

Exemple.

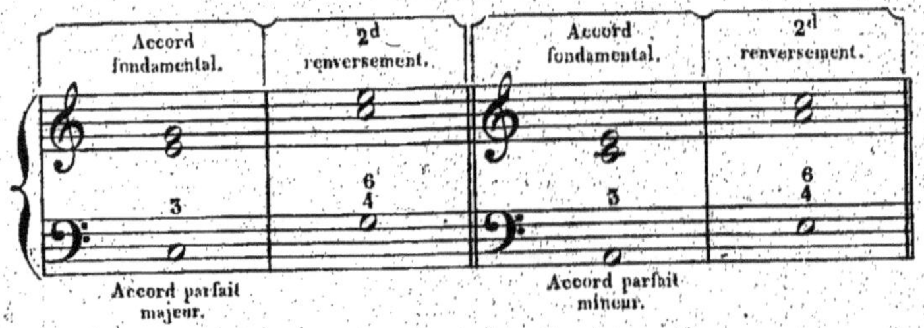

Accord fondamental.	2d renversement.	Accord fondamental.	2d renversement.
3	$\frac{6}{4}$	3	$\frac{6}{4}$
Accord parfait majeur.		Accord parfait mineur.	

155 **Pour le premier comme pour le deuxième** *renversement* **on ajoute aux chiffres les signes d'altération qui seraient nécessaires pour indiquer d'une manière précise la nature des intervalles. Ex:**

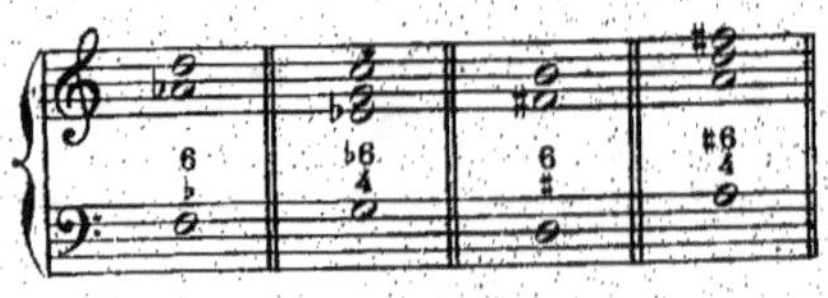

NOTA.

156 Quelquefois lorsqu'un accord doit être prolongé sur une ou plusieurs notes, afin d'éviter de multiplier les signes, on se contente de chiffrer la première
et on tire un trait au dessus des suivantes pendant la durée desquelles le premier accord doit être soutenu. Ex:

Ce qui
reviendrait
à ceci:

Renversements de l'Accord de Quinte diminuée.

Constitution.
Chiffrage.

157 *Le premier renversement de l'accord de quinte diminuée se
compose de tierce mineure et sixte majeure.*

158 Comme le *premier renversement* de l'accord *parfait*, il se
nomme accord de *sixte* et se chiffre également par 6. Ex:

Accord fondamental.	1ʳ Renversement.

Accord de Quinte diminuée.

159 *Le second renversement de l'accord de quinte diminuée se
compose de quarte augmentée et sixte majeure.*

160 Il se nomme accord de *quarte augmentée et sixte*, et se
chiffre par $+\frac{6}{4}$ (*) ou $\frac{6}{4}$ précédés des signes d'altération, (sui
vant ce qui a été dit § 155). Ex:

Accord fondamental.	2ᵉ Renversement.

Accord de Quinte diminuée.

____

(*) Le signe + est employé par certains auteurs pour désigner la note sensible, par d'autres pour
indiquer l'augmentation de l'intervalle formé par la note que ce signe représente.

Pour éviter toute ambiguité, ce signe dans notre chiffrage sera exclusivement réservé à l'indication
de la note sensible.

La composition et le chiffrage des accords parfaits majeur et mineur et de l'accord de quinte diminuée, ainsi que de leurs renversements, se trouvent résumés dans le tableau synoptique suivant.

	ACCORD FONDAMENTAL se compose de	PREMIER RENVERSEMENT se compose de	SECOND RENVERSEMENT se compose de
ACCORD PARFAIT MAJEUR.	Tierce majeure et Quinte juste. ex. 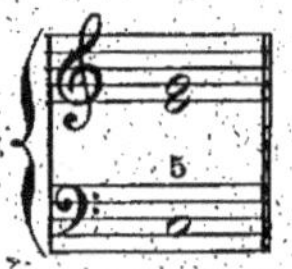	Tierce mineure et Sixte mineure. ex. 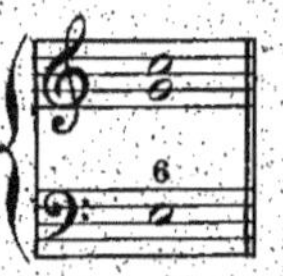	Quarte juste et Sixte majeure. ex. 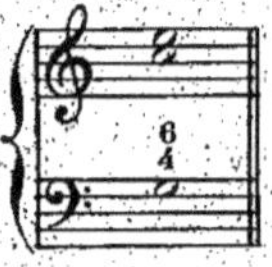
ACCORD PARFAIT MINEUR.	Tierce mineure et Quinte juste. ex. 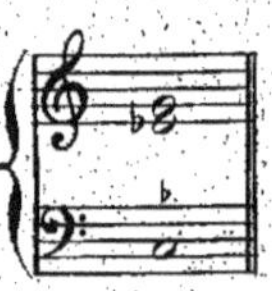	Tierce majeure et Sixte majeure. ex. 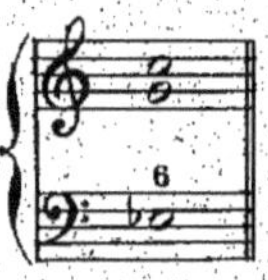	Quarte juste et Sixte mineure. ex. 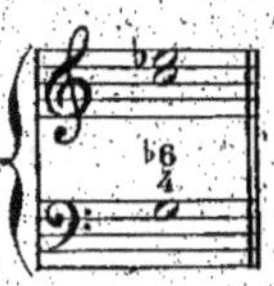
ACCORD DE QUINTE DIMINUÉE.	Tierce mineure et Quinte diminuée. ex. 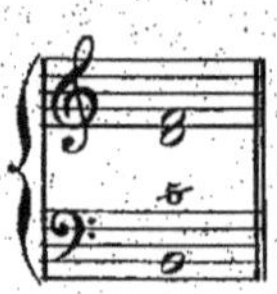	Tierce mineure et Sixte majeure. ex. 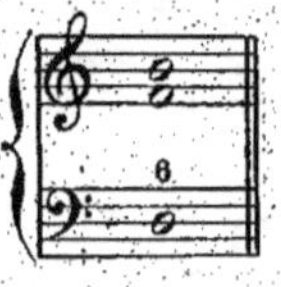	Quarte augmentée et Sixte majeure. ex. 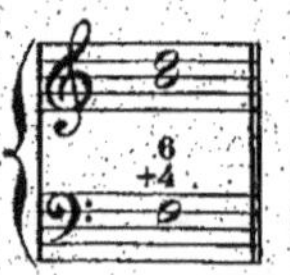

EXERCICES:

*Chiffrer les accords suivants et en indiquer la basse fonda-
mentale.*

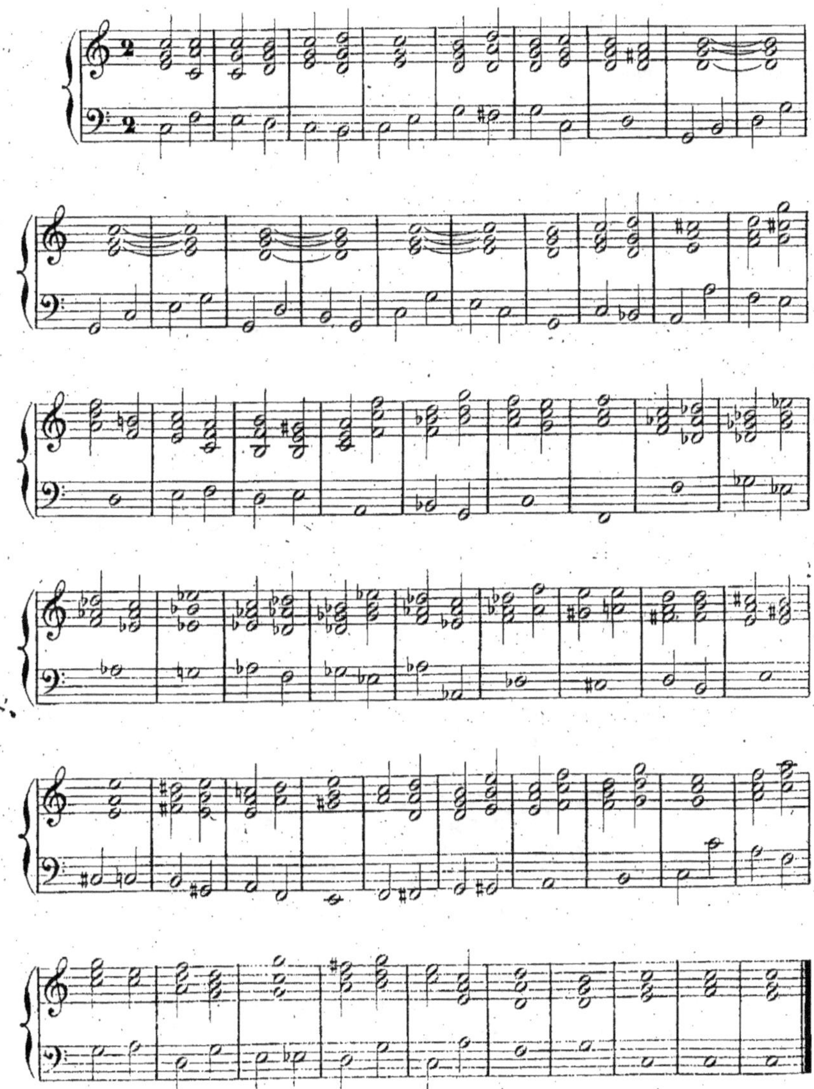

Caractère et emploi des accords renversés.

Caractère.

161 Un accord à l'état de *renversement* reste de la même nature que son accord générateur, mais il prend un autre caractère. Il donne, en effet, un sens moins défini, moins complet que ce dernier et ne peut par conséquent former un point de repos absolu: faculté appartenant exclusivement à l'*accord parfait non renversé* § 5 et 18.

Les accords *renversés* deviennent donc, par le fait du renversement, des accords de transition.

(Exercer l'oreille sur des accords renversés).

Emploi.

162 Le premier *renversement*, l'accord de *sixte*, peut être placé sur tous les degrés de la gamme, la nature particulière de chacun de ces accords étant d'ailleurs déterminé par celle de son accord fondamental, suivant le degré de la gamme auquel il est appliqué. **Ex:**

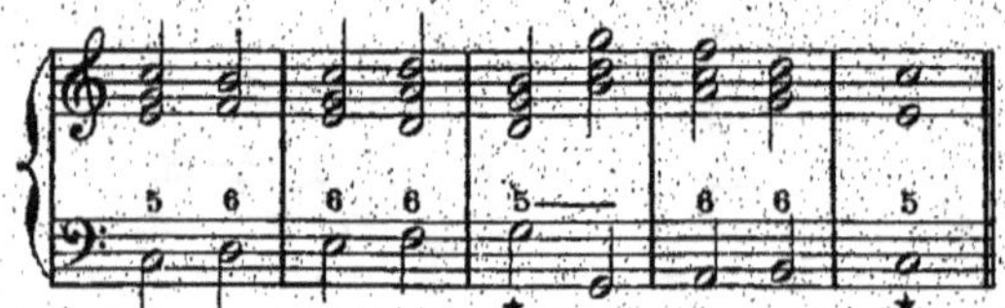

163 Cependant la *tonique* et la *dominante* étant ordinairement des points de repos, prennent alors nécessairement l'accord parfait *non renversé*. Ex:

164 Le deuxième *renversement*, l'accord de *quarte et sixte*, donnant un sens encore moins arrêté que celui de l'accord de *sixte*, est tout particulièrement un accord de transition; aussi ne doit-il être employé qu'avec réserve et dans de certaines conditions.

165 Souvent l'accord de *quarte* et *sixte* précède sur la *dominante* et sur la *tonique* l'accord parfait placé sur ces degrés. Ex:

166 On l'emploie encore sur le second degré de la gamme, la *sus-tonique*. Dans ce cas, il est bon que la *quarte* soit *préparée*, c'est-à-dire, que la note qui fait *quarte* sur la basse ait été entendue dans l'accord précédent. Ex:

167 Enfin l'accord de *quarte* et *sixte* peut être placé sur tous les degrés de la gamme, comme harmonie de passage, c'est-à-dire quand ceux-ci sont dépourvus de tout caractère de repos et sont seulement destinés à lier entre eux deux autres points harmoniques.

Mais il faut alors que la basse procède par *intervalles conjoints* et que la quarte soit *préparée*.

Ex:

etc.

168 On rencontre encore l'accord de *quarte* et *sixte* employé sur une basse qui procède par *intervalles disjoints*, mais offrant alors une succession de sons qui donnent l'accord brisé. Ex:

169 On peut, comme dans l'accord fondamental, doubler toutes les notes de l'accord *renversé*.

Observons néanmoins qu'il faut généralement éviter de placer à la partie supérieure ou principale l'octave de la basse dans l'accord de *sixte* (§ 96).

Pour l'un et l'autre renversement l'octave de la basse est la note qu'on peut supprimer.

La sixte ne peut jamais être omise dans l'accord de *sixte*.

On pourra s'exercer à introduire des renversements dans les leçons déjà faites en harmonie fondamentale, ce qui rendra la basse plus chantante et l'harmonie moins monotone.

EXEMPLE:

LEÇON N.º 8.
avec Renversements.

LEÇON N.º 8.
Harmonie fondamentale.

Puis on réalisera à quatre parties ces leçons ainsi modifiées.

CHAPITRE CINQUIÈME.

DE L'ENCHAÎNEMENT DES ACCORDS RENVERSÉS.

170 Un accord ne changeant pas de nature par le renversement, il s'ensuit que les accords renversés s'enchaîneront en suivant, par rapport à leur son fondamental, les lois qui régissent l'enchaînement des accords non renversés.

171 Cependant, en raison du caractère des accords renversés (§ 161), des successions mauvaises à l'état fondamental peuvent quelquefois devenir bonnes à la faveur du renversement de l'un ou de plusieurs des accords dont elles sont composées.

Il faut pour cela que le sens mélodique de la basse soit en rapport avec l'harmonie qu'elle supporte.

Toutes les successions marquées d'un astérisque qui seraient dures et incohérentes à l'état fondamental (§ 60 et 61), deviennent douces sous cette forme de renversement.

Expliquons ces exemples.

172 Qu'on se rappelle les observations que nous avons faites (§ 64 65 et 66) sur la succession des accords parfaits de *sous-dominante* et de *dominante*, et ayant pour objet d'indiquer le motif pour lequel ces accords, bien qu'éloignés l'un de l'autre dans l'ordre de leur génération, peuvent cependant se succéder immédiatement quand c'est l'accord de *sous-dominante* qui précède celui de *dominante*. Ex:  Tandis que placés en sens inverse ils demeurent incohérents; Ex:  ces motifs, on s'en souvient, étaient puisés dans le sentiment du repos plus ou moins complet donné par les accords. Eh bien! par la même raison cette succession:  dure et étrange à l'état fondamental, devient douce et naturelle si le deuxième accord est présenté sous forme de renversement. Ex:

On voit en effet dans ce dernier exemple que l'accord de *sixte* placé sur le *la* et qui est le premier renversement de l'accord parfait de *fa* ne forme plus un sens arrêté, mais devient un accord de transition menant à un autre accord en rapport avec le premier. Ex:

Dans ce même exemple la basse partie de la *dominante* va se reposer sur la *tonique*, en ne faisant que glisser sur les degrés intermédiaires; l'harmonie appliquée à cette basse est donc en parfait rapport avec le sens mélodique de celle-ci (§ 171), puisque les deux points extrêmes portent seuls des accords exprimant un sens harmonique complet.

Explications analogues pour le second exemple où il s'agit d'une suite d'accords de *sixte* appliqués à des notes de basse qui n'ont qu'un sens transitoire.

173 Le sens éminemment incomplet fourni par le second renversement, l'accord de *quarte* et *sixte*, ne permet pas de faire succéder immédiatement l'un à l'autre plusieurs de ces accords lors même que l'harmonie fondamentale serait régulière. Ex:

174 En harmonie simple, l'accord de *quarte* et *sixte* devra donc être suivi soit d'un accord parfait, soit d'un accord de *sixte* (§ 164 et suivants). Ex:

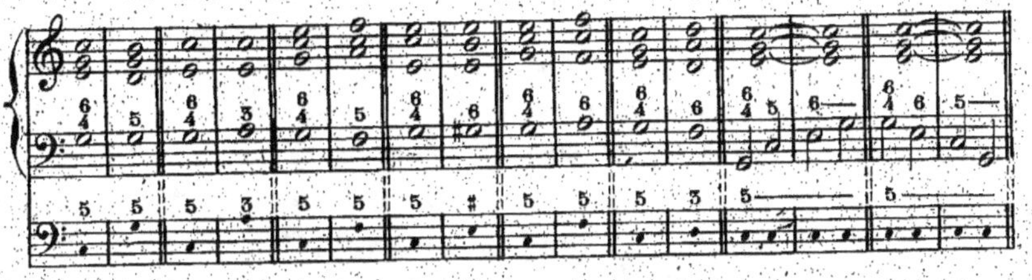

175 Cependant l'accord de *quarte* et *sixte* peut être suivi quelquefois de celui de *quarte augmentée* et *sixte*, à cause du sens résolutif de ce dernier. (Voir page 143 l'accord de Triton avec lequel l'accord de $+\frac{6}{4}$ se confond.)

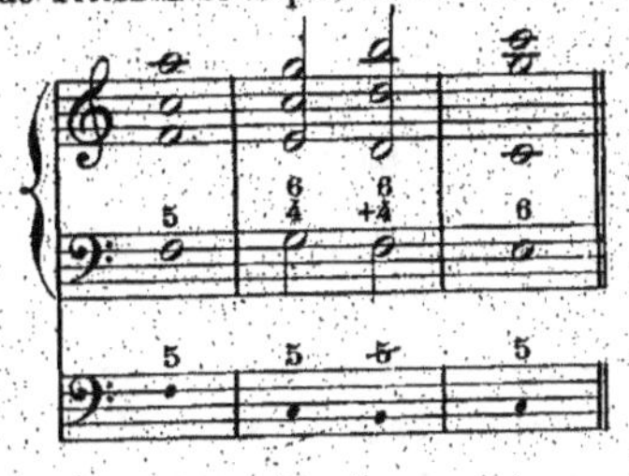

176 D'après tout ce que nous avons dit, on voit que le choix de l'accord applicable à chaque note de basse dépend:

1° Du degré qu'occupe dans la gamme la note de basse qu'il s'agit d'harmoniser.

2° De la nature et de la situation de l'accord qui précède et de celui qui suit.

Nous allons tâcher de résumer dans quelques règles générales les observations précédentes, lesquelles d'ailleurs seront complétées dans le chapitre suivant, traitant des cadences harmoniques. (Voir page 89 de l'action des Cadences sur l'enchaînement des accords.)

RÈGLES GÉNÉRALES
*sur l'emploi et l'enchaînement des accords
appartenant à l'harmonie consonnante.*

177 **Le 1er et 5me degrés étant des points de repos doivent né-**
Tonique   Dominante   **cessairement porter l'accord parfait (§ 165).**

> **Ainsi que nous l'avons indiqué, l'accord
> de *quarte et sixte* est employé sur la *tonique*
> et plus souvent sur la *dominante*, soit comme
> précédant l'accord parfait placé sur ces mê-
> mes degrés, (§ 165), soit comme accord de
> passage (§ 167).**

178 **Le 2me degré prend ordinairement l'accord de *sixte* ou ce-**
Sus-ton.   **lui de *quarte et sixte* (§ 166), quand la basse
marche par intervalles conjoints; mais si la
sus-tonique procède à l'accord suivant par intervalle disjoint, elle peut porter préférable-
ment l'accord parfait.**

179 **Le 3me degré exige le plus souvent l'accord de *sixte*, et**
Médiante.   **donne ainsi le 1er renversement de l'accord
de *tonique*.**

180 **Les 4me et 6me degrés reçoivent l'accord *parfait* ou l'accord**
Sous-dom. Sus-dom.   **de *sixte*, mais l'accord parfait de préférence si la basse procède par intervalles dis-
joints; si ces degrés sont des points de
repos, ils prennent alors nécessairement
l'accord parfait.**

181 **Le 7me degré reçoit l'accord de *sixte* ou l'accord de *quinte***
Note sensible.   **diminuée.**

182 **L'accord de *quarte et sixte* peut en outre être employé comme harmonie de passage sur tous les degrés indistinctement,
dans le cas et de la manière indiqués § 167.**

183 **Il en est de même pour l'accord de *sixte* lorsqu'il est placé sur des sons qui se succèdent par intervalles conjoints et
sans aucun caractère de repos, (§ 171 et 172.) Ex:**

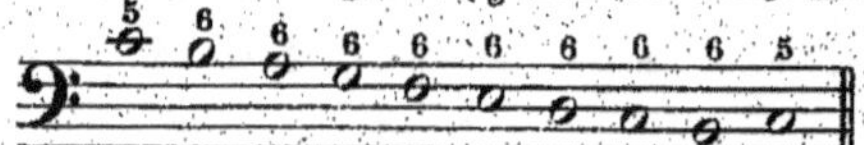

184 **Le mouvement de la basse par quarte ou par quinte et
quelquefois par tierces descendantes, donnant lieu (ainsi que nous
l'avons vu § 39 43) aux progressions génératrices de l'accord par-**

fait, sollicite naturellement l'adoption de cet accord pour tous les degrés de la gamme indistinctement, lorsqu'ils progressent de la sorte. Ex:

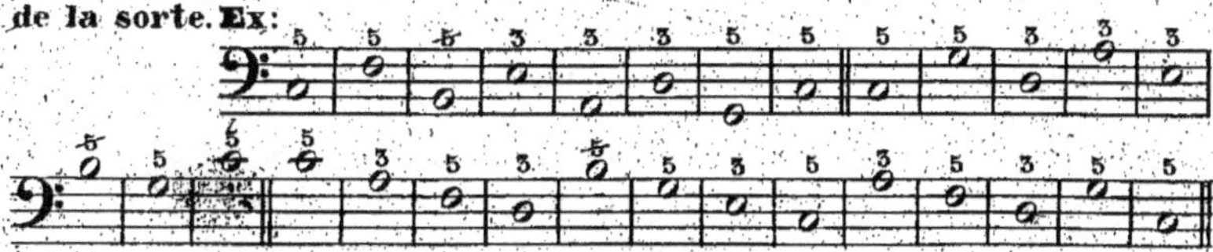

(Voir le Chapitre 8ᵉ traitant des marches harmoniques).

185 Si on a le choix entre plusieurs accords, il faut généralement donner la préférence à ceux qui ont entre eux le plus de notes communes.

EXERCICES:

1° *Chiffrer des basses disposées de manière à recevoir les accords parfaits majeur et mineur, l'accord de quinte diminuée, et leurs renversements.*

2° *En réaliser l'harmonie à quatre parties, soit pour les voix, soit pour le piano.*

3° *Composer soi-même tout l'ensemble de semblables leçons.*

4° *Retrouver sous les trois parties supérieures la basse que l'on aura préalablement fait disparaître.*

5° *Exercices sur le clavier: accompagnement de basses chiffrées dans les trois positions, —Transposition de ces exercices dans différents tons.*

LEÇONS À CHIFFRER d'après les règles ci-dessus, § 477 et suivants, pour en réaliser ensuite l'harmonie à quatre parties.

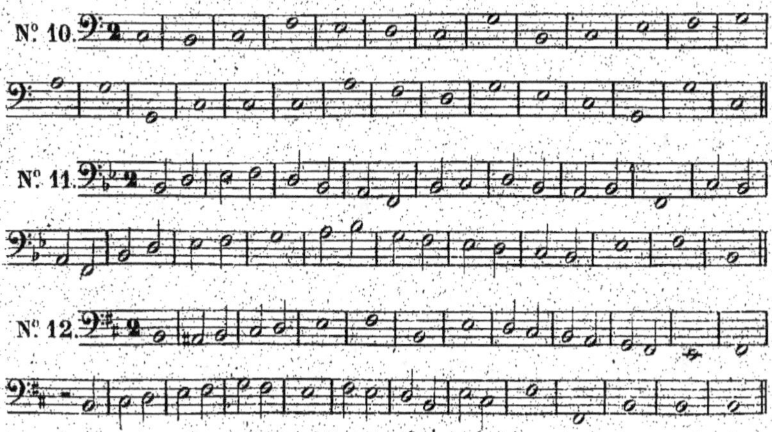

On trouvera ces leçons toutes faites tome 2, pages 4 et 5.
Il sera bon de multiplier ces exercices dans différents tons.

CHAPITRE SIXIÈME.

DES CADENCES HARMONIQUES.

186 Les notes tonales exercent l'une sur l'autre, dans l'ordre de leur génération, une sorte d'attraction. Si elles obéissent à cette attraction, il en résulte
une chute ou repos du sens harmonique que l'on nomme *cadence* (*cadere*,
tomber).

187 Briser, suspendre ou détourner ce mouvement, c'est donc rompre, suspendre ou éviter la *cadence*.

188 On distingue différentes sortes de *cadences*. Ce sont:

1º La cadence parfaite.

2º La cadence à la dominante ou demi-cadence.

3º La cadence imparfaite et la cadence suspendue (dite encore *retardée*
ou *interrompue*).

4º La cadence rompue.

5º La cadence évitée.

6º La cadence plagale.

189 Ces différentes cadences expriment les diverses modifications du repos et du
sens harmonique, et de l'emploi judicieux de ces cadences naît la phrase musicale qui,
sans elle, n'existerait pas ou ne présenterait qu'un sens vague et indéfini.

1º De la Cadence parfaite.

190 **La cadence parfaite est produite par le mouvement de la
dominante sur la tonique, l'un et l'autre de ces degrés portant l'accord parfait non renversé. Ex:**

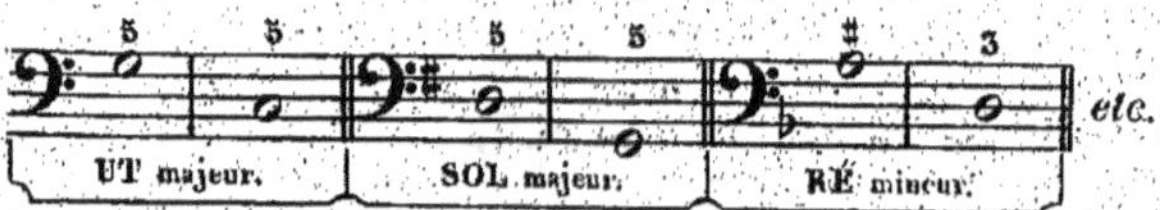

191 Nous verrons (§ 312) que cette cadence est bien mieux déterminée quand, à
l'accord parfait placé sur la dominante, on ajoute la septième.

192 La cadence parfaite donne un sens complet et arrêté, et elle seule
peut servir à conclure définitivement un morceau ou une phrase musicale.

193 Dans la réalisation de l'harmonie, la note sensible qui est la tierce de
la dominante tend à monter à la tonique qu'elle fait pressentir. Ex:

EXERCICES.

Voici différentes formules de cadences parfaites [1] *qu'on devra pratiquer dans tous les tons majeurs et mineurs et dans les différentes positions.*

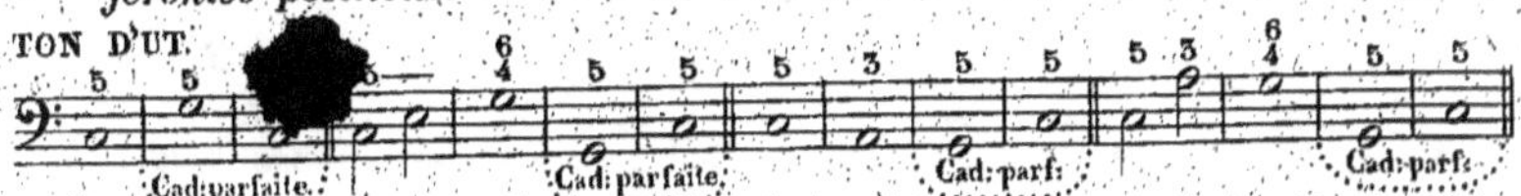

En faisant entrer dans la formule le troisième son générateur de la gamme (FA *pour la gamme d'*UT), *la tonalité, et par consé-quent la cadence, seront encore mieux caractérisées. Cette pré-caution n'est pas inutile quand on n'emploie que l'harmonie consonnante, comme dans ces exemples:*

Reconnaître la cadence parfaite à la vue et à l'audition.

194 Si l'on substitue à l'accord parfait de dominante un de ses renversements, ex: ou même l'accord de *quinte diminuée* sur la note sensible, ou son premier renversement: l'on obtient alors une sorte de renversement de la cadence parfaite. [2]

195 Le sens de repos fourni par ces cadences à l'état de renversement étant moins absolu que celui donné par l'harmonie fondamentale de la tonique et de la dominante, elles sont impropres à former une conclusion définitive.

---

[1] **NOTA:** Ces formules de cadences et toutes celles qui sont présentées dans ce chapitre ne contiennent que des éléments harmoniques déjà connus de l'élève. A mesure que nous avancerons nous pourrons donner à toutes ces cadences des formes plus riches et plus variées au moyen des nouvelles ressources dont nous disposerons.

On trouvera d'ailleurs à la deuxième Partie de cet ouvrage, à la fin de chacun des articles consacrés aux accords dissonants de première espèce, des exemples et des exercices sur les principales modifications dont les différentes cadences peuvent être enrichies au moyen de ces accords.

[2] Nous devons faire remarquer que dans cette circonstance l'accord de *quinte diminuée* peut être considéré comme premier renversement de l'accord de *septième de dominante* dont il a les notes, moins la fondamentale, et au mouvement résolutif duquel il est assujetti. **Ex:**

(Voir 2e Partie chapitre 1er.)

196 L'emploi de l'accord de *quinte diminuée* sur la note sensible, sous la forme de cadence, donne lieu aux observations suivantes:

1° La quinte diminuée doit descendre d'un degré. Ex:

2° On ne peut doubler cette quinte diminuée à cause des octaves que produirait son mouvement résolutif.   (voir la note précédente.)

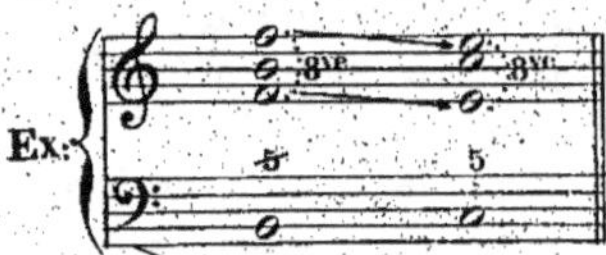

Il en est de même à l'égard de la note sensible qui comme telle doit se porter à la tonique.

3° Cependant le premier renversement de l'accord de quinte diminuée permet le redoublement de la quinte diminuée de l'accord non renversé: le mouvement descendant de cette note n'étant plus aussi impérieusement sollicité. Ex:

2° De la Cadence à la dominante
ou Demi-cadence.

197 La *cadence à la dominante* ou *demi-cadence* est un repos sur la dominante portant accord parfait. Ce repos n'est pas définitif et il ne fait que suspendre la conclusion d'une phrase; c'est ce que l'on peut voir dans les exemples suivants:

Différentes formules de Cadences à la dominante.

S'exercer sur ces formules dans les deux modes, et dans tous les tons et les diverses positions.

Habituer l'oreille à reconnaître facilement cette cadence.

3° De la Cadence imparfaite et de la Cadence suspendue
(dite encore retardée ou interrompue).

198 **La** *cadence imparfaite* **est le mouvement de la dominante portant accord parfait, sur la médiante portant accord de sixte, c'est-à-dire le premier renversement de l'accord de tonique.**

199 La *cadence imparfaite* ne diffère donc de la cadence parfaite qu'en ce que l'accord de tonique qui suit celui de dominante est, dans la cadence imparfaite à l'état de premier renversement.

200 Le repos produit par cette cadence est tellement incomplet qu'il appelle nécessairement la conclusion du sens de la phrase, dont il n'est que la suspension momentanée.

EXERCICES:

Pratiquer ces cadences dans tous les tons majeurs et mineurs. A cet effet, on pourra se servir des formules de la e *cadence parfaite dont il suffira de changer la terminaison. (Voir page 82.*

Exercer l'oreille.

201 **Quelquefois on retarde la conclusion d'une cadence parfaite, soit en reproduisant plusieurs fois la cadence à la médiante** *(cadence imparfaite),* **soit par une suspension sur la dominante.**

Cela s'appelle *cadence suspendue* **(certains auteurs donnent à ces sortes de cadences les qualifications de** *retardées* **ou** *interrompues***). Ex:**

Cadence suspendue sur la médiante.

EXERCICES:

Pratiquer ces cadences dans tous les tons et dans les deux modes.

4°. *De la Cadence rompue.*

202 Si au lieu de conclure la cadence parfaite on rompt brusquement le sens musical en substituant à l'accord de tonique (ou ses dérivés) qu'appelait naturellement celui de dominante, l'accord parfait sur la sus-dominante, on produit alors un repos momentané sur le sixième degré de la gamme et cette cadence prend le nom de *cadence rompue* (*) **Ex:**

203 Quelquefois le mode majeur emprunte au mineur sa cadence rompue. **Ex:**

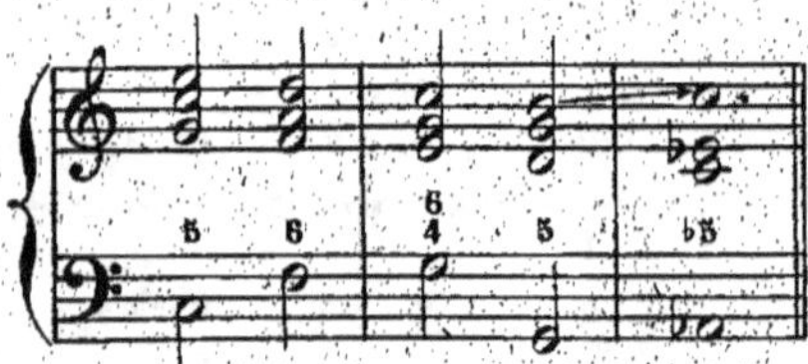

Le contraire ne peut avoir lieu.

(*) Plusieurs auteurs appellent *cadence rompue*, le passage de l'accord de dominante à tout accord ne dérivant pas de celui de tonique. Nous pensons qu'il est préférable de classer ces cadences parmi les cadences évitées. (§ 205)

204 On voit par les exemples précédents que la note sensible se porte à la tonique comme dans la cadence parfaite.

EXERCICES:

Pour étudier cette cadence, on pourra prendre les formules de la cadence parfaite (page 82.) dont on changera la terminaison.

Transposer dans tous les tons des deux modes.

Exercer l'oreille.

5.° De la Cadence évitée.

205 La *cadence évitée* consiste (*) à éluder la résolution naturelle de l'accord de dominante ou de ses dérivés sur celui de tonique (ou ses renversements) en substituant à ce dernier tout autre accord déterminant ou préparant une nouvelle cadence, soit dans le ton indiqué par le début, soit, ce qui a lieu le plus souvent, dans un ton différent.

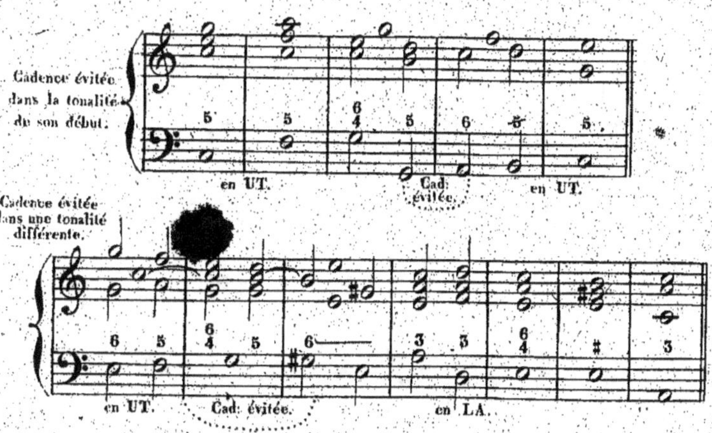

(*) Quelques auteurs donnent exclusivement le nom de *cadence évitée* à celle produite par la substitution de l'accord de septième de dominante à l'accord parfait qui aurait dû conclure la cadence parfaite.

Nous avons cru préférable de donner à cette dénomination une acception plus étendue.

206. On comprend aisément que la cadence évitée enlevant à la note sensible son caractère tonal, lui fait perdre en même temps la tendance résolutive qui en était la conséquence. Ex:

207 Ces sortes de cadences en trompant l'attente de l'auditeur réveillent son attention. Elles sont une mine féconde de richesses harmoniques et, employées avec discernement, elles produisent quelquefois un effet saisissant.

208 Les formules de cadences évitées sont très variées, surtout quand on y fait fonctionner les accords dissonants de première espèce. (Nous en donnerons des exemples quand nous traiterons de ces accords.)

Voici pour le moment des formules de cadences évitées en harmonie simple.

EXEMPLES DE CADENCES ÉVITÉES en harmonie simple.

D'après ces exemples on pourra s'exercer sur la cadence évitée comme on l'a fait à l'égard des autres cadences.

6.° *De la Cadence plagale.*

209 **La *cadence plagale* est le mouvement de la sous-dominante sur la tonique, l'un et l'autre de ces degrés portant l'accord parfait. Ex :**

210 On a donné à cette cadence le nom de *plagale* parcequ'elle est formulée à l'imitation de celle qui serait produite par les cordes constitutives des *tons plagaux. (Voir l'Introduction page 35).*

211 Cette cadence ne détermine pas aussi bien que la cadence parfaite un sens de repos absolu. Cependant on l'emploie quelquefois après cette dernière, comme conclusion, ce qui produit un effet d'un caractère un peu vague, mais grave, solennel et qui convient particulièrement au genre religieux.

212 On peut conclure en majeur cette cadence annoncée en mineur; l'effet en est alors encore plus remarquable. Ex :

213 Cette tierce majeure finale est vulgairement désignée sous le nom de *tierce Picarde,* parceque ce fut, dit-on, en Picardie qu'on en fit d'abord usage.

214 Quelquefois, au lieu de l'accord parfait, on fait porter à la sous-dominante l'accord de sixte. Ex :

215 Mais l'effet de cette cadence plagale, ainsi altérée, est moins franc; aussi est-elle peu usitée.

EXERCICES.

On se servira des formules de cadence parfaites auxquelles on ajoutera la cadence plagale.

Pratiquer ces exercices dans tous les tons.

Cultiver avec soin l'oreille.

De l'action des Cadences sur l'enchaînement des accords.

216 Pour expliquer et compléter les règles que nous avons établies touchant l'enchaînement des accords, il faut tenir compte de l'influence des cadences dans les successions harmoniques.

217 La tendance résolutive autrement dit l'appétence des accords formant cadence établit entre eux une cohésion qui dans le choix des accords fait souvent adopter ceux qui produisent ces cadences, soit à l'état fondamental , soit sous forme de renversement, de préférence à une harmonie qui laisserait les accords indépendants les uns des autres.

C'est pourquoi l'harmonie suivante:

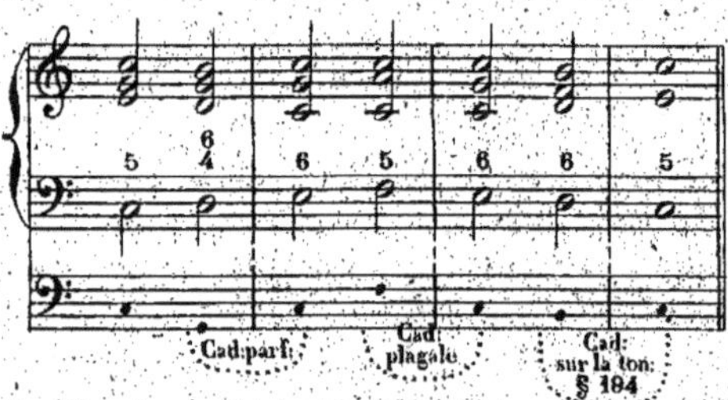

est préférable à celle-ci:

218 L'accord parfait de *sus-tonique*, 2e degré, peut bien, il est vrai, suivre ou précéder d'une manière immédiate celui de *tonique* avec lequel il a des rapports indirects, (§ 46); mais il est évident qu'il n'y aura pas entre ces accords la liaison qui existerait si au lieu de l'accord parfait on fait porter à la *sus-tonique* l'accord de sixte ou celui de quarte et sixte ; car alors on obtient une cadence, c'est-à-dire attraction des deux accords, comme on peut le voir dans les exemples précédents.

219 C'est à cause de la cadence que l'accord de *quinte diminuée* placé sur la note sensible ne peut être suivi de l'accord fondamental de 6me degré (§ 52 et 56), la note sensible qui est à la basse devant nécessairement se porter à la tonique (§ 193). Ex:

220 C'est encore en raison des cadences que la médiante prend presque toujours l'accord de *sixte* (§ 179) et qu'ainsi elle fournit le premier renversement de l'accord de tonique, élément de cadence. Ex:

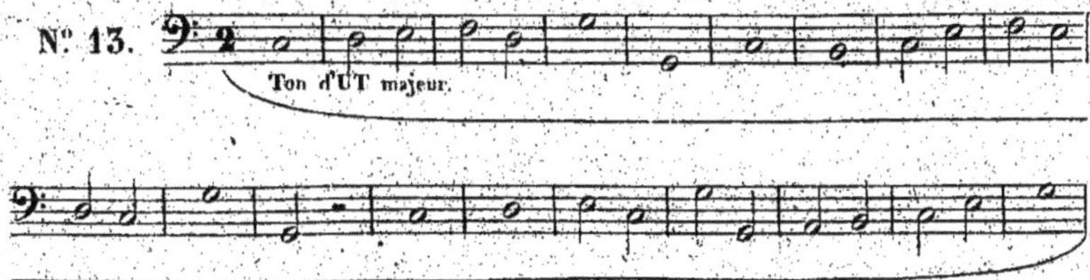

221 En résumé, c'est des cadences que provient pour les différents degrés de la gamme le caractère qui demande ou exclut le repos, et l'harmonie applicable à chacun d'eux doit être conforme à ce caractère.

222 Ces exemples suffiront pour faire comprendre la nature et l'action des cadences et pour aider dans la pratique de l'analyse raisonnée de l'harmonie, étude à laquelle l'élève doit constamment s'appliquer.

EXERCICES.

1º. *Rechercher et désigner les différentes cadences dans les leçons précédentes.*

2º. *Faire le même travail sur les basses suivantes, Nᵒˢ 13 et 14, puis les chiffrer et en réaliser l'harmonie, — retrouver la basse au moyen des parties supérieures.*

3º. *Accompagner ces basses chiffrées dans toutes les positions. Les transposer dans tous les tons.*

4º. *Exercer l'oreille sur toutes les cadences.*

LEÇONS SUR L'EMPLOI DES DIFFÉRENTES ESPÈCES DE CADENCES.

(N'ayant pas encore parlé de la modulation, nous avons jugé à propos d'indiquer les diverses tonalités amenées par les cadences évitées).

Nº 13.

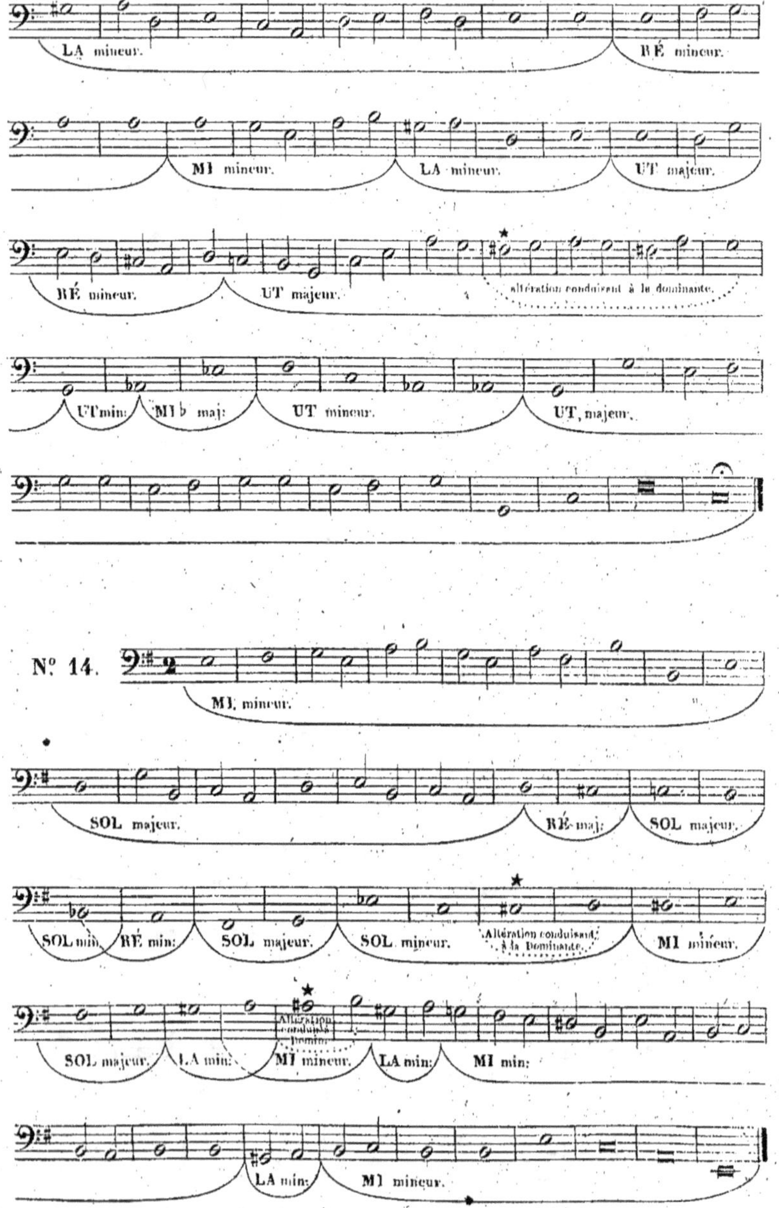
LA mineur.
RÉ mineur.
MI mineur.
LA mineur.
UT majeur.
RÉ mineur.
UT majeur.
altération conduisant à la dominante.
UT min:
MI♭ maj:
UT mineur.
UT, majeur.
N.º 14.
MI mineur.
SOL majeur.
RÉ maj:
SOL majeur.
SOL min:
RÉ min:
SOL majeur.
SOL mineur.
Altération conduisant
à la Dominante.
MI mineur.
SOL majeur.
LA min:
MI mineur.
LA min:
MI min:
Altération
conduisant
Domine
LA min:
MI mineur.

CHAPITRE SEPTIÈME.

DE LA MODULATION.

223 Nous avons vu comment les accords s'enchaînent; comment les cadences groupent ces mots harmoniques, leur donnent un sens et produisent ainsi la phrase. Le langage musical est créé; mais il deviendrait monotone s'il é-tait longtemps renfermé dans le cercle restreint d'une même tonalité.

224 Pour éviter cet inconvénient on substitue passagèrement à la tonalité principale, c'est-à-dire à celle dans laquelle le morceau est exposé et doit être conclu, une tonalité différente.

Cette transition d'une tonalité à une autre s'appelle *modulation*.

225 Les rapports existant entre ces tons sont plus ou moins grands suivant le nombre d'éléments identiques qui entrent dans leur formation. C'est pourquoi, eu égard les uns aux autres, les tons sont classés en tons *relatifs* ou *homogènes*, et en tons *éloignés* ou *hétérogènes*.

226 Il y a deux sortes de *modulations*: l'une par laquelle on va d'un ton à un autre ton qui lui est relatif; l'autre qui consiste dans le passage à un ton éloigné de son antécédent.

La première s'appelle *modulation aux tons relatifs* ou *homogènes*, la seconde *modulation aux tons éloignés* ou *hétérogènes*.

Des tons relatifs ou Homogènes.

227 On appelle ainsi les tons qui ont entre eux communauté d'origine; c'est-à-dire ceux dont les éléments constitutifs (deux triades au moins) entrent dans l'une et l'autre gamme comme notes *diatoniques*.

228 On reconnaît que deux tons sont relatifs, soit lorsqu'ils prennent la même armature de clef, et alors, comme on sait, ils diffèrent nécessairement de mode, tels sont les tons *d'ut majeur* et de *la mineur* ceux de *fa majeur* et de *ré mineur*. &.

229 …. Soit quand l'armature de la clef ne diffère, pour les deux tons, que par un seul signe altératif, comme *ut maj:* par rapport à *sol maj:* et à *fa maj:* ou bien encore *ré maj:* relativement à *la maj:* et à *sol maj:* etc.

230 Dans le premier cas, les trois triades constitutives du mode mineur (*) se trouvent données par le mode majeur relatif. Ex:

(*) Voir l'Introduction *Formation du mode mineur*, Page 36.

231. Dans le second cas, le ton principal ne fournit que deux triades constitutives du ton relatif; mais elles sont constitutives pour les deux tons. Ex.

232 Nous voyons déjà comment les tons relatifs se groupent autour du ton principal et la formule au moyen de laquelle nous avons établi les rapports des accords entre eux va encore nous servir à constater les relations réciproques des tonalités. Par exemple: le ton d'*ut majeur* considéré comme ton principal et placé, suivant l'ordre de la génération des gammes, entre ses relatifs majeurs les tons de *fa* et de *sol* avec lesquels il a six notes communes (§ 229) nous donne déjà, ainsi, accompagné, les premiers éléments de notre formule (*).

ainsi: 

233 De plus, nous savons qu'outre ces deux tons majeurs *fa* et *sol*, le ton d'*ut* a encore pour relatif le ton de *la mineur* dont toutes les notes fixes appartiennent à la gamme d'*ut* et qui par conséquent est indiqué par la même armature de clef (§ 228). Nous aurons donc:

234 Toutes ces relations sont directes, mais les tons de *fa* et de *sol*, tous deux relatifs majeurs directs d'*ut majeur*, ayant chacun comme ce dernier ton, son relatif mineur direct: *ré mineur* pour *fa majeur* et *mi mineur* pour *sol majeur*, ces deux tons *ré* et *mi* deviennent relatifs mineurs indirects du ton d'*ut majeur*. De cette manière nous complétons notre formule:

Formule des tonalités relatives pour le mode majeur.

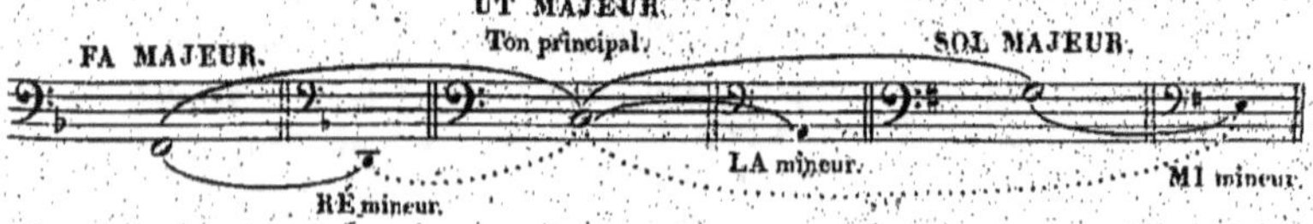

(Les liaisons formées par un trait indiquent les *rapports directs*, et celles représentées par une ligne pointée désignent les *rapports indirects*, comme pour la formule de la Génération des accords).

(*) Remarquons qu'ici chaque élément de la formule ne représente plus seulement un accord isolé d'une seule et même gamme; mais bien autant d'accords de tonique, autrement dit: autant de tonalités différentes.

235 Ce que nous venons de voir pour le ton *d'ut majeur*, existant d'une manière analogue pour tous les autres tons majeurs, il s'ensuit que chaque ton majeur a *cinq tons relatifs*, dont deux majeurs et un mineur directs, et deux mineurs indirects.

236 Voyons maintenant quels sont les tons relatifs d'un ton mineur donné. Prenons *la mineur* pour exemple.

Formule des tonalités relatives pour le mode mineur.

La mineur n'a donc qu'un relatif majeur direct qui est *ut;* deux relatifs mineurs directs: *ré* et *mi;* enfin deux relatifs majeurs indirects: *fa* et *sol;* en tout *cinq tons relatifs*, comme pour le mode majeur, mais en sens inverse.

EXERCICES:

Transposer ces formules dans tous les tons.

De la Modulation aux tons relatifs ou Homogènes.

237 On sait que pour établir un ton quelconque il faut en faire entendre les notes tonales caractérisées au moyen de la cadence harmonique.

Mais comment s'effectuera le passage d'un ton à un autre ton, passage qui constitue la modulation?

De deux manières:

238 La première consiste à aborder brusquement le nouveau ton en en présentant immédiatement les éléments distinctifs et caractéristiques.

239 Il ne faut pour cela que substituer l'accord caractéristique (*) (c'est-à-dire l'accord contenant l'accident différentiel) de la gamme où l'on va, à

(*) Rigoureusement parlant, un seul accord consonnant ne suffit pas par lui-même pour déterminer une tonalité, et dans ce sens on pourrait dire que l'harmonie simple est impuissante à opérer la modulation (note pag.138). Ou mieux que le but de la modulation ne peut être précisé par un accord consonnant qui n'appartenant pas exclusivement à une seule gamme, ne peut par conséquent à lui seul caractériser un ton. Mais cet accord acquiert une signification précise par le sens de la cadence et l'ensemble de la phrase harmonique; c'est pourquoi la modulation qu'il amène, étant ainsi confirmée, n'est pas moins réelle que celle réclamée d'une manière plus impérieuse par les accords dissonants de première espèce.

l'accord que comporterait dans celle que l'on quitte, la basse de l'accord substitué. Ex:

240 Ce qui différencie ces deux gammes, c'est le *sol*, qui naturel en *ut*, est dièsé
en *la*; il fallait donc pour opérer la modulation, attaquer un accord qui contint le *sol* dièse
substitué au *sol* naturel du ton d'*ut*. C'est ce qui a lieu dans l'exemple précédent.

L'accord placé sur le *mi* serait mineur dans le ton d'*ut*, mais si l'on considère ce *mi*
comme appartenant au ton de *la*, il en est la dominante et doit alors prendre l'accord parfait majeur.

On voit donc que pour opérer cette modulation, confirmée d'ailleurs par la cadence
mi la, il n'a fallu que changer le mode de l'accord de *mi*.

Observation analogue à l'égard des exemples suivants.

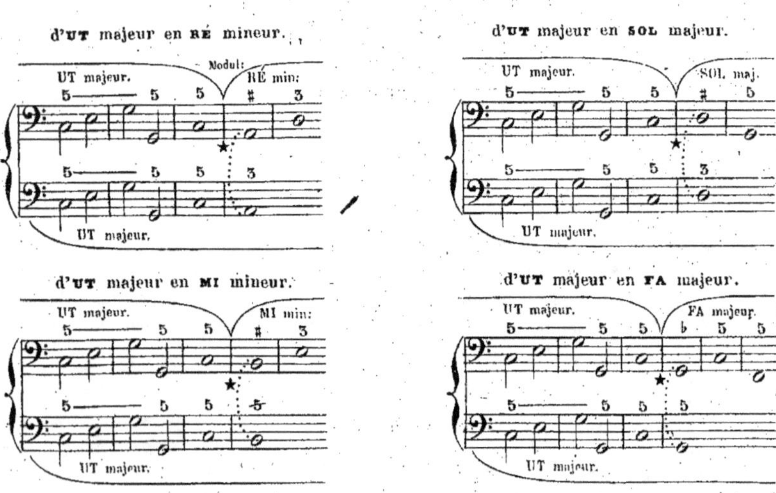

241 Remarquons ici combien la cadence est nécessaire pour préciser la modulation.
On voit bien, en effet, dans ce dernier exemple, que l'accord mineur de *sol* n'appartient
plus au ton d'*ut* majeur; mais cet accord conduirait tout aussi bien en *ré* mineur qu'en
fa majeur. Ce n'est que la cadence dont il est suivi qui en détermine le sens.

242 L'altération caractéristique peut porter sur la Basse elle-même.

Exemples:

d'**UT** majeur en **LA** mineur.

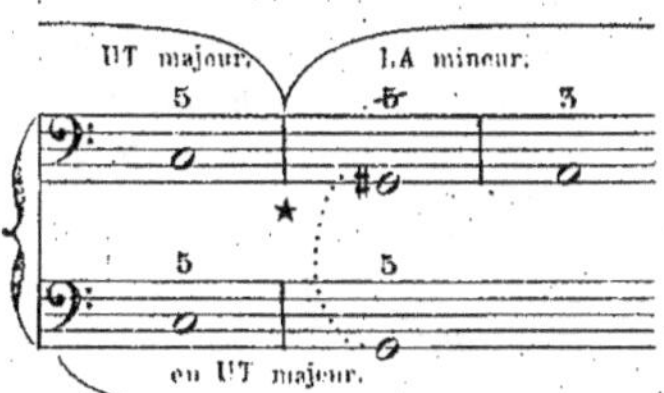

d'**UT** majeur en **RÉ** mineur.

d'**UT** majeur en **FA** majeur.

243 La seconde manière de moduler consiste à enchaîner les deux gammes que l'on veut joindre, par des accords *mixtes*, c'est-à-dire qui soient communs à chacune d'elles, quoique leur appartenant à différents titres.

Exemple:

244 Dans cet exemple, bien que par l'effet de l'accord *déterminant* de *mi*, le sens de la phrase en *la mineur* commence immédiatement après la cadence parfaite en *ut*, les trois accords de *fa*, de *ré*, et de *si* qui forment le début de cette phrase, appartiennent par leur composition autant à la gamme d'*ut majeur* qu'à celle de *la mineur*. Ces accords *mixtes* n'acquièrent leur véritable signification que par la cadence dont ils sont suivis et ils forment ainsi une transition très douce. On comprend en effet que par ce moyen, l'oreille tenue en suspens pendant quelque temps, est insensiblement initiée au nouveau ton dans lequel la tonalité antécédente est venue pour ainsi dire se fondre.

245 C'est dans la connaissance des fonctions multiples des accords, c'est-à-dire de leurs rapports avec les différentes gammes, que réside le secret de la modulation.

246 Ajoutons que dans tous les cas, les accords mis en contact pour opérer la modulation doivent avoir entre eux quelque affinité, si on ne veut pas que la transition soit dure ou incohérente.

EXERCICES:

1°. *S'exercer à moduler aux tons relatifs par les moyens ci-dessus indiqués.*

2°. *Indiquer les modulations et la durée de chaque tonalité dans les leçons suivantes, puis les chiffrer et en réaliser l'harmonie. — Retrouver la basse de ces leçons au moyen des parties supérieures réalisées au tome 2°. — Jouer ces leçons et les transposer.*

3°. *Analyser soigneusement les diverses modulations qu'on pratique. — Cultiver l'oreille.*

4°. *Créer soi-même tout l'ensemble de semblables leçons dans différents tons.*

LEÇONS POUR L'EMPLOI DE LA MODULATION AUX TONS RELATIFS.

De la modulation aux tons éloignés ou Hétérogènes.

247 Chaque ton relatif ayant la faculté de devenir à son tour ton principal, on pourrait en modulant de ce nouveau ton dans l'un ou l'autre de ses cinq relatifs, en continuant ainsi, parvenir, d'échelon en échelon, aux tons les plus éloignés du point de départ.

248 Mais ce moyen est lent, et le compositeur doit pouvoir se transporter librement où il lui plaît, sans être contraint de passer par cette filière.

Cependant, moins la tonalité que l'on quitte a de rapports avec celle qu'on veut prendre, plus l'incohérence et la dureté sont à craindre et plus la liaison étroite et prompte de ces tonalités exige d'art et de soins.

249 Or, que la modulation unisse des tons relatifs ou étrangers, le mécanisme sera le même.

Il consiste toujours dans le double rôle des accords de transition, c'est-à-dire dans la propriété qu'a un accord d'appartenir à plusieurs gammes à titres différents, (§ 243) et dans les rapports réciproques des accords mis en contact. (§ 246.)

250 Nous verrons que dans les modulations aux tons les plus éloignés, les accords de transition à leur point de contact, peuvent toujours être considérés comme appartenant à des tonalités relatives.

251 Mais ces rapports deviennent quelquefois assez mystérieux quand on fait intervenir les deux puissants moyens de modulations dont nous allons parler, à savoir: le *changement de mode*, et *l'enharmonie*.

De la modulation par le changement de mode.

252 La transition d'un mode à l'autre peut s'effectuer spontanément et est même quelquefois d'un grand effet.

253 C'est ce dont on peut voir une foule de beaux exemples dans les ouvrages des maîtres. Cherubini dans sa musique sacrée a souvent employé ce moyen avec un rare bonheur. Nous en signalons un passage remarquable à la page 228 de ce volume.

254 Or, changer le mode d'une gamme n'est pas détruire sa tonalité. Il suit de là que substituant un mode à l'autre, on pourra ainsi obtenir de nouveaux tons relatifs fort éloignés de ceux fournis dans l'autre mode par la même tonalité principale.

Exemples de la modulation aux tons éloignés
pratiquée au moyen du changement de mode.

Par la substitution du Mineur au Majeur.

d'**UT** majeur en **MI** ♭ majeur relatif d'**UT** mineur.

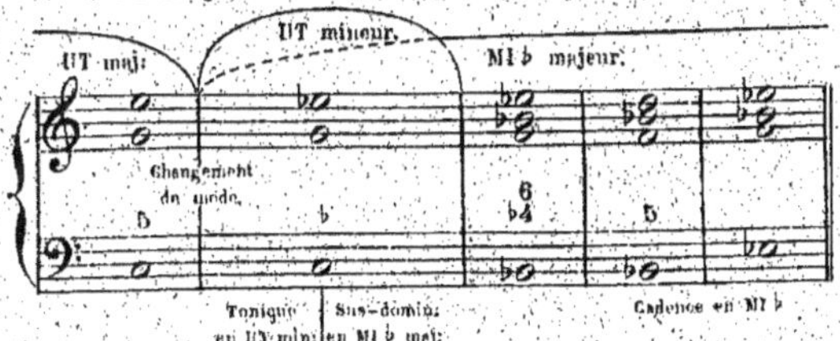

d'**UT** majeur en **LA** ♭ majeur relatif d'**UT** mineur.

d'**UT** majeur en **FA** mineur relatif d'**UT** mineur.

d'**UT** majeur en **SI** ♭ majeur relatif d'**UT** mineur.

d'**UT** majeur en **SOL** mineur relatif d'**UT** mineur.

255 Souvent même le changement de mode n'est que sous-entendu, et élidant l'accord de transition sur lequel devait s'opérer la substitution d'un mode à l'autre, on attaque immédiatement les relatifs du mode sous-entendu.

EXEMPLES :

d'**UT** majeur en **MI** ♭ majeur relatif d'**UT** mineur.

ou même :

d'**UT** majeur en **LA** ♭ majeur relatif d'**UT** mineur.

ou bien encore:

256 Tous ces exemples nous montrent des modulations opérées au moyen de la substitution du mode mineur au mode majeur. Or nous devons faire observer que le brusque passage d'un ton mineur aux relatifs donnés par ce même ton établi dans l'autre mode est beaucoup moins naturel et moins doux. Voilà pourquoi il est plus facile de moduler aux tons éloignés en augmentant le nombre des bémols ou en diminuant celui des dièses, qu'en suivant la progression inverse.

Toutefois, quelques exemples vont démontrer que, même avec les seules ressources de l'harmonie consonnante, on peut effectuer instantanément la modulation aux tons éloignés en sens inverse de la progression des bémols, c'est-à-dire qu'on peut opérer subitement la transition d'un ton mineur aux relatifs de ce même ton supposé majeur.

Exemples de modulations
par la substitution du majeur au mineur.

d'**UT** mineur en **SOL** majeur relatif d'**UT** majeur.

d'**UT** mineur en **MI** mineur relatif d'**UT** majeur.

d'**UT** mineur en **FA** majeur relatif d'**UT** majeur.

d'**UT** mineur en **RÉ** mineur relatif d'**UT** majeur.

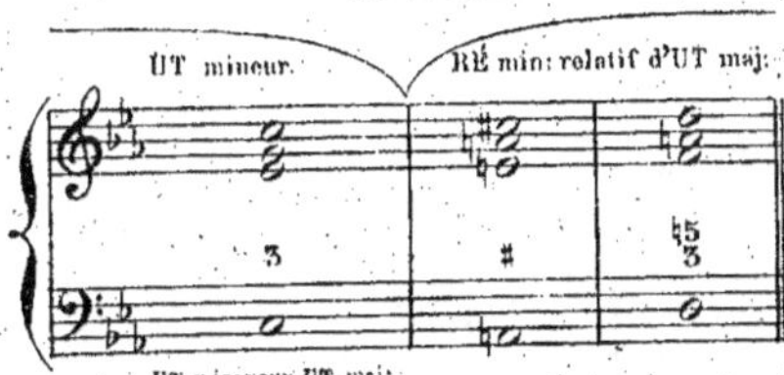

ou même:

d'**UT** mineur en **LA** mineur relatif d'**UT** majeur.

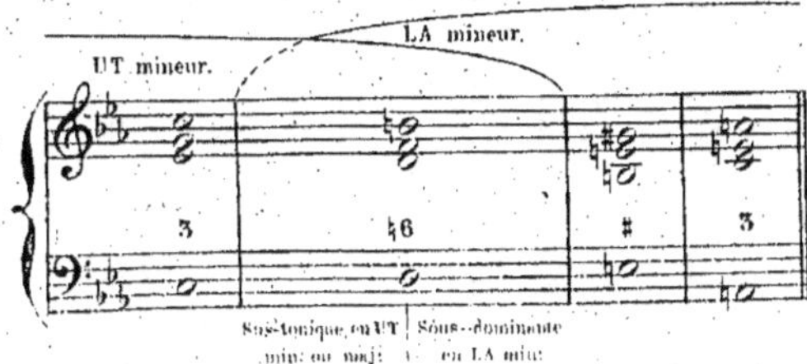

257 Enfin, on comprend qu'un accord, une fois admis régulièrement, pou-vant mener à toutes les tonalités auxquelles il appartient (§ 249), il sera facile en usant de ce moyen (surtout à l'égard des accords obtenus par la substitution du mode *mineur* au mode *majeur* § 256) de se transporter ra-pidement au sein de tonalités encore plus éloignées du ton primitif que ne le sont les relatifs fournis par ce même ton établi dans le mode contraire. C'est ce dont on peut se rendre compte par l'analyse des exemples suivants.

Exemples de modulations
à des tons fort éloignés du ton primitif.

d'**UT** majeur en **RÉ** ♭ majeur.

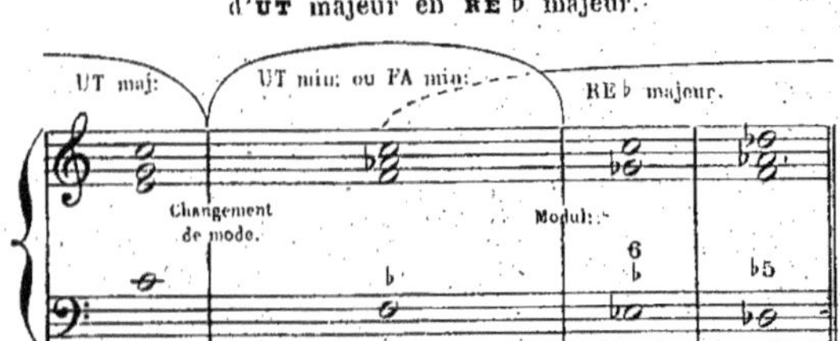

ou bien:

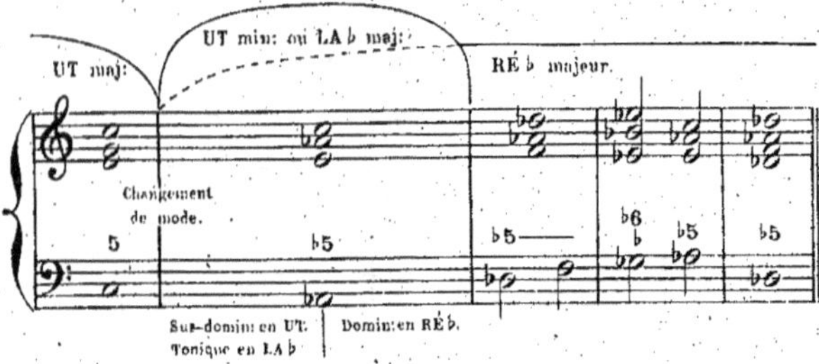

d'**UT** majeur en **SI** ♭ mineur.

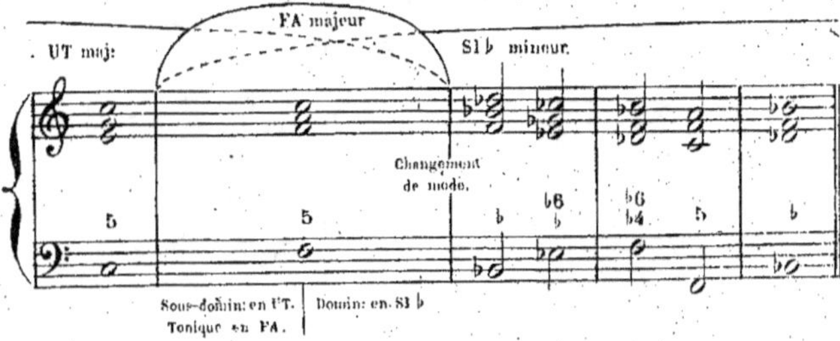

De la modulation par l'Enharmonie.

258 On sait que l'*enharmonie* consiste dans l'emploi des notes *enharmoniques* ou *synonymes*, c'est-à-dire celles qui, sous des noms différents, sont presque identiques à l'oreille et se prennent au piano sur la même touche.

On voit tout de suite de quel puissant secours sera l'*enharmonie* pour unir des tons en apparence les plus étrangers l'un à l'autre. Ex:

d'**UT** mineur en **UT** ♯ majeur.

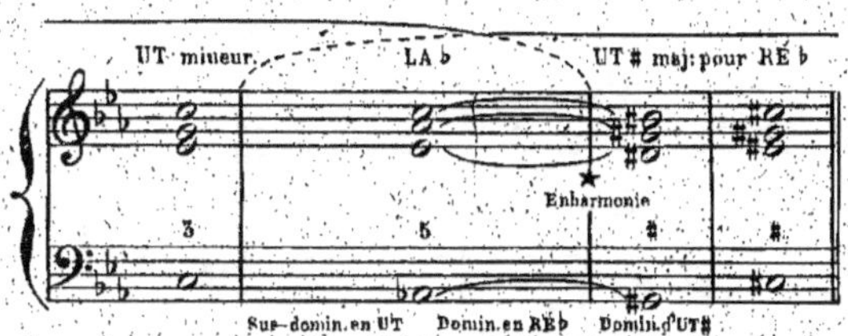

259 Le second accord de cet exemple: l'accord de *la bémol*, qui par rapport au ton d'*ut mineur* est l'accord de *sus-dominante*, peut enharmoniquement être envisagé comme accord majeur de *sol* ♯ et comme tel être pris, pour dominante d'*ut*.

260 Ces deux accords de *la* ♭ et de *sol* ♯ sont identiques sur le piano; C'est pourquoi sous-entendant l'*enharmonie* on pourrait écrire de suite et plus simplement:

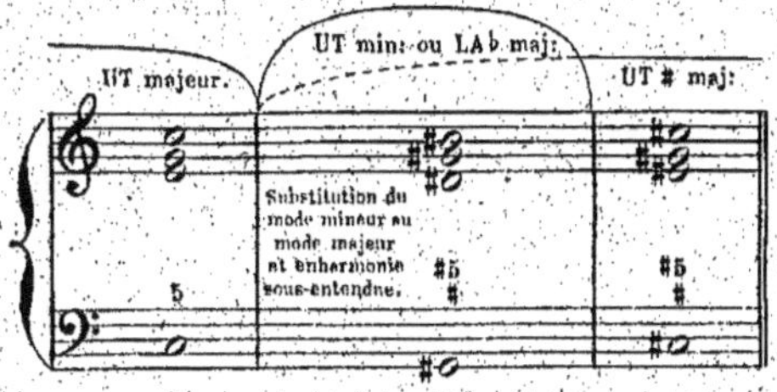

261 On peut réunir ces deux moyens de modulation, à savoir: la substitution d'un mode à l'autre et l'*enharmonie*. Ex:

d'**UT** majeur en **UT** ♯ majeur.

262 Relativement à l'accord d'*ut* naturel, l'accord de *sol* # représente celui de *la* b sus-dominante d'*ut* mineur ; par rapport au ton d'*ut* # il reste accord de *sol* # et agit comme dominante.

Voici un autre exemple de modulation du même genre :

de **RÉ** b majeur en **MI** naturel majeur.

263 Ce sont ces rapports enharmoniques, qui souvent rendent la modulation à des tons, en apparence fort étrangers l'un à l'autre, plus douce et plus facile à opérer que celle qui réunit deux tons beaucoup moins éloignés.

Ainsi par exemple, la gamme de *la* b majeur aura plus de rapports avec le ton de *mi* naturel majeur qu'avec celui de *mi* naturel mineur, quoique dans l'ordre de la génération des tons elle soit moins éloignée de ce dernier. Mais entre les tons de *la* b majeur et de *mi* majeur nous trouvons les enharmoniques *mi* b, *ré* # ; *la* b, *sol* # ; *ré* b, *ut* # ; toutes notes caractéristiques de chacun de ces deux tons. Ex :

MODULATION :

de **LA** b majeur en **MI** naturel majeur.

Exercices analogues à ceux indiqués pour la modulation aux tons relatifs.

LEÇON POUR L'EMPLOI DE LA MODULATION AUX TONS ÉLOIGNÉS
au moyen du changement de mode et de l'enharmonie.

NOTA. Si l'on éprouvait trop de difficultés à chiffrer cette leçon, on pourrait en prendre les chiffres qu'on trouvera tome 2 page 11, puis on analysera les modulations et on réalisera l'harmonie comme on a fait pour les leçons précédentes.

Nous avons résumé dans cette leçon et la suivante (N° 18) les règles et les principales difficultés de la modulation par l'harmonie simple. Nous avons pensé qu'il n'était pas nécessaire de multiplier ces leçons spéciales sur la modulation, attendu que cet artifice harmonique recevra désormais son application dans toutes les leçons sur lesquelles on aura à s'exercer. Néanmoins dans le cas où le maître trouverait celles-ci insuffi — santes ou trop compliquées, il lui serait facile d'en ajouter d'autres à son gré.

De la modulation composée.

264 Quand deux tons sont tellement étrangers l'un à l'autre qu'on ne peut trouver un accord ayant quelque rapport avec les deux, ou lorsque la modulation quoique régulièrement opérée, serait cependant trop brusque ou trop écourtée pour que la transition d'un ton à l'autre soit douce et naturelle, on emploie alors plusieurs accords intermédiaires. C'est en réalité faire plusieurs modulations au lieu d'une seule, bien que ces modulations transitoires soient plus ou moins accusées, plus ou moins développées.

Ces sortes de modulations se nomment: *modulations composées*. En voici des exemples:

d'**UT** majeur en **RÉ** majeur.

de **FA♯** mineur en **FA** naturel majeur.

265 Souvent là modulation composée est préférable à la modulation immédiate comme étant moins brusque, plus douce et plus riche que cette dernière.

266 Voici par exemple une modulation immédiate d'*ut* majeur en *si* mineur:

Cette modulation quoique régulière est brusque et dure; en voici la raison: l'accord de *sol* envisagé comme accord de tonique aurait des rapports de tonalité avec la gamme de si mineur relative indirecte de sol majeur; mais si cet accord de *sol* est comme dans l'exemple précédent amené de manière à produire nécessairement le sens de dominante, il est impuissant à détruire l'impression du ton d'*ut* et dans ce cas l'accord majeur de *si* parait plutôt agir là comme dominante de *mi* mineur relatif d'*ut* majeur, que comme tonique de *si*. Il résulte de cette fausse relation une dureté qui ne pourrait être adoucie qu'en prolongeant l'accord de *sol* ou en l'amenant de telle sorte qu'il n'accusât plus le ton d'*ut* d'une façon si absolue.

Ces inconvéniens disparaîtraient complétement au moyen de la *modulation composée,* c'est-à-dire: en plaçant entre les tons d'*ut* et de *si* une ou plusieurs tonalités intermédiaires, toujours en rapport entre elles à leur point de jonction, et qui aurait pour effet d'effacer l'impression produite par la première tonalité. Ex:

D'*ut* majeur on va en *mi* mineur un de ses relatifs; de *mi* on passe en *si* majeur pour *si* mineur relatif de *mi* mineur.

Exercices comme pour les autres sortes de modulations.

LEÇON POUR L'EMPLOI DE LA MODULATION COMPOSÉE.

NOTA. On pourra au besoin prendre les chiffres de cette leçon qui se trouve t. 2, p. 13, puis on analysera les modulations et on réalisera l'harmonie à quatre parties comme on l'a fait pour la leçon précédente.

De la modulation par divers moyens propres à la composition libre et au style instrumental.

267 Enfin, il existe encore d'autres manières d'opérer la modulation; mais ces moyens appartiennent spécialement à la composition libre et au style instrumental.

Quels qu'ils soient, ils découlent toujours du même principe: faire oublier la tonalité que l'on quitte et disposer l'oreille à recevoir le nouveau ton.

Ces moyens sont:

268 1°. Un *point d'orgue* ou un long silence. Ex:

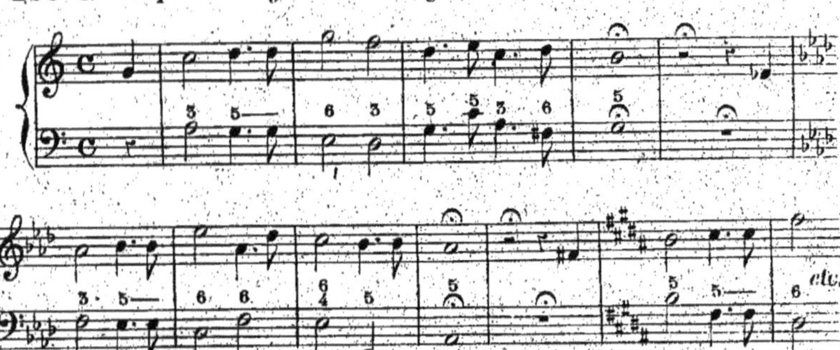

269 2°. Une note soutenue à l'unisson et entrant dans le nouveau ton soit comme tonique; Ex:

soit comme médiante; Ex:

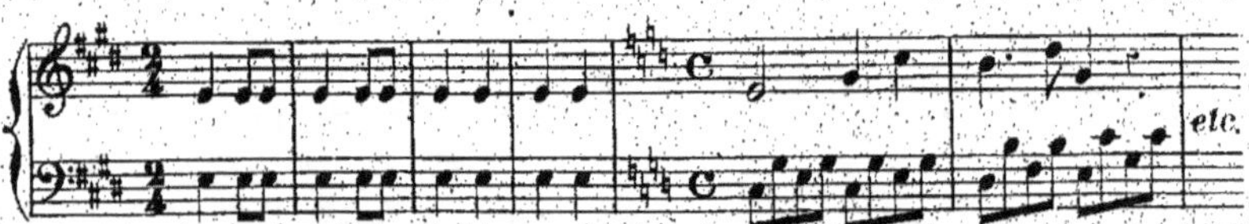

soit enfin comme dominante. Ex:

270 On voit qu'à bien prendre, toutes ces modulations reposent toujours sur des rapports de tonalité plus ou moins latents et semblables à ceux que nous avons analysés dans les leçons précédentes.

271 3° Une gamme chromatique, ou un trait à l'unisson.

272 C'est surtout par l'emploi convenable de ce moyen qu'on peut lier les tonalités les plus différentes sans le secours d'aucun accord intermédiaire.

Exemple tiré du Solfège de CHERUBINI.

De l'emploi de la modulation.

273 Ce que nous avons dit et les exemples qui précèdent suffisent pour donner une juste idée du mécanisme de la modulation. C'est à l'analyse et à la pratique qu'il faut demander l'expérience et l'habitude nécessaires pour moduler facilement. Puis le bon goût enseignera l'art de le faire convenablement et avec à-propos; mais au génie seul appartient le secret de l'inspiration.

Toutefois pour compléter cet important chapitre, nous allons ajouter quelques observations générales sur l'emploi de la modulation.

274 On verra en étudiant les grands compositeurs,

1.° Qu'ils ne modulent jamais au hasard et sans motif;

275 2.° Qu'à moins que la situation qu'ils veulent exprimer n'exige une forte et brusque transition, ils ont soin de conduire doucement l'oreille au nouveau ton soit à la faveur des degrés insensibles de la modulation composée, soit par le maintien suffisant des accords intermédiaires au moyen desquels s'opère la jonction des deux tonalités.

> **276** Sans cette précaution, une modulation d'ailleurs régulièrement faite, pourrait paraître dure, bizarre ou étranglée. C'est surtout quand il s'agit d'enchaîner des tonalités hétérogènes que cette défectuosité est à craindre.

277 3.° Que les maîtres n'usent qu'avec une extrême réserve des modulations enharmoniques.

Un auteur bien connu (*) a dit avec raison que ces sortes de modulations étaient des surprises dont il ne fallait pas abuser.

278 Qu'outre les modulations principales, c'est-à-dire celles qui ont pour but d'amener une tonalité soutenue durant une partie notable du morceau, les maîtres emploient souvent de petites *modulations passagères* dans les tons relatifs de celui où l'on se trouve. Ces modulations passagères trop brèves pour faire perdre à l'oreille l'impression du ton principal rendent la mélodie plus piquante et l'harmonie plus riche et plus variée.

> **279** Les anciens maîtres n'employaient guères dans le cours d'un morceau que la modulation aux tons relatifs; et encore n'insistaient-ils que sur les relatifs directs, ne faisant que toucher en passant les relatifs indirects.
>
> S'il leur arrivait de joindre ensemble deux tons qui ne fussent pas relatifs entre eux, tels que par exemple les tons de *fa* et de *sol* majeurs, ce n'était que dans le cas où ces deux tons étaient, l'un et l'autre, relatifs du ton principal. Tel serait le ton d'*ut* à l'égard des tons de *fa* et de *sol*.

280 On verra enfin quelle est la durée proportionnelle de chaque tonalité, (soit relative, soit éloignée) entrant dans l'ensemble du morceau.

(*) REICHA.

RÉSUMÉ:

281 1° **La modulation aux** *tons relatifs* **est toujours naturelle et facile à effectuer, en raison du grand nombre de notes communes qui existent entre eux.**

La transition peut être immédiate (§ 258) ou bien opérée au moyen d'accords mixtes (§ 243).

282 2° **La modulation aux** *tons éloignés* **est plus artificielle.**

La *substitution d'un mode à l'autre* **(§ 254) et** *l'enharmonie* **(§ 258) fournissent les rapports qui rapprochent les tonalités les plus étrangères l'une à l'autre en apparence. (*)**

283 3° **La modulation** *composée* **est souvent préférable à la modulation** *immédiate.* **(§ 264 et 265.)**

EXERCICES:

1° *Analyser les leçons N°[s] 13 et 14 sur les cadences, et celle qui a pour objet l'étude des accords renversés. (Page 72).*
   Composer soi-même des leçons pour l'emploi des différentes sortes de modulation.

2° *Opérer la modulation à tous les intervalles supérieurs et inférieurs et parcourir au moyen d'une même formule de modulation le cercle de différentes tonalités.*

   Ainsi, moduler par exemple soit à la seconde mineure supérieure, soit à la seconde mineure inférieure, soit à tout autre intervalle et poursuivre la progression jusqu'à ce qu'on ait parcouru tous les tons. Ex:

Modulation à la seconde mineure supérieure.

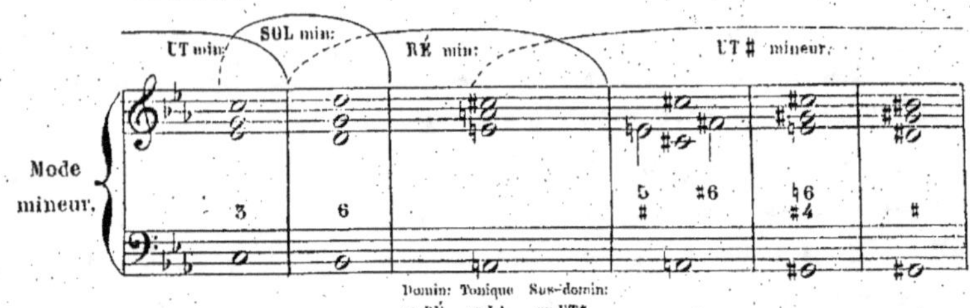

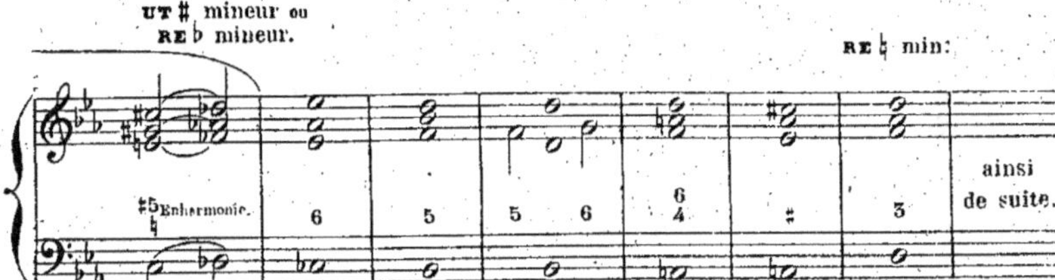

Modulation à la Seconde mineure inférieure.

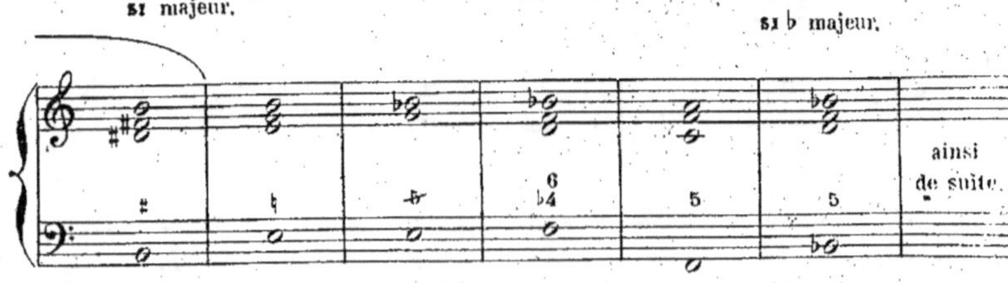

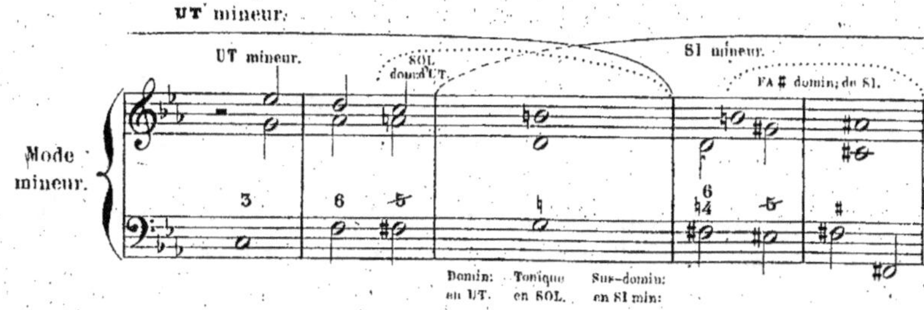

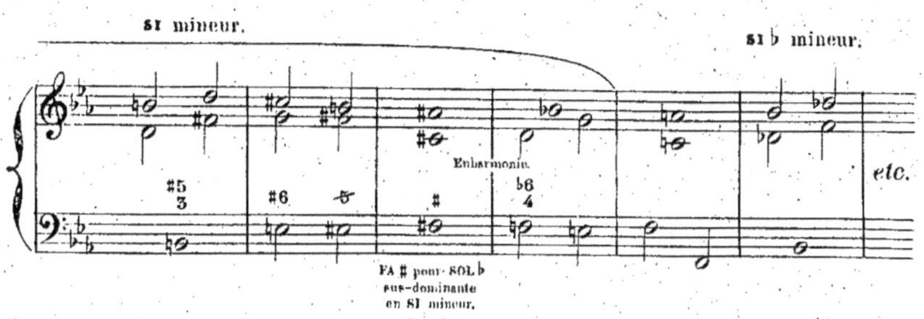

(De même pour tous les autres intervalles).

On pourra développer ces progressions en y introduisant les diverses formules de cadences. Ex:

Modulation à la Seconde mineure supérieure.

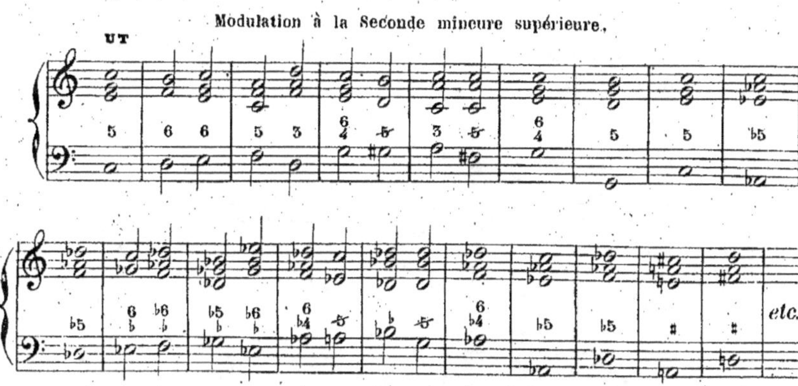

Afin de rendre cet exercice plus facile et plus méthodique, l'élève pourra former une table contenant des formules de modulations à chaque intervalle, et à mesure que l'analyse et la connaissance de nouveaux accords lui fourniront des formules nouvelles, il les inscrira à la suite de celles qu'il possèdera déja. Il aura ainsi une série de tableaux qui lui serviront à pratiquer sur le Piano les modulations à tous les points et sous toutes les formes, exercice très important et qu'on devra cultiver chaque jour.

CHAPITRE HUITIÈME.

DES MARCHES HARMONIQUES.

284 On appelle ainsi la reproduction uniforme, à un intervalle supérieur ou inférieur, d'une formule harmonique donnée que l'on nomme *modèle*.

Ainsi par exemple, en prenant pour modèle cette formule: nous pourrons en former les marches suivantes:

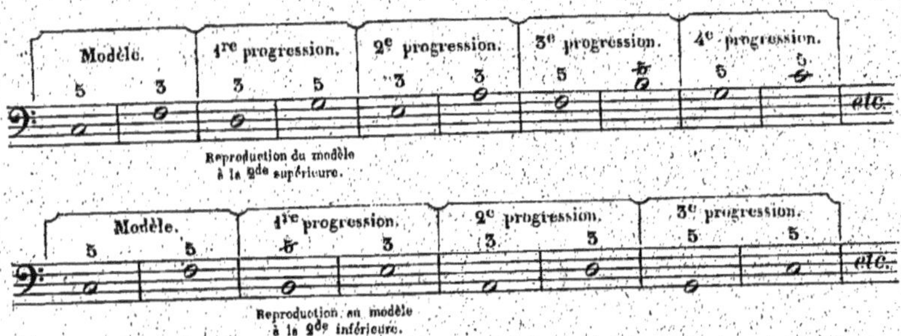

285 On voit que la marche est *ascendante* ou *descendante* selon que l'intervalle auquel le modèle se trouve reproduit est supérieur ou inférieur.

286 Le modèle ne doit pas être long; il peut être composé de deux, trois ou quatre accords. On peut même en faire entrer un plus grand nombre s'ils passent rapidement. Ex:

Modèles de deux accords.

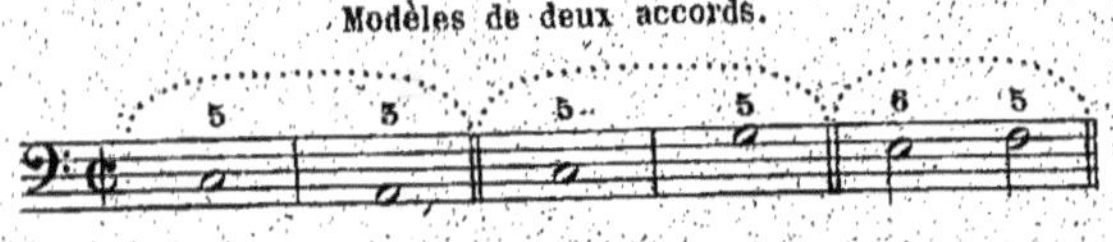

Modèles de trois accords.

Modèles de quatre accords.

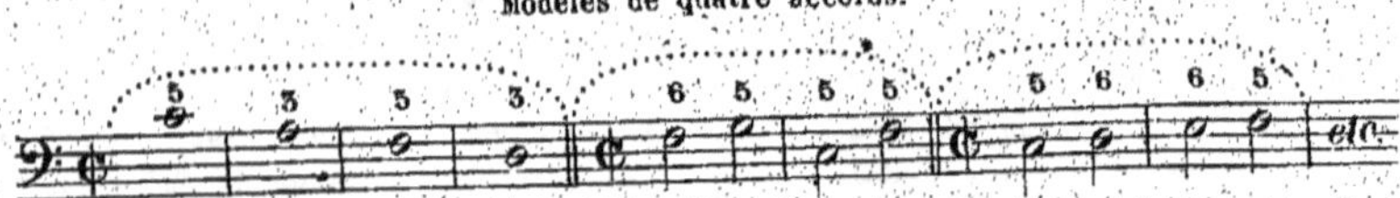

287 Toute phrase de courte durée et composée d'un petit nombre d'accords peut donc fournir des marches harmoniques. Il faut seulement avoir soin d'établir une liaison régulière, c'est-à-dire conforme aux règles sur l'enchaînement des accords entre le dernier accord du modèle et le premier accord de la progression suivante. Ex:

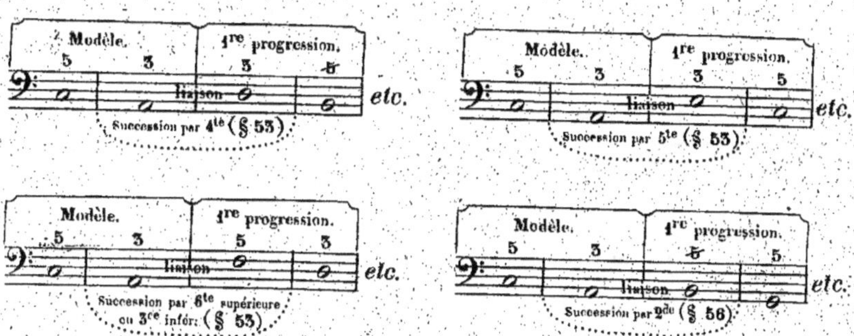

288 La liaison du modèle à la première progression doit, en suivant le cours de la marche, se reproduire uniformément entre les progressions suivantes, quel que soit d'ailleurs la nature plus ou moins régulière des successions auxquelles puisse donner lieu cette reproduction. (§ 295).

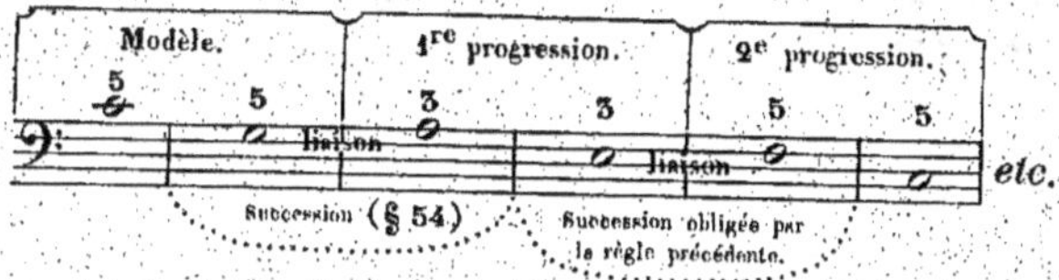

289 Observons ici que les successions d'accords fondamentaux par seconde, surtout par seconde supérieure, sont facilement admises dans les marches. Cette dérogation à la règle générale sur l'enchaînement des accords (§ 57) est expliquée au § 295.

On pourrait donc écrire, comme marche, les successions suivantes.

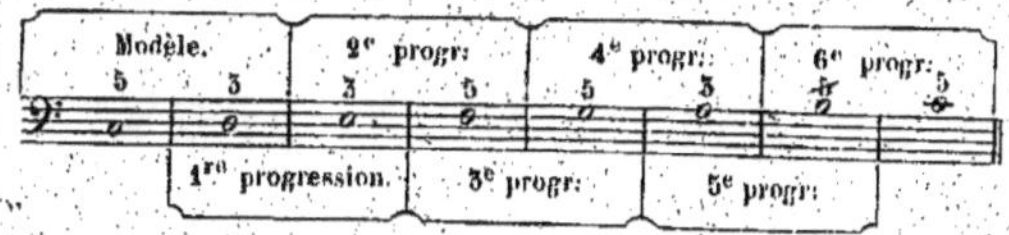

290 Il y a deux sortes de marches: les marches *unitoniques* et les marches *modulantes.*

291 Les marches *unitoniques* sont celles dans lesquelles on ne change point de ton. (Voir les exemples ci-dessus).

292 Il est évident que dans ces marches le modèle ne peut toujours être reproduit avec une exactitude rigoureuse, puisque, en raison des exigences de la tonalité, les accords de la progression diffèrent souvent par le mode des accords du modèle qui leur correspondent. C'est ce que l'on peut voir dans les exemples précédents.

293 Les marches *modulantes* parcourent diverses tonalités en suivant d'ailleurs à cet égard les règles ordinaires de la modulation. Ex:

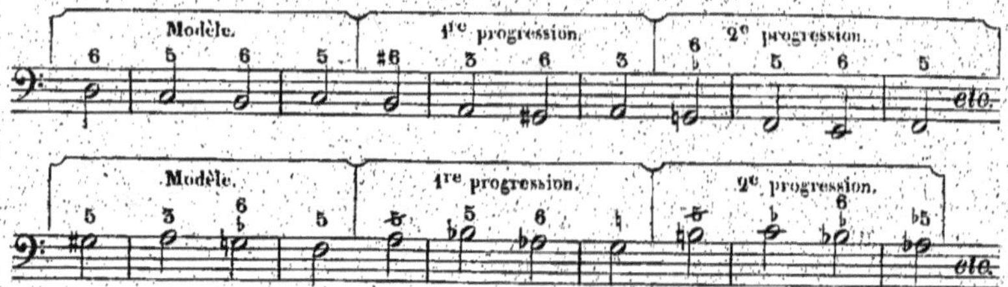

294 Observation analogue à celle ci-dessus (§ 292). Un modèle peut être reproduit
dans un mode différent, comme on le voit dans les deux exemples qui précèdent.

295 Les marches *unitoniques* donnent lieu à une remarque fort importante: c'est que dans ces marches, l'unité de la progression annule complètement
le caractère particulier et distinctif de chacun des degrés de la gamme, en
suspendant le sentiment de la tonalité jusqu'à la cadence qui termine la marche. Ainsi, dans une marche *unitonique*, les accords du modèle et la liaison
avec le premier accord de la progression suivante étant régulièrement établis,
il faut poursuivre jusqu'à la fin sans s'inquiéter pour les autres progressions,
des lois ordinaires de successions. Mais le degré sur lequel expire la marche
reprend toute sa valeur tonale et doit par conséquent supporter l'harmonie qui
lui est propre. Ex:

De la réalisation de l'harmonie dans les marches.

296 La même symétrie qui caractérise la Basse dans les marches doit e-
xister dans les différentes parties qui en composent l'ensemble harmonique.
297 Il faut donc pour réaliser l'harmonie dans une marche procéder comme on l'a fait pour en créer la Basse; c'est-à-dire qu'après avoir réalisé régulièrement l'harmonie du modèle il ne s'agit plus que de transposer cet ensemble
pour chaque progression; chaque partie observant ainsi, dans son dessin mélodique (*), une périodicité semblable à celle de la Basse.

(*) La reproduction de ce dessin à un intervalle quelconque se nomme Imitation.

298 Toutefois on doit avoir soin de disposer les parties de telle sorte qu'aucune faute n'existe entre le dernier accord du modèle et le premier de la progression suivante.

299 Cette marche uniforme de la mélodie occasionne quelquefois et justifie alors l'emploi d'intervalles mélodiques interdits partout ailleurs que dans ces progressions. (§ 84 et suivants.)

300 La sévérité des règles qui défendent les quintes et octaves cachées reçoit dans les marches harmoniques quelqu'adoucissement.

301 On peut pendant la dernière reproduction du modèle abandonner la symétrie du dessin dans une ou plusieurs parties, soit pour éviter de franchir la limite imposée à leur étendue, soit pour amener une disposition convenable dans la réalisation des accords qui suivent immédiatement.

302 Enfin dans la réalisation de l'harmonie sur le clavier, il vaut mieux sortir de la position primitive (§ 143) que d'interrompre le cours de la marche. Mais il faut avoir la précaution, lorsque cette marche doit se prolonger, de la prendre assez bas, si elle est ascendante, ou assez haut, si elle est descendante, pour ne pas être entraîné trop loin de position générale de l'accompagnement.

Nous allons donner maintenant une série de marches consonnantes (*) unitoniques et modulantes dont on devra réaliser l'harmonie à trois, quatre parties et même à un plus grand nombre.

De l'association et du renversement des marches primordiales naissent de nombreuses combinaisons. On pourra donc multiplier ces marches en associant, renversant et combinant de différentes manières celles que nous indiquons. Créant ainsi de nouveaux modèles, on obtiendra par conséquent de nouvelles progressions.

EXERCICES:

1°. *Réaliser l'harmonie des marches et leçons suivantes,* (Pages 120 à 152.)

2°. *Créer soi-même de nouvelles marches.*

3°. *Retrouver la Basse sous une ou plusieurs parties données.*

4°. *Exercices sur le clavier. — Etude des marches dans tous les tons et les diverses positions.*

NOTA : On pourra réunir cette étude à celle de la modulation en associant ces marches aux diverses formules de cadences et de modulation qu'on doit pratiquer chaque jour.

5°. *Continuer à exercer l'oreille.*

(*). A mesure que nous étudierons de nouveaux accords, nous indiquerons les marches principales auxquelles ils s'appliquent.

OBSERVATIONS.

Quoique la partie de cet ouvrage consacrée à l'étude des notes étrangères à l'harmonie et nécessaires à la production du *style mélodique* et *figuré*, telles que les *notes de passage*, les *appoggiatures* ou *notes de goût*, etc., doive naturellement se trouver placée après celles qui traitent des éléments constitutifs de l'harmonie, il sera bon néanmoins de faire dès à présent l'application des principaux artifices de cette nature à l'harmonie simple.

Les *notes de passage* sont, de tous ces artifices, celui dont l'emploi est le plus fréquent, et même le seul qui reçoive son application dans le style scolastique.

On devra donc s'attacher plus particulièrement à cet artifice dont la connaissance est d'ailleurs indispensable pour expliquer certains faits harmoniques qui vont bientôt se présenter.

En conséquence après avoir étudié avec soin le chapitre 1er de la 2e partie on devra faire l'application des règles qu'il renferme en variant au moyen des *notes de passage* les leçons et les marches que l'on va faire de la manière qu'on verra Tome 2, page 15 et suivantes.

Quant aux autres artifices mélodiques, tels que les *appoggiatures*, les *notes de goût*, les *anticipations*, etc, il suffira pour le moment de les étudier, autant qu'il sera nécessaire pour faciliter l'analyse harmonique, en permettant d'apprécier les accords qui se trouveraient dissimulés par ces notes étrangères.

Enfin l'élève devra aussi par la lecture du 2e article des appendices se former une idée exacte de l'*imitation*, cet artifice se produisant tout naturellement dans la réalisation de l'harmonie des marches. Voir les exemples que nous en donnons Tome 2, page 15 et suivantes.

MARCHES EN HARMONIE CONSONNANTE.

MARCHES UNITONIQUES.

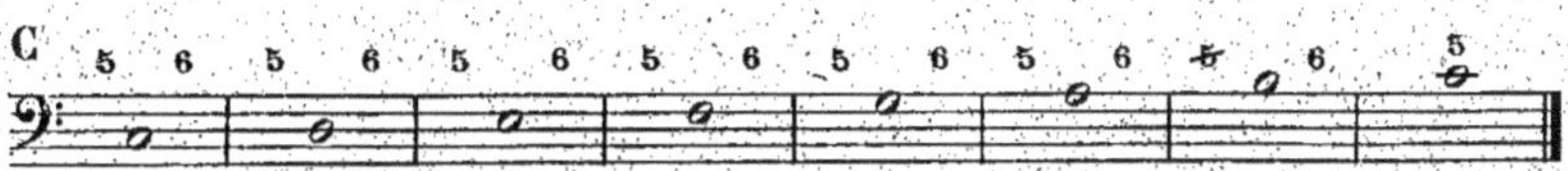

A 4 parties.
La même avec notes de passage.
La même marche à 3 parties.
La même marche à 3 parties avec notes de passage.

A 3 parties.
La même marche à 4 parties.
La même avec une autre disposition des 4 parties.

A 3 parties.
La même à 4 parties.

A 3 parties.
A 4 parties.
La même avec notes de passage.

E

A **4** parties.
Avec notes de passage.
A **3** parties.

F

A **3** parties.
A **4** parties.

G

A **4** parties.
Avec notes de passage.
A **3** parties.

H
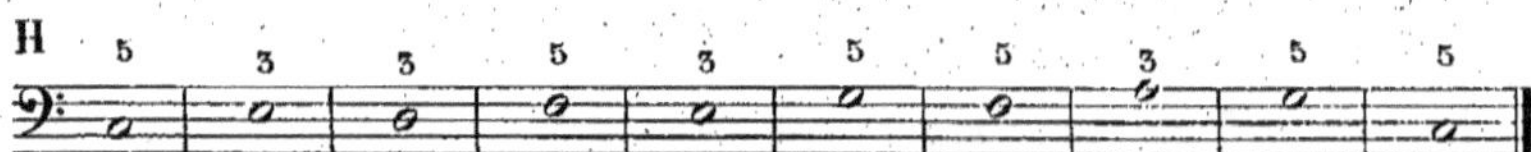

A **4** parties ——— puis, avec notes de passage.
A **3** parties ——— La même avec notes de passage.

I

A **4** parties ——— La même avec notes de passage.
A **3** parties.

J
A 4 parties ——— La même avec notes de passage.
A 3 parties ——— Id: avec notes de passage.
K
A 4 parties ——— Id: avec notes de passage.
A 3 parties ——— Id: avec notes de passage.
L
A 5 parties
A 4 parties ——— Id: avec notes de passage.
A 3 parties ——— Id: avec notes de passage.
M Même suite avec une autre disposition.
A 5 parties.
La même marche à 3 temps.
A 5 parties ———puis aussi à 4 parties.
N
A 4 parties.
A 3 parties.

O

A 3 parties.
A 4 parties ———— Id. avec notes de passage.

P

A 4 parties ———— Id. avec notes de passage.
A 3 parties ———— Id. avec notes de passage.

Q

A 4 parties ———— Id. avec notes de passage.
A 3 parties ———— Id. avec notes de passage.

R

ou bien:

A 3 parties.
A 4 parties.
Ecrire cette marche de différentes manières.
A 5 parties.
A 6 parties.
A 7 parties.
Varier ces marches en y introduisant des notes de passage.

A **3** parties.
A **4** parties.———— Id. avec notes de passage.

———————

A **4** parties.
A **5** parties.———— Id. avec notes de passage.
A **3** parties.
Id. avec notes de passage diatoniques et chromatiques.

———————

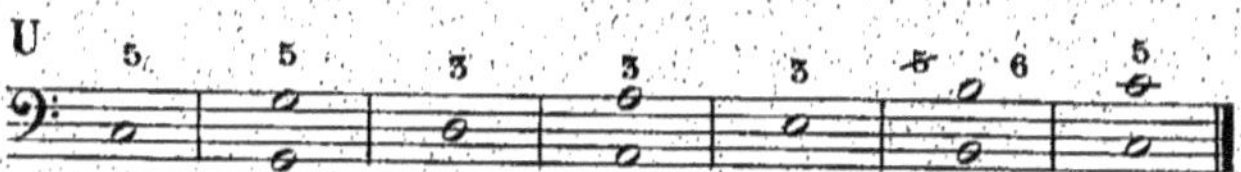

A **4** parties.———— Id. avec notes de passage.
A **3** parties.———— Id. avec notes de passage.

———————

A **4** parties.
Id. avec notes de passage.
A **3** parties.
A **5** parties.
A **6** parties.
A **7** parties.
A **8** parties.

———————

On peut pratiquer ces mêmes marches dans le mode mineur, mais alors pour peu qu'on veuille les prolonger, on sera obligé de supprimer l'altération qui produit la note sensible dont la tendance résolutive déterminerait la conclusion de la marche.

Or, cette suppression amène nécessairement le passage momentané au ton majeur relatif. Ex:

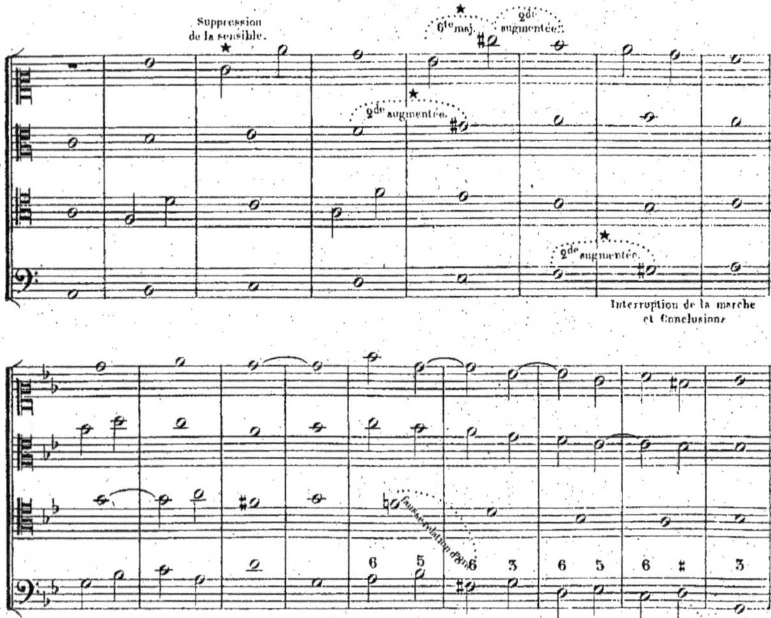

Souvent les marches écrites dans le mode mineur présentent encore un autre inconvénient; c'est de faire naître par l'introduction de la note sensible de fausses relations et des intonations défectueuses qu'il n'est pas toujours possible d'éviter sans détruire l'uniformité de la progression.

LEÇONS SUR LES MARCHES UNITONIQUES.

MARCHES MODULANTES.

A 4 parties, puis varier au moyen des notes de passage.

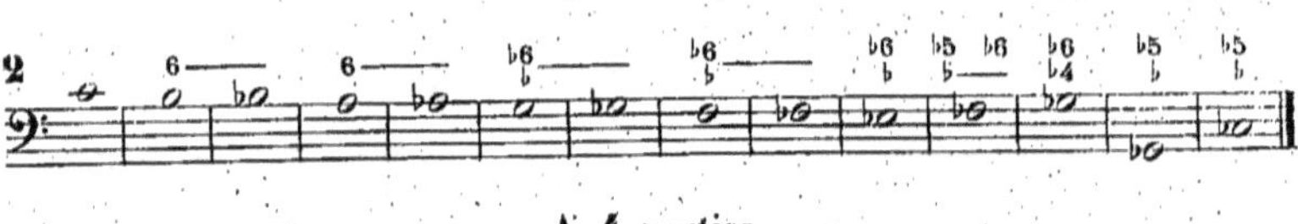

A 4 parties.

Variation de la marche précédente.

A 4 parties avec des notes de passage.

A 4 parties avec des notes de passage.

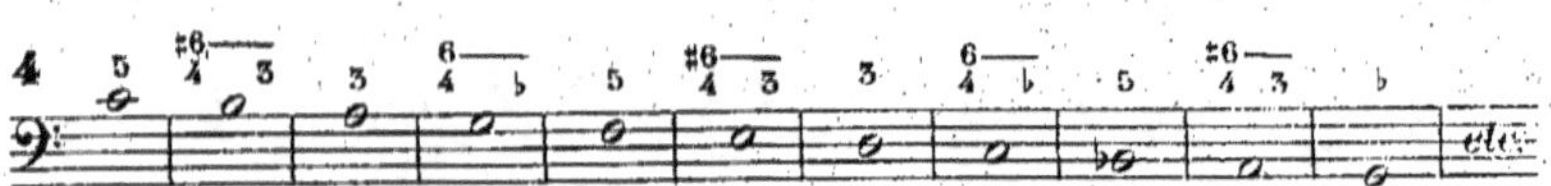

A 3 et à 4 parties. — Varier la disposition des parties.

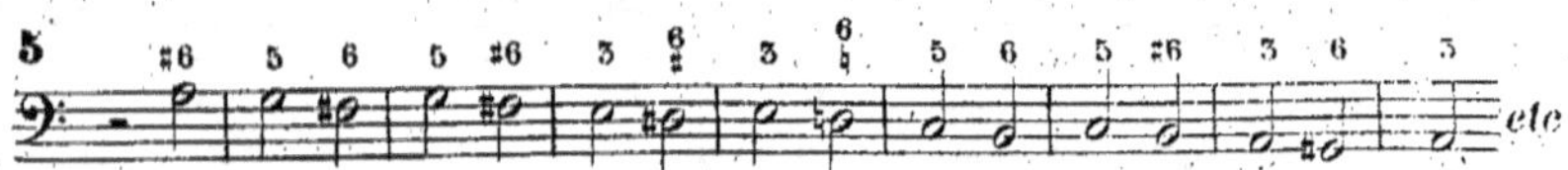

A 4 parties. — Varier au moyen des notes de passage.

La marche précédente écrite différemment.

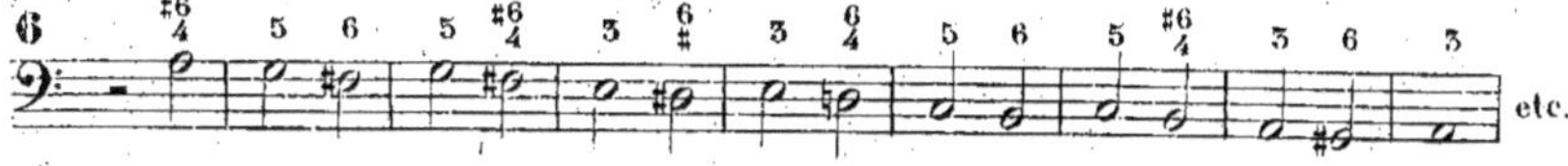

A 4 parties.

A 3 et a 4 parties.

A 4 parties.

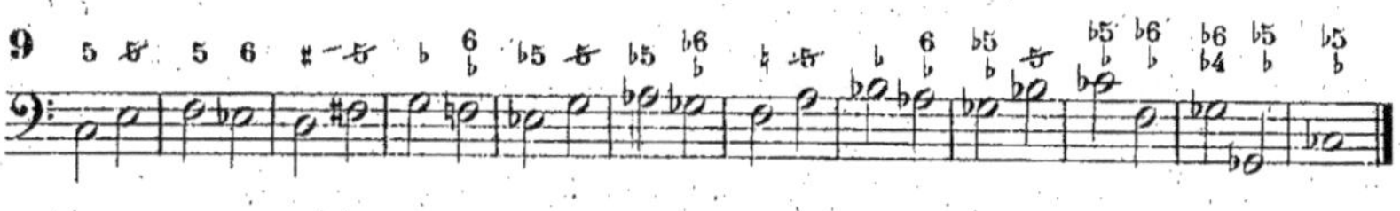

A 4 parties.

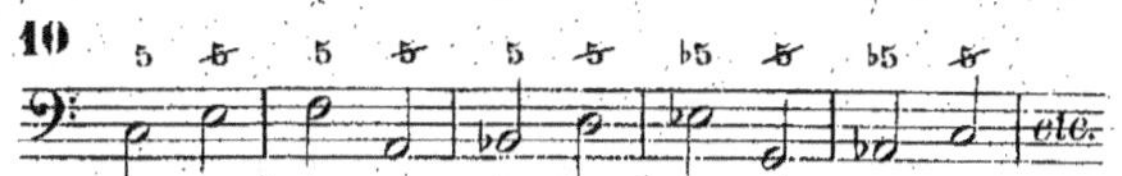

A 4 et à 5 parties.   Varier au moyen des notes de passage.

A 4 parties.

La suite précédente avec une autre harmonie.
12
A 4 parties. Varier au moyen des notes de passage.
13
A 4 parties. Varier au moyen des notes de passage.
14
A 4 parties.
15 Avec une autre disposition.
A 4 parties. Varier au moyen des notes de passage.
16
A 4 parties. Varier au moyen des notes de passage.
17
A 4 parties.

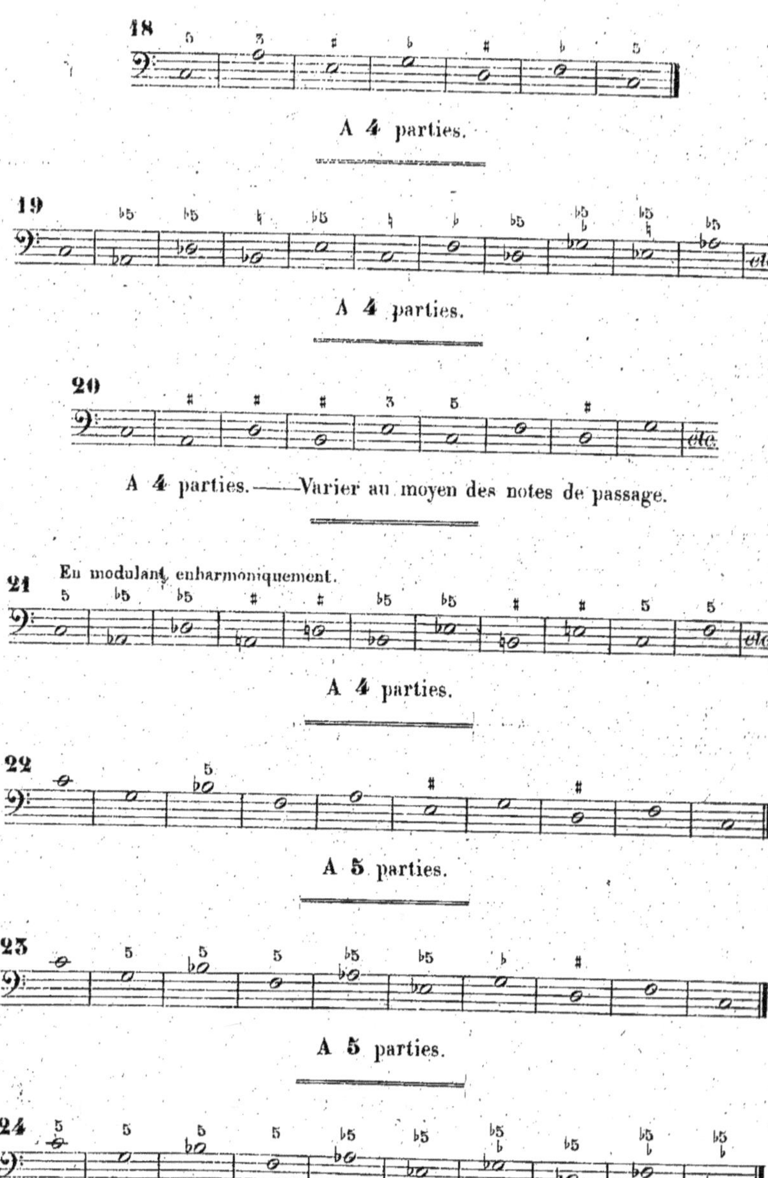

A **4** parties.

A **4** parties.

A **4** parties.——Varier au moyen des notes de passage.

En modulant enharmoniquement.

A **4** parties.

A **5** parties.

A **5** parties.

A **5** parties.

LEÇON POUR L'EMPLOI DES MARCHES MODULANTES.

NOTA. Désormais nous emploierons les notes de passage quand elles se présenteront naturellement dans la réalisation de l'harmonie, l'élève devant savoir maintenant les reconnaître et les employer avec facilité.

FIN DE LA PREMIÈRE PARTIE.

DEUXIÈME PARTIE.

HARMONIE DISSONANTE.

DE L'HARMONIE DISSONANTE EN GÉNÉRAL.

303 Cette harmonie résulte de l'introduction dans l'harmonie consonnante d'un élément nouveau: *la dissonance*.

304 La dissonance a pour effet: soit de préciser le caractère tonal des accords, soit de rendre plus vive, par une suspension momentanée, la sensation agréable que produisent les consonnances.

305 Dans l'un et l'autre cas, la tendance énergique de la dissonance vers son point de résolution, donne à l'harmonie qui la contient une vie et un mouvement que ne peut avoir l'harmonie consonnante.

306 Cependant en supprimant la dissonance, on retrouve alors l'harmonie consonnante qui est la base de toute harmonie et qui reste d'ailleurs soumise aux lois que nous avons exposées dans la première partie de cet ouvrage.

307 On voit d'après ce qui vient d'être dit ci-dessus (§ 304) que les accords dissonants devront se trouver partagés en deux classes.

La première comprendra ceux dans lesquels la dissonance vient préciser le caractère tonal et n'a pas besoin d'être *préparée*. Ces dissonances pourraient être appelées *naturelles* et elles feront l'objet de la première division de cette seconde partie.

Dans les accords formant la seconde classe, la dissonance est purement artificielle; elle résulte d'une prolongation ou du retard d'un intervalle consonnant et elle exige une *préparation*.

La seconde division de cette partie sera consacrée à l'étude des dissonances de cette nature.

PREMIÈRE DIVISION.

DISSONANCES NATURELLES.

ACCORDS DANS LESQUELS LA DISSONANCE ÉTANT NATURELLE
N'A PAS BESOIN DE PRÉPARATION.

ACCORD DE SEPTIÈME DE DOMINANTE.

(dans le ton d'UT)

Extension de cet accord.

ACCORD DE NEUVIÈME DE DOMINANTE.

Mode majeur.   Mode mineur.

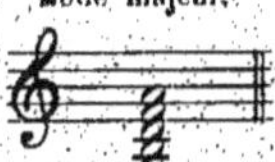 

ACCORD DE SEPTIÈME DE SENSIBLE.

ACCORDS dits DE 11e ET 13me DE TONIQUE.

C'est-à-dire: Accords de 7e de dominante et de 9e de dominante
ou de 7e de sensible placés sur la tonique.

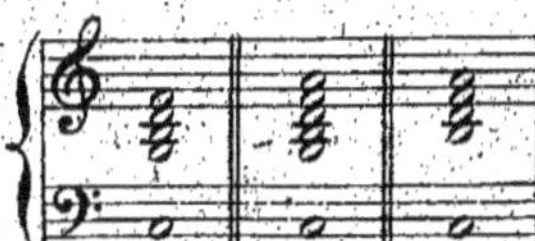 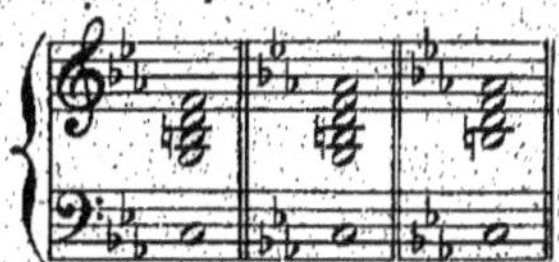

CHAPITRE PREMIER.

ACCORD DE SEPTIÈME DE DOMINANTE.

Historique.

308 Ce fut dans les premières années du 17e siècle que MONTEVERDE trouva
l'accord de *septième de dominante* par lequel la tonalité moderne fut nettement
déterminée.

Antérieurement on employait bien les dissonances, mais point sans *préparation*, et seulement à titre de retard de consonnance, comme nous verrons que sont traités les accords dissonants de seconde espèce. Mais ces sortes de dissonances, n'étant qu'une suspension momentanée des intervalles consonnants dont se compose l'harmonie simple, n'en pouvaient nullement modifier le caractère tonal qui était d'ailleurs celui des modes du plain-chant. Il en est autrement pour l'accord de *septième de dominante*, dont l'admission amena une véritable révolution dans le système musical.

Constitution:

309 Cet accord est formé de *l'accord parfait* sur la *dominante* auquel on ajoute une *dissonance* de 7me mineure. C'est, comme on le voit, la réunion des accords de *dominante* et de *note sensible*. Ex:

L'accord de *septième de dominante* est composé de tierce majeure, quinte juste et septième mineure, et il a toujours la *dominante* pour fondamentale. Ex:

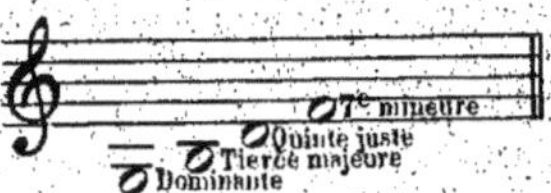

Caractère:
Propriété:

310 Remarquons que l'accord de *septième de dominante* est commun aux deux modes. Ex:

TON D'UT.

311 Mais sa composition ne laisse aucun doute sur la tonalité à laquelle il appartient puisque, un de ces accords étant donné, on ne trouvera qu'une seule tonalité qui puisse contenir à la fois tous les sons dont il est formé; ainsi dans l'exemple ci-dessus le seul ton d'*ut* majeur ou mineur contient les notes naturelles *sol*, *si*, *fa*.

312 La propriété qu'a cet accord de déterminer la tonalité d'une manière absolue, donne une signification précise au degré de la gamme qui le reçoit, et produit dans les cadences une tendance attractive beaucoup plus énergique que lorsqu'elles étaient exprimées par une harmonie consonnante qui permettait toujours d'envisager un même accord sous différents aspects.

313 C'est pour cette raison que l'accord de *septième de dominante* est un si puissant agent dans la modulation (*) et qu'à lui seul il remplace la série d'accords consonnants dont l'ensemble est nécessaire pour préciser la tonalité.

Résolution.

314 Mais de cette propriété il résulte pour certaines notes de cet accord l'obligation de suivre dans leur mouvement de translation, une direction sur un point déterminé. Ainsi:

La tierce de l'accord etant la note sensible du ton doit monter à la tonique (§ 193) et la septième doit *descendre d'un degré*, conformément à la loi de résolution des dissonances. (Voir ci-après § 388 et 389). Ex:

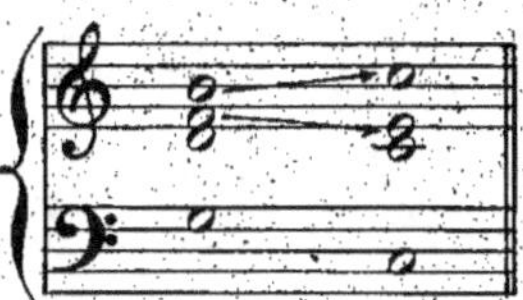

315 L'obéissance à cette tendance d'un intervalle ou d'un accord sur un autre intervalle ou sur un autre accord se nomme *résolution*.

La *résolution naturelle* de l'accord de *septième de dominante* a lieu sur la tonique et produit la *cadence parfaite*, alors la dissonance de *septième* se résout sur la tierce de l'accord de tonique, comme on peut le voir dans l'exemple précédent.

Doublement des notes de l'accord.

316 Les notes dont la marche est contrainte ne peuvent être doublées puisque la résolution identique amenerait inévitablement deux octaves. Ex:

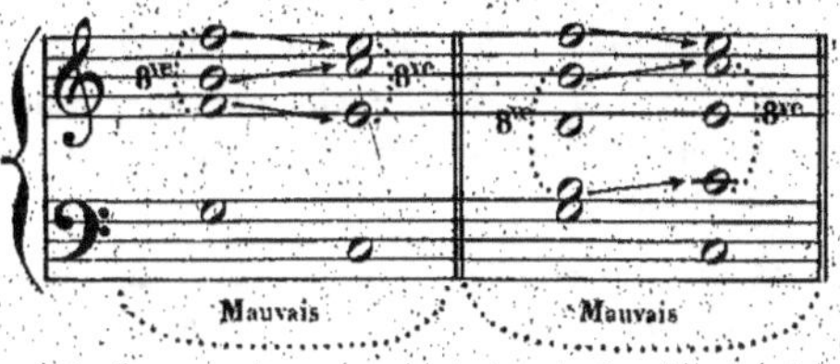

(*) Certains théoriciens n'admettent pas comme modulation le changement de ton opéré par l'harmonie consonnante, attendu que chacun des accords qui la compose, pris en lui même, n'a pas, comme les accords dont nous nous occupons, de résolution nécessaire. Mais ne pourrait-on pas répondre que, quand bien même le but de la modulation ne serait pas rigoureusement déterminé par l'harmonie consonnante, du moment qu'on fait entrer dans l'harmonie des cordes étrangères à une tonalité, on sort de cette tonalité, et par conséquent on module. Nous avons fait observer d'ailleurs que le sens tonal qui ne peut être donné par un seul accord consonnant est suffisamment indiqué par la succession des accords constitutifs d'une tonalité.

317 Cependant quand on écrit à un grand nombre de parties réelles, 7 ou 8, on peut doubler la note sensible la faisant résoudre régulièrement dans une partie et lui donnant une résolution différente dans l'autre partie qui la contient. Ex:

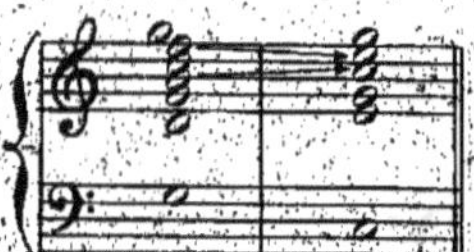

318 Mais le doublement reste facultatif pour les autres notes de l'accord dont le mouvement est libre. Ex:

Notes essentielles dites Bonnes notes.

319 Les *bonnes notes* dans l'accord de *septième de dominante* sont: la *fondamentale*, sa *tierce* et sa *septième*.

320 Dans le cas où l'on ne donnerait pas à l'accord toutes les notes qui lui appartiennent, le retranchement devrait porter sur la *quinte*.

Chiffrage.

321 L'accord de *septième dominante* se chiffre par $\frac{7}{+}$ ou simplement 7. Le 7 indique la *septième* et le signe + la *note sensible*, notes caractéristiques de l'accord.

Emploi.

322 Outre sa *résolution naturelle* sur la tonique, l'accord de *septième de dominante* peut recevoir d'autres *résolutions*. Mais, comme nous l'avons fait observer § 312, le caractère tonal de la dominante étant rigoureusement déterminé par cet accord, on ne peut l'employer, quelque *résolution* qu'on lui donne, sans produire nécessairement une *cadence*.

EXEMPLES DE LA RÉSOLUTION DE L'ACCORD DE 7ᵉ DE DOMINANTE
SUR LES DIFFÉRENTES CONSONNANCES PRODUISANT DIVERSES CADENCES.

7ᵉ résolue sur la Tierce (résolution naturelle).

Septième résolue sur la Quinte.

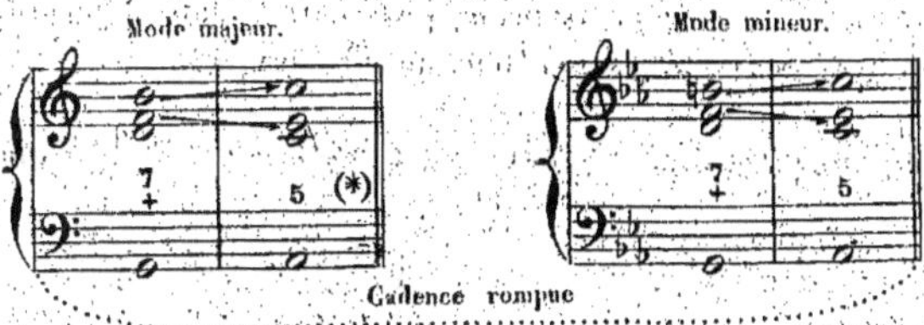

Septième résolue sur la Sixte
dans l'accord de $\frac{6}{4}$.

323 Nous avons vu la *septième* résolue sur la *tierce*, sur la *quinte* et sur la *sixte*, mais sa résolution sur l'*octave* serait défectueuse à cause des *octaves cachées* qu'elle occasionnerait. Ex:

Résolution sur l'Octave.
(défectueuse.)

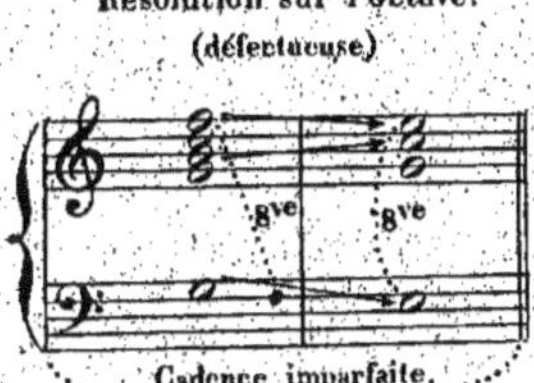

On sait que les *octaves cachées* provenant de la résolution d'une dissonance, sont inadmissibles même dans les parties intermédiaires. (§ 130.)

324 On rencontre cependant des exemples de cette résolution de la *septième de dominante* dans quelques ouvrages, mais cela n'est pas d'un style correct.

Résolutions évitées
de l'accord de 7e de dominante.

325 Dans toutes les cadences précédentes, les notes de l'accord de *septième de dominante* qui ont une marche déterminée, vont à leur point normal de résolution. Cependant il est une sorte de cadence qui permet de suspendre ou de détourner le mouvement résolutif de l'une de ces notes et quelquefois de toutes les deux; (comme nous l'avons déjà vu pratiqué à l'égard de la note sensible au § 206), c'est la *cadence évitée*.

(*) Souvent on indique dans le chiffrage l'intervalle que forme avec la basse la résolution d'une note importante de l'accord précédent, comme on peut le voir dans ces exemples où la résolution de la 7e se trouve quelquefois exprimée par un chiffre qui nous sert habituellement à désigner un accord d'un autre mode.

326 Mais alors la note qui ne fait pas sa résolution normale doit, ou rester stationnaire, ou tout au moins ne franchir, pour entrer dans l'accord suivant, qu'un intervalle très petit : un ½ ton, tout au plus un ton.

EXEMPLES DE RÉSOLUTIONS ÉVITÉES DE L'ACCORD DE 7ᵉ DE DOMINANTE.

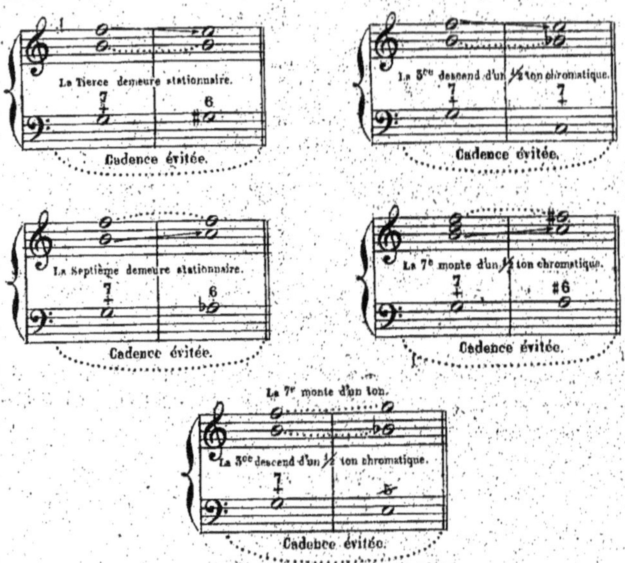

327 On comprend que l'on pourrait doubler la note à laquelle une *cadence évitée* viendrait enlever la tendance résolutive. Ex :

NOTA. Nous placerons à la fin du chapitre des exemples et des exercices sur l'emploi des résolutions évitées et des marches harmoniques fournies par l'accord de septième de dominante et ses renversements.

EXERCICES :

1° *Exercices pour l'oreille.*
2° *Exercices analytiques.*
3° *Exercices sur la réalisation de l'harmonie : études écrites, études sur le clavier.*

LEÇON POUR L'EMPLOI DE L'ACCORD DE SEPTIÈME DE DOMINANTE.
(RÉSOLUTION NATURELLE)

Chiffrer les Basses suivantes puis en réaliser l'harmonie. Reconstituer l'harmonie au moyen d'une ou plusieurs parties Supérieures données.

Composer soi même tout l'ensemble de semblables leçons.

Arrivé à ce point, l'élève ne doit plus se borner à harmoniser des basses mais il s'exercera en outre à établir, *a priori*, l'harmonie *sous le chant*. Voir à ce sujet l'article intitulé: De la production de l'harmonie sous un chant donné. page 261.

Renversements de l'accord de Septième de dominante.

328 L'accord de *septième de dominante* étant composé de quatre sons fournit trois renversements.

329 Les notes de l'accord fondamental qui sont assujetties à un mouvement
résolutif conservent dans le renversement les mêmes tendances et demeurent soumises aux mêmes règles que dans l'accord non renversé.

Observation analogue relativement aux *bonnes notes* et à celles qui au contraire peuvent être supprimées.

Voici un tableau synoptique présentant l'accord de 7e de dominante et ses trois renversements
avec leur résolution naturelle dans le mode majeur et dans le mode mineur.

ACCORD DE SEPTIÈME DE DOMINANTE
et ses *TROIS RENVERSEMENTS.*

	ACC: FONDAMENTAL.	1er RENVERSEMENT.	2e RENVERSEMENT.	3e RENVERSEMENT.
se nomme:	Accord de 7e de dominante.	Accord de Sixte et Quinte diminuée.	Accord de Sixte sensible.	Accord de Triton.
se compose de:	3ce majeure. 5te juste. 7e mineure.	3ce mineure. 5te diminuée. 6te mineure.	3ce min: 4te juste. 6te maj: formée par la note sensible.	2de maj: 4te augm: ou Triton 6te majeure.
se place sur:	la Dominante.	la Note sensible montant à la Tonique.	le Second degré.	la Sous-dominante descendant d'un degré.
se chiffre par:	$\frac{7}{}$ ou 7	$\frac{6}{5}$ ou $\cancel{6}$	+6 ou 6, ou +6, ou $\frac{4}{3}$	+4 ou $\frac{4}{2}$
Mode majeur.	 7 +	 6 5	 +6	 +4 6
Mode mineur.	 7 +	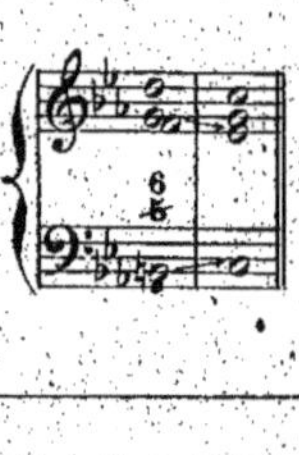 6 5	 +6	 +4 6
OBSERVATIONS.	L'harmonie consonnante est l'Accord parfait majeur. La dissonance est la Septième.	L'harmonie consonnante est l'accord de Sixte. La dissonance est la Quinte diminuée.	L'harmonie consonnante est l'accord de Quarte et Sixte. La dissonance est la Tierce (User pour l'emploi de la Quarte des mêmes précautions que dans l'harmonie simple).	L'harmonie consonnante est l'accord parfait majeur établi sur le son fondamental placé une 7e mineure au dessous. La dissonance est la note de Basse.

EXERCICES:

Exercices comme ci-dessus.

On fera bien, pour se rendre compte de l'origine des accords renversés, d'en désigner l'harmonie fondamentale.

On pourra aussi, en retranchant la dissonance, retrouver l'harmonie qui en est la base.

Voici, pour l'étude sur le clavier, une formule contenant l'accord de 7e de dominante et ses trois renversements:

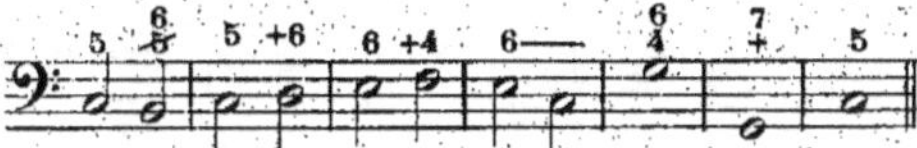

On devra jouer cette formule dans tous les tons majeurs et mineurs et dans les trois positions avant que d'accompagner les leçons suivantes.

LEÇONS POUR L'EMPLOI DE L'ACCORD DE 7e DE DOMINANTE ET SES RENVERSEMENTS.

NOTA. Ces accords peuvent également être appliqués aux leçons qui ont servi d'exercices pour l'harmonie simple.

POUR L'EMPLOI DU 1er RENVERSEMENT DE L'ACCORD DE 7e DE DOMINANTE
l'accord de 6te et 5te diminuée.

POUR L'EMPLOI DU 2ᵉ RENVERSEMENT DE L'ACCORD DE 7ᵉ DE DOMINANTE.
l'Accord de Sixte sensible.

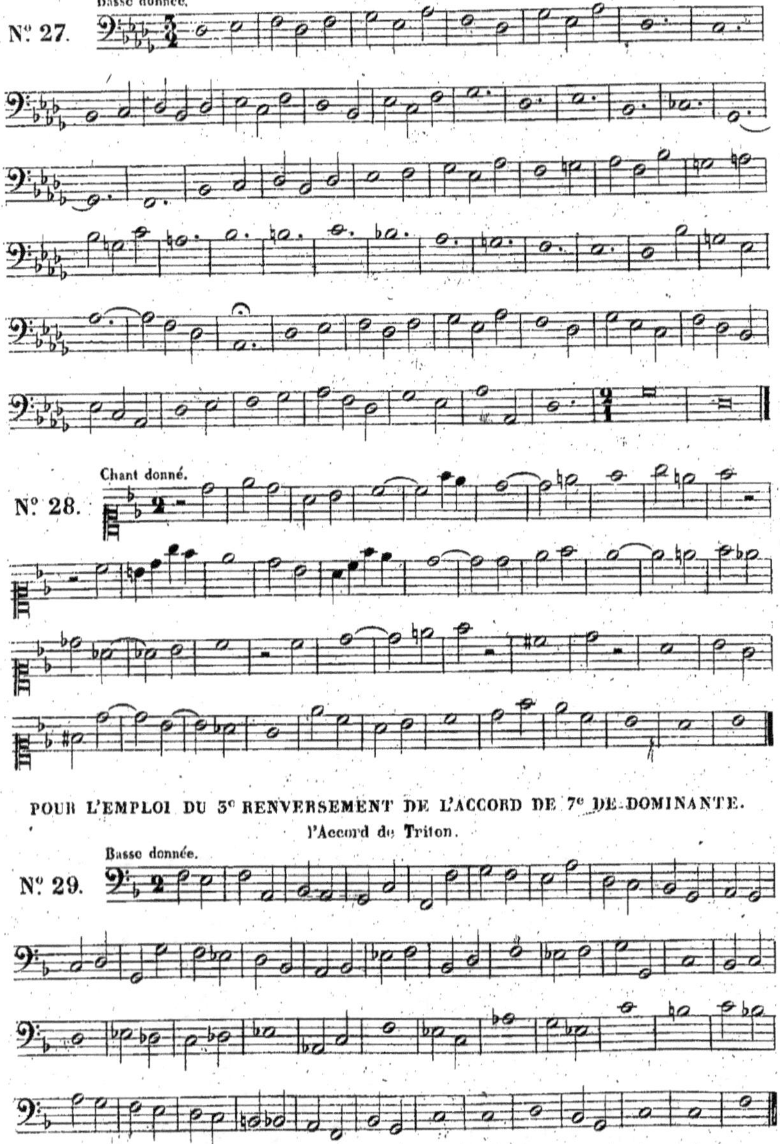

POUR L'EMPLOI DU 3ᵉ RENVERSEMENT DE L'ACCORD DE 7ᵉ DE DOMINANTE.
l'Accord de Triton.

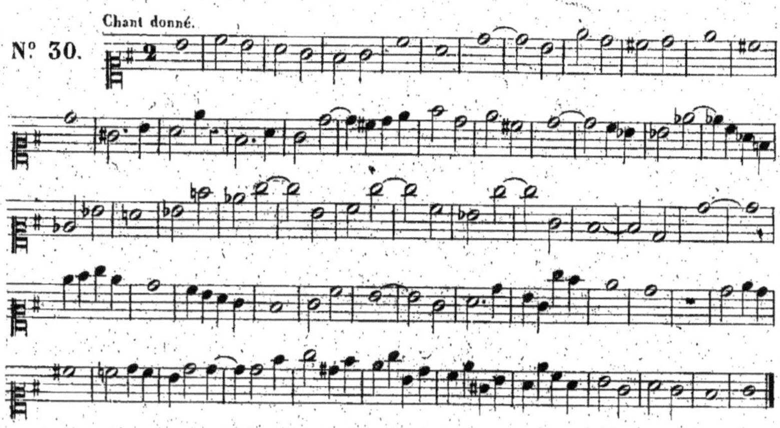

Échange des notes de l'accord.

330 On peut passer d'un renversement à l'autre par un échange de notes de l'accord entre les parties; alors la résolution n'a lieu que pour la dernière forme de l'accord. Ex:

331 Les notes entre lesquelles s'opère la mutation peuvent être reliées au moyen de notes de passage (*) de la manière suivante:

LEÇON POUR PASSER D'UN RENVERSEMENT À UN AUTRE.

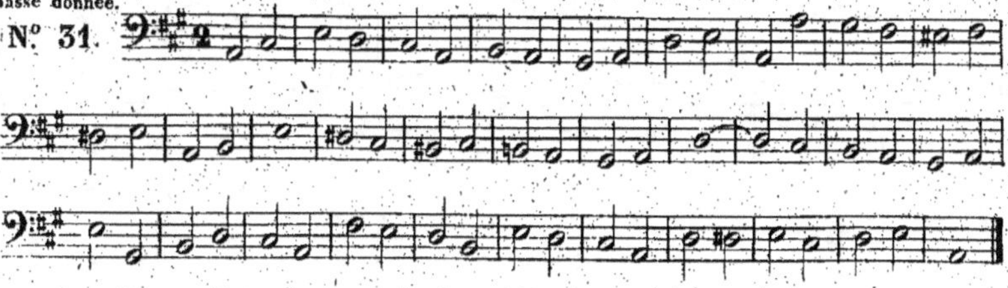

(*) Voir l'article concernant les notes de passage. Page **244**.

EXEMPLES DE RÉSOLUTIONS ÉVITÉES DE L'ACCORD DE 7ᵐᵉ DE DOMINANTE ET DE SES RENVERSEMENTS. (*)

Accord de . de dominante résolu sur un autre accord de . de dominante à l'état fondamental.

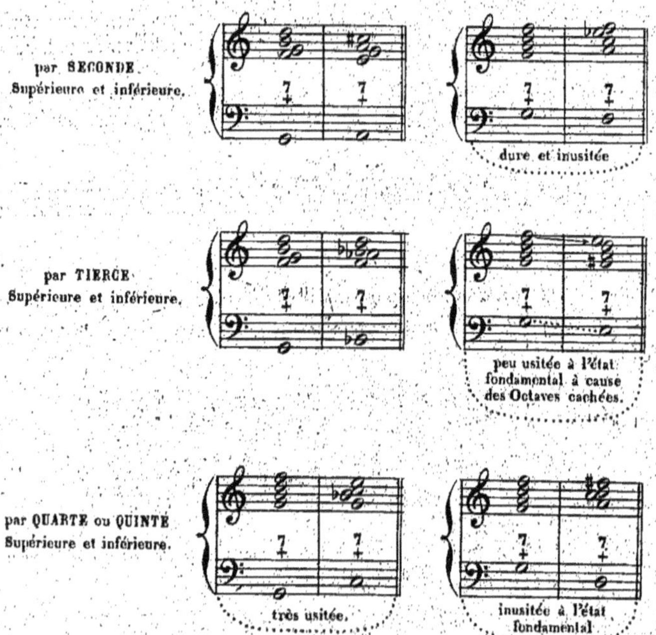

Accord de . de dominante résolu sur un autre accord de . de dominante à l'état de Renversement.

Ces résolutions et les suivantes sont bonnes et plus ou moins usitées.

(*) Ceci se trouve présenté avec les plus grands développements dans la nouvelle édition de Catel avec des additions par A. Le Borne. Chap. 8, page 38.

Résolutions évitées du 1er Renversement, l'accord de Sixte et Quinte diminuée.

Résolutions évitées du 2e Renversement, l'accord de Sixte sensible.

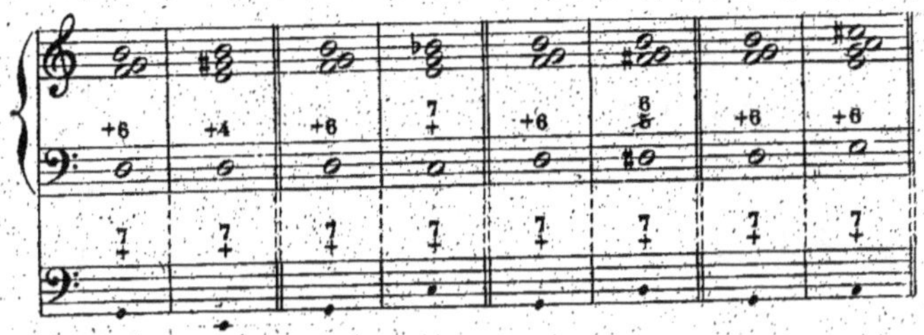

Résolutions évitées du 3e Renversement, l'accord de Triton.

On peut éviter la résolution de l'accord de 7e de dominante et de ses renversements en passant successivement des uns aux autres. Ex:

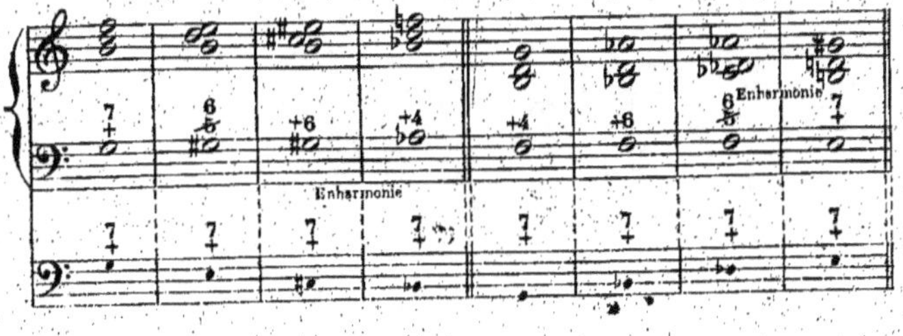

EXEMPLES
DE L'EMPLOI DE L'ACCORD DE 7ᵉ DE DOMINANTE ET DE SES RENVERSEMENTS
DANS LES MARCHES HARMONIQUES.

Accord de 7ᵉ de dominante et ses renversements
alternant avec des accords consonnants.

1ᵉʳ renversement, acc. de Sixte et Quinte diminuée.

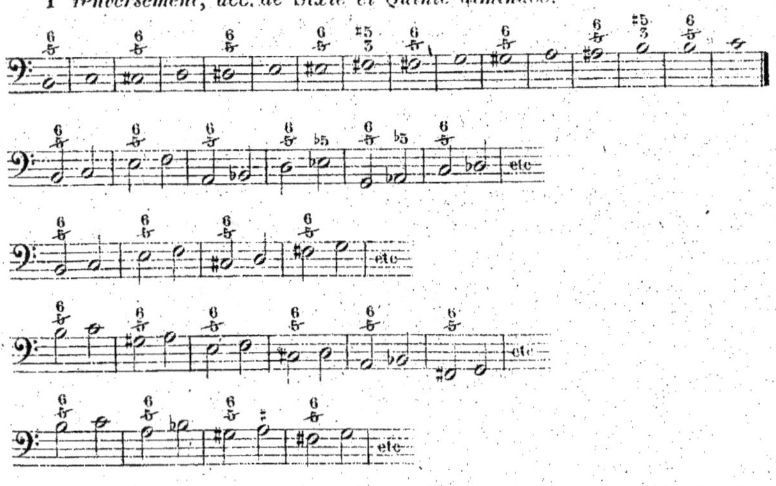

2ᵉ renversement, acc. de Sixte sensible.

3ᵉ renversement, acc. de Triton.

résolutions évitées

En associant les unes aux autres les marches précédentes, on obtiendra de nouvelles combinaisons. Ex:

AUTRES MARCHES
formées par des Accords de Septième de dominante successifs
produisant l'un sur l'autre des Cadences évitées.

Les renversements de cette marche en fourniront de nouvelles. Ex:

Inusitée
à l'état fondamental.

Renversements de cette dernière marche.

EXERCICES:

*Réaliser l'harmonie de ces marches et les pratiquer sur le piano
dans les différentes positions.*

Il sera bon de réunir ces exercices à ceux du même genre prescrits pour l'étude des cadences et de la modulation. (Voir à la page 112) On obtiendra ainsi des successions uniformes reliées entre elles, variées et développées au moyen des diverses formules de cadence, et parcourant à tous les intervalles toutes cordes de l'échelle musicale.

LEÇONS POUR L'EMPLOI DES RÉSOLUTIONS ÉVITÉES ET DES MARCHES HARMONIQUES
FOURNIES PAR L'ACCORD DE SEPTIÈME DE DOMINANTE
ET SES RENVERSEMENTS.

CHAPITRE DEUXIÈME.

ACCORD DE NEUVIÈME DE DOMINANTE.

Origine:

332 L'accord de *neuvième de dominante* est une extension de l'accord de *septième de dominante*. La modification consiste dans l'addition d'une 9me majeure ou mineure (suivant le mode) à l'accord de *septième de dominante*. Ex:

Caractère, propriété:

333 Cette nouvelle dissonance a pour résultat de produire dans l'accord un effet plus énergique que ne pourrait le faire l'octave de la fondamentale dont cette *neuvième* prend la place.

Du reste, même expression tonale, même destination, même tendance, même résolution que pour l'accord de *septième de dominante* non modifié.

Seulement l'addition de cette dissonance de *neuvième* nécessite dans l'emploi de l'accord qui la reçoit certaines restrictions, et dans la disposition des notes qui le composent, l'observation de certains rapports d'intervalles qui vont devenir l'objet de règles particulières.

Constitution.

334 **L'accord de *neuvième de dominante* se place sur la dominante et se compose:**

dans le mode Majeur: | dans le mode Mineur:
de 3^{ce} maj: — 5te juste. — 7e mineure. | de 3^{ce} maj: — 5te juste. — 7e mineure.
(composition de la 7e de dominante) | (composition de la 7e de dominante)
plus de la 9e majeure. | plus de la 9e mineure.

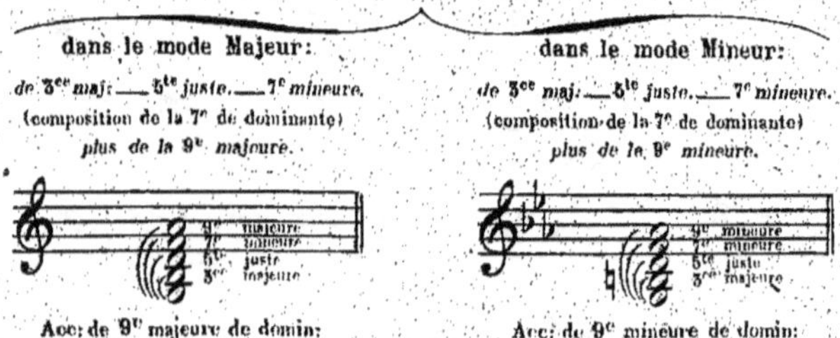

On voit que ces deux accords ne diffèrent que par la neuvième.

Résolution:

335 Comme l'accord de *septième de dominante* simple, l'accord de *neuvième de dominante* fait sa résolution naturelle sur l'accord de tonique.

La dissonance de *neuvième* doit se résoudre comme celle de *septième*, en descendant d'un degré. **Ex:**

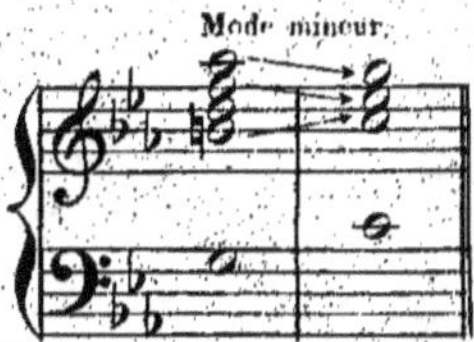

336 Si on fait résoudre la *neuvième* avant les autres notes de l'accord, on retrouve l'accord de *septième de dominante* générateur. **Ex:**

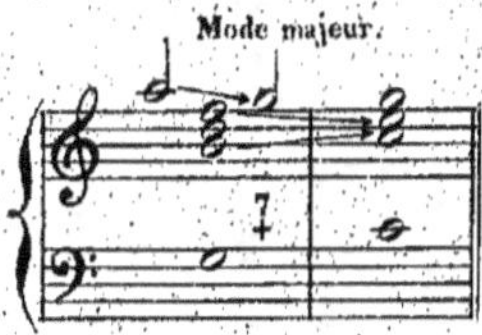

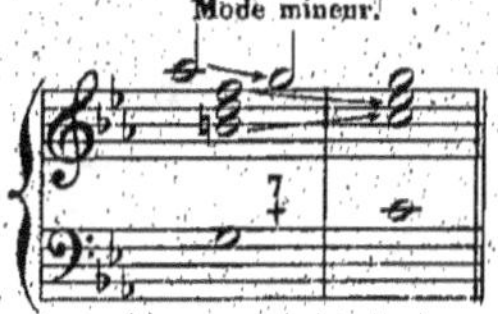

337 Quelquefois, lorsque l'accord de *neuvième de dominante* est immédiatement suivi de celui de *septième de dominante* sans changement de fondamentale, la *neuvième*, au lieu de se résoudre régulièrement en descendant d'un degré sur l'octave de cette fondamentale, se porte sur toute autre note de l'accord de *septième de dominante*. Ex:

Mais ces différentes formes ne sont applicables qu'à la *mélodie prédominante*, et ne sont pas employées ordinairement dans le genre scolastique.

Doublement des notes de l'accord:

338 Ainsi que dans l'accord de *septième de dominante*, et tous les accords à résolution obligée, on ne peut doubler les notes dont la marche est contrainte.

Suppression de notes:

339 Si l'on veut retrancher une note de l'accord de *neuvième de dominante*, la suppression doit porter sur la quinte de la fondamentale. Ex:

Souvent même cette suppression améliore l'effet de cet accord.

Disposition.

340 **La neuvième, remplaçant l'octave de la fondamentale (la dominante) doit toujours être dans un rapport de neuvième avec cette dominante.**

On conçoit que cet intervalle de neuvième peut être *composé*, c'est-à-dire que les notes qui le forment peuvent être éloignées de plusieurs octaves, mais elles ne doivent jamais être rapprochées à distance de seconde. Ex:

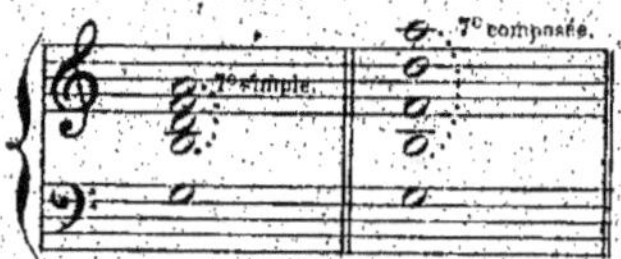

341 Dans le mode majeur, cette même dissonance de *neuvième de dominante* doit être tenue à distance de *septième* de la note sensible (Cet intervalle de 7e peut être simple ou composé). Ex:

342 Le rapprochement de ces deux notes sous forme de 2de majeure serait dur et doit être évité. Ex:

343 Cette observation n'est pas applicable à la *neuvième mineure de dominante* qui, étant naturellement dans un rapport de *septième diminuée* avec la note sensible, peut quelquefois, par le renversement de cet intervalle, être présenté sous forme de *seconde augmentée:* intervalle qui ne produit pas la même dureté harmonique que la *seconde majeure*. Ex:

Toutefois, à raison de la règle suivante § 344, cette forme n'est guère praticable dans l'accord qui nous occupe, que dans le cas où, par la suppression de sa fondamentale, il devient accord de *septième de sensible.* (Voir cet accord § 351 et suivants).

344 La *neuvième* étant une sorte d'accent énergique propre à la mélodie doit, dans le mode majeur surtout, occuper la partie supérieure. Ex:

345 On peut cependant quelquefois placer la *septième* au dessus de la *neuvième*. Ex:

Echange des notes de l'accord.

346 La *neuvième* ne peut donc pas, pendant la durée de l'accord, être échangée avec une autre note de cet accord, si ce n'est avec la *septième* pour la raison indiquée au § 345. Ex:

347 L'échange de parties peut avoir lieu entre les autres notes, comme on l'a pratiqué pour l'accord de *septième de dominante*. Ex:

Chiffrage.

348 Les signes qui servent à désigner l'accord de *neuvième de dominante* rappellent son origine. Ex: $\frac{9}{7}$

On place devant le 9 le signe d'altération qui serait nécessaire pour produire la 9e soit majeure, soit mineure, suivant le mode. Ex:

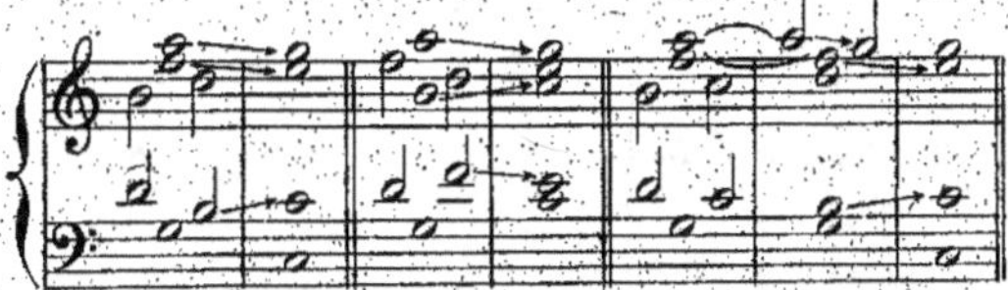

EXERCICES:

Appliquer à ces accords les exercices indiqués précédemment.

LEÇONS POUR L'EMPLOI DE L'ACCORD DE 9ᵉ DE DOMINANTE.
(dans les deux Modes)

Renversements de l'accord de Neuvième de dominante.

349 Les renversements de l'accord de *neuvième de dominante* a-vec *fondamentale* sont inusités, surtout dans le mode majeur.

Cependant si on veut en faire usage, il faut avoir soin d'observer rigoureusement dans la disposition et la résolution des notes, les règles établies pour l'accord non renversé.

350 Il suit de là qu'un quatrième renversement est inadmissible, la dissonance de *neuvième* devant, comme nous l'avons dit, se trouver toujours en rapport de *neuvième* avec le son fondamental. Ex:

Le tableau synoptique suivant présente l'accord de 9ᵉ de dominante et ses renversements réalisé conformément aux règles ci-dessus.

ACCORD DE NEUVIÈME DE DOMINANTE AVEC SES RENVERSEMENTS.(*)

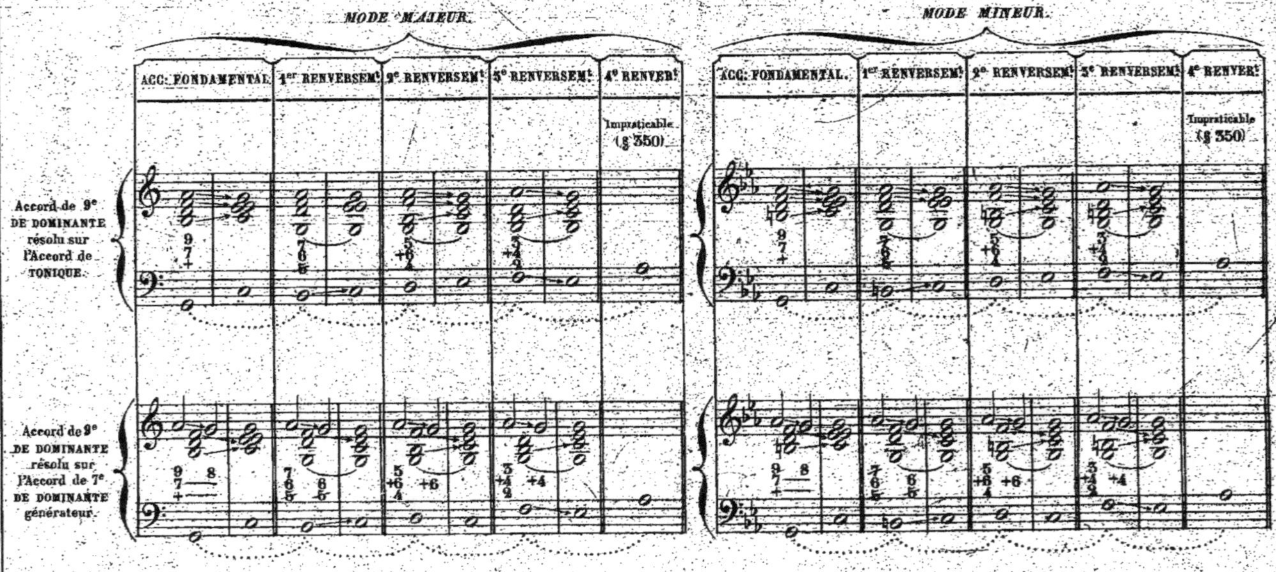

MODE MAJEUR.

ACC. FONDAMENTAL.	1er RENVERSEM!	2e RENVERSEM!	3e RENVERSEM!	4e RENVER!

Accord de 9e DE DOMINANTE résolu sur l'Accord de TONIQUE.

Accord de 9e DE DOMINANTE résolu sur l'Accord de 7e DE DOMINANTE générateur.

Impraticable (§ 350)

MODE MINEUR.

ACC. FONDAMENTAL.	1er RENVERSEM!	2e RENVERSEM!	3e RENVERSEM!	4e RENVER!

Impraticable (§ 350)

(*) Les renversements de l'accord de neuvième de dominante étant inusités n'ont pas de désignation spéciale.

CHAPITRE TROISIÈME.

ACCORD DE NEUVIÈME DE DOMINANTE AVEC SUPPRESSION DE LA FONDAMENTALE

ou

ACCORD DE SEPTIÈME DE SENSIBLE.

Mode majeur.   Mode mineur.

Accord dit de SEPTIÈME MIXTE. (*)   Accord de SEPTIÈME DIMINUÉE.

Origine.

351 Si l'on retranche le son fondamental dans l'accord de *neuvième de domi-nante*, les quatre sons qui restent forment un accord auquel on a donné le nom de *septième de sensible* parceque la note sensible en devient le son le plus gra-ve par la suppression de la véritable fondamentale. Ex.

Mode majeur.   Mode mineur.

Avec cette suppression cessent les restrictions que nécessitaient, dans l'emploi des renversements de l'accord de *neuvième de dominante*, la multiplicité des no-tes en rapport dissonant, telles que:  donnant par le rapprochement cette suite de secondes. Ex.

Cette raison pour laquelle on a fait de l'accord de *septième de sensible* un accord à part, nous oblige à lui consacrer un chapitre spécial.

(*) Certains auteurs appellent ainsi l'acc. de 7e *de sensible* du mode majeur, parce qu'il est formé des mêmes intervalles qu'un autre accord de *septième* placé sur le second degré de la gamme mineure. Ex.

7e de sensible.   7e sur l'acc de 2e degré.

UT majeur.   LA mineur.

Ces deux accords se trouvent ainsi réunis sous cette dénomination, laquelle indique un seul accord remplis-sant de doubles fonctions.

Quant à nous, considérant que ces accords diffèrent entre eux par leur origine, leur propriété, leur desti-nation, leur emploi, leur résolution; en un mot qu'ils n'ont rien de commun, si ce n'est la ressemblance des intervalles dont ils sont composés, nous n'avons pas cru devoir adopter une dénomination et une classification qui les confondent.

Constitution:

352 L'accord de *septième de sensible* se place sur la note sensible et est composé:

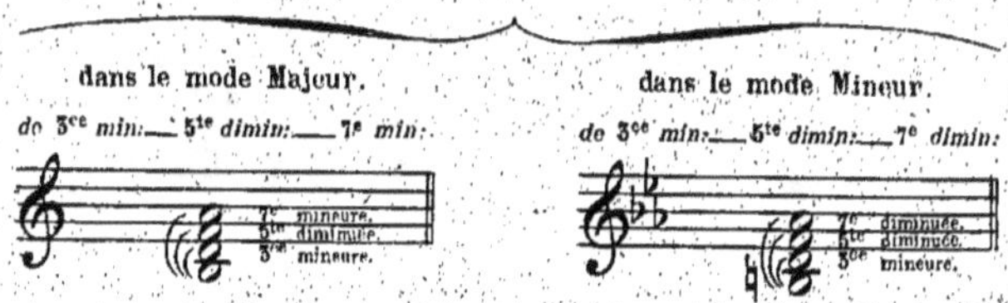

Résolution.

353 Comme l'accord générateur, l'accord de *septième de sensible* fait sa résolution naturelle sur la tonique.

La septième et la quinte diminuée descendent d'un degré, la note sensible monte à la tonique.

354 Ainsi que pour l'accord de *neuvième de dominante* la simple résolution de la 9e *de dominante* (7e de sensible) ramène l'accord de *septième de dominante* constitutif. Ex:

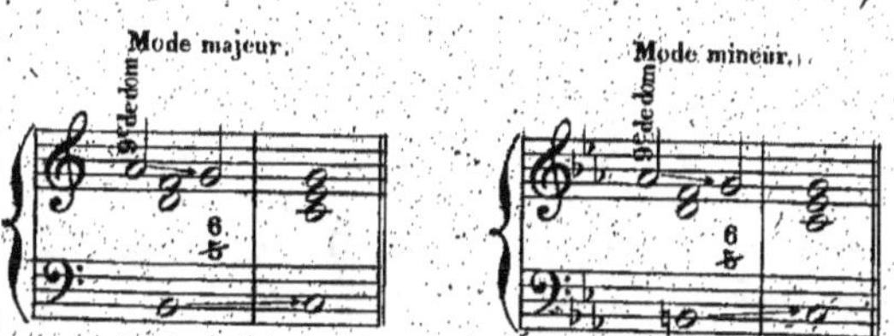

Résolutions évitées.

355 Outre sa résolution naturelle, l'accord de *septième de sensible*, surtout celui du mode mineur (l'accord de 7e diminuée) peut fournir un nombre considérable de résolutions évitées et devenir par là un des plus puissants moyens de modulations. Nous en donnerons quelques exemples après avoir présenté les renversements de cet accord.

Doublement.

356 Comme nous l'avons déjà fait observer, on doit s'abstenir de doubler les notes qui ont une marche déterminée.

357 Néanmoins il est clair qu'on pourrait doubler celle de ces notes dont la tendance résolutive serait détruite par une cadence évitée. Ex:

Mode majeur.   Mode mineur.

Suppression de notes.

358 La suppression d'une note doit porter sur la tierce (quinte de la fondamentale dans l'accord de Neuvième). Ex:

Disposition:

359 Dans l'accord de septième de sensible du *mode maj.* (accord dit de 7ᵉ mixte), la septième (Neuvième dans l'accord fondamental de 9ᵉ) doit occuper la partie supérieure.(¹) Ex:

360 Quelquefois la quinte diminuée (7ᵉ dans l'accord fondamental de 9ᵉ) est placée au dessus de la septième (9ᵉ dans l'accord de Neuvième). Ex:

361 Toutes les notes de l'accord de 7ᵉ de sensible du *mode min.* (accord de Septième diminuée) peuvent être mises à la partie principale.

Emploi:

362 L'accord de septième de sensible du mode min. (accord de Septième diminuée) est souvent employé dans le mode majeur; c'est une sorte d'emprunt fait par ce dernier au mode mineur. Le contraire n'a jamais lieu. Ex:

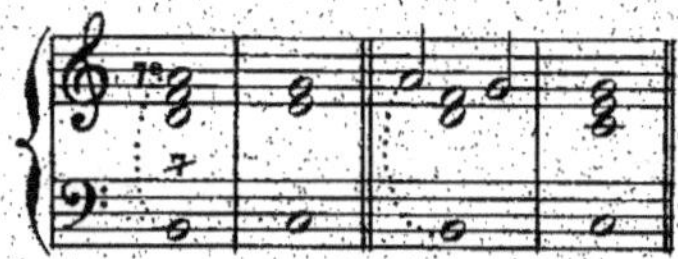

(¹) Cette dissonance pourrait être placée dans une partie intérieure si elle était préparée; elle serait alors dans la condition des dissonances artificielles. (Voir page 178).

(²) Accord de 7ᵉ diminuée employé en majeur; cela n'est autre chose qu'une altération. (Voir § 490).

363 Nous avons dit § 355 que cet accord donnait lieu à une multitude de résolutions évitées. Il faut avoir soin alors, comme pour les résolutions évitées de la *septième dominante* § 326, de faire marcher les parties par intervalles mélodiques très rapprochés et d'éviter, autant que possible, les fausses relations que ces résolutions anormales pourraient occasionner.

On peut remarquer l'observation de cette règle dans les exemples de résolutions évitées placées à la suite des renversements de cet accord. Page 169 et suiv.

Chiffrage.

364 L'accord de *septième de sensible* **du mode majeur se chiffre par $\frac{7}{5}$; celui du mode mineur,** (l'accord de 7ᵉ diminuée) **par 7.**

EXERCICES:

Exercices analogues à ceux prescrits précédemment.

LEÇONS POUR L'EMPLOI DE L'ACCORD DE 7ᵉ DE SENSIBLE
(dans les deux modes)

Basse donnée.

Nº 36.

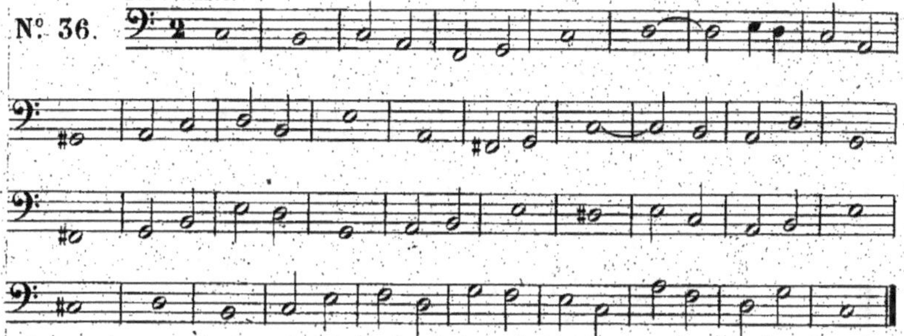

Chant donné.

Nº 37.

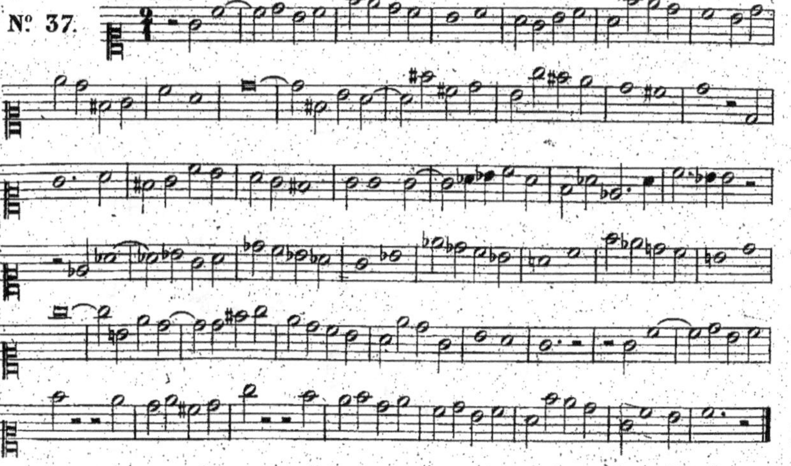

Renversements de l'accord de Neuvième de dominante avec suppression de la fondamentale autrement dit ACCORD DE SEPTIÈME DE SENSIBLE ET SES RENVERSEMENTS.

	MODE MAJEUR.					MODE MINEUR.				
	Accord de 9e DE DOMINANTE générateur.	Accord de 7e DE SENSIBLE.	1er RENVERSEMENT.	2e RENVERSEMENT.	3e RENVERSEMENT.	Accord de 9e DE DOMINANTE générateur.	Accord de 7e DE SENSIBLE.	1er RENVERSEMENT.	2e RENVERSEMENT.	3e RENVERSEMENT.
se nomme:		Acc. de 7e de sensible ou Acc. de 7e mixte.	Acc. de 6te sensible et Quinte.	Acc. de Triton et 3ce majeure.	Acc. de 2de et 6te mineure.		Accord de 7e diminuée.	Acc. de 6te sensible et 5te diminuée.	Acc. de Triton et 3ce mineure.	Accord de 2de augmentée.
se compose de:		3ce min. 5te dimin. 7e mineure.	3ce min. 5te juste 6te majeure.	3ce maj. 4te augm. 6te majeure.	2de maj. 4te juste 6te mineure.		3ce min. 5te dimin. 7e diminuée.	3ce min. 5te dimin. 6te majeure.	3ce min. 4te augm. 6te majeure.	2de augm. 4te augm. 6te majeure.
se place sur:		la Note sensible montant à la Toni.	le Second degré.	la Sous-domin. descendant d'un degré.	la Sus-dom. descendant d'un degré.		la Note sensible mont.t à la Tonique	le Second degré	la Sous-domin. descendant d'un degré	la Sus-dom. descendant d'un degré
se chiffre par:		$\frac{7}{5}$	$\frac{6}{5}$ ou $\frac{5}{+6}$	$\frac{+4}{3}$ ou $\frac{3}{+4}$	2		+7	$\frac{+6}{5}$ ou $\frac{6}{5}$	$\frac{+4}{3}$ ou $\frac{+4}{}$ selon ce qui est à la clef.	+2
Avec résolution immédiate sur l'Accord de TONIQUE.	 *(notation musicale)*	*(notation)*	*(notation)*	*(notation)*	*(notation)*	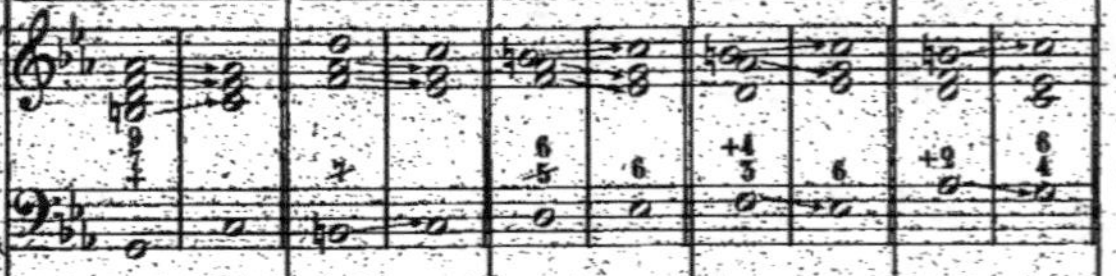 *(notation)*	*(notation)*	*(notation)*	*(notation)*	*(notation)*
Avec résolution sur l'Accord de 7e DE DOMINANTE.	 *(notation musicale)*	*(notation)*	*(notation)*	*(notation)*	*(notation)*	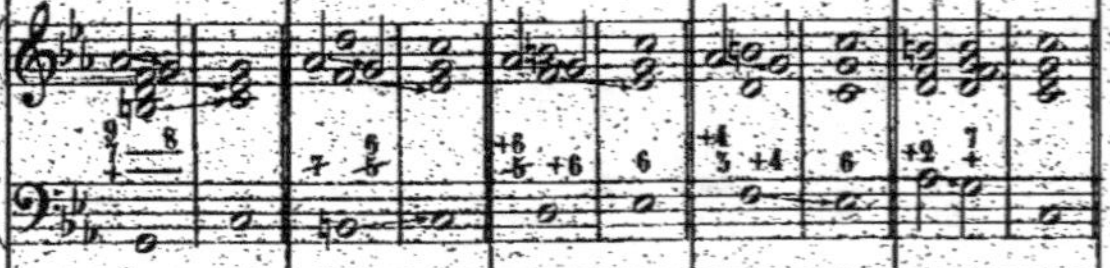 *(notation)*	*(notation)*	*(notation)*	*(notation)*	*(notation)*
OBSERVATIONS.			La 9e de dom. (7e de sensible) doit être en rapport de 7e avec la note sensible § 365 La manière de chiffrer adoptée indique la position respective de ces notes.	Même observation que pour le 1er renversement.	La Basse doit être préparée (§ 368). La Sixte peut monter (§ 370).					La Sixte peut monter. (§ 370)

REMARQUES

SUR LES RENVERSEMENTS DES ACCORDS DE SEPTIÈME DE SENSIBLE.

365 Une observation importante et qui a été consignée dans le tableau qu'on vient de voir:

C'est que dans les renversements de l'accord de 7ᵉ *de sensible* du mode majeur, la 7ᵉ de la note sensible (c'est-à-dire la 9ᵉ dans l'accord fondamental de dominante) doit toujours se trouver en rapport de 7ᵉ avec cette note sensible.

C'est la conséquence de la règle exposée au § 341 (Cette observation motive la règle énoncée § 368).

366 NOTA: Pour cette raison quelques auteurs disposent les chiffres désignant les 1ʳ et 2ᵉ renversements de manière à indiquer la position respective obligée des notes qu'ils représentent. (Voir le tableau précédent).

367 Le 3ᵉ renversement de l'accord de 7ᵉ *de sensible* amène à la Basse la 7ᵉ de la sensible c'est-à-dire la 9ᵉ de la dominante, ce que nous avons vu être impraticable pour l'acc: de 9ᵉ *de dominante* générateur de celui-ci, § 350. Mais la raison qui s'opposait à ce qu'on eut cette note à la Basse n'existant plus dans l'accord de 7ᵉ de sensible, par suite de la suppression de la véritable fondamentale (la dominante), cette forme devient admissible.

368 Ce troisième renversement est très usité pour l'accord de *septième diminuée*, mais pour l'accord de septième de sensible du mode majeur il n'est guère employé que sur le temps fort et avec *préparation* de la Basse; (Voir le tableau précédent) conditions qui rangent ce renversement de l'accord de septième de sensible, mode majeur, parmi les accords dont il sera parlé à la 2ᵉ division de cette deuxième partie. (Voir § 461).

Ceci d'ailleurs est la conséquence de l'observation énoncée ci-dessus, § 365.

369 Quelquefois dans la résolution immédiate sur la médiante du 1ᵉʳ renversement de l'accord de septième de sensible, il arrive que l'on fasse monter la tierce de la Basse. (La 5ᵗᵉ diminuée dans l'accord de Septième; la 7ᵉ dans l'accord fondamental $\frac{9}{7}$).

Exemple.

Cette note doit alors, comme dans notre exemple, se trouver placée au dessous de la note sensible, pour éviter les deux quintes qu'amènerait sans cela la résolution.

370 Cette même note (la 5te diminuée de la sensible) qui devient la *sixte* dans le 3e renversement de l'accord de *septième de sensible*, peut également monter dans la résolution de ce renversement. Ex:

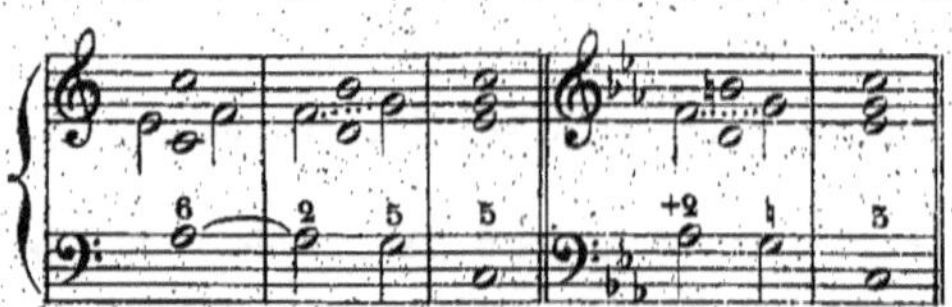

371 L'accord de septième diminuée offre une particularité remarquable. Elle consiste dans la faculté qu'ont les sons dont il est formé de pouvoir, sans être déplacés, fournir par leurs rapports enharmoniques chacun des renversements d'un accord de *septième diminuée*.

C'est ce que l'exemple suivant va démontrer:

372 Cette propriété d'appartenir enharmoniquement à un grand nombre de tons fort éloignés les uns des autres rend cet accord éminemment propre aux modulations enharmoniques.

On comprend que si à cette propriété on joint la faculté accordée de transporter l'accord de 7e diminuée dans le mode majeur (§ 362) il n'y a pas de distance tonale qui ne puisse être facilement et rapidement franchie par le secours d'un agent si puissant.

EXERCICES.

Comme précédemment.

Formule à jouer dans tous les tons et dans les deux modes.

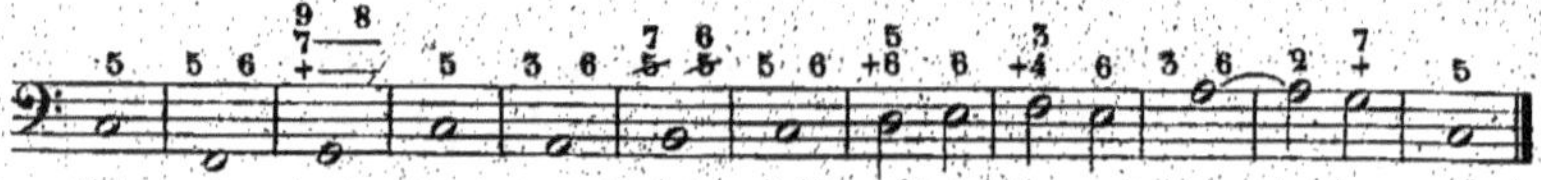

LEÇONS POUR L'EMPLOI DU 1ᵉʳ RENVERSEMENT DE L'ACC: DE 7ᵉ DE SENSIBLE
(dans les deux Modes)

Comme toujours: chiffrer,——réaliser l'harmonie,——composer soi-même des leçons.

LEÇONS POUR L'EMPLOI DU 2ᵉ RENVERSEMENT.

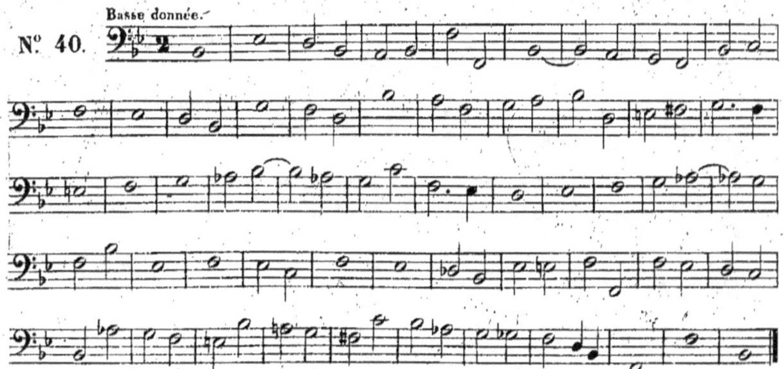

Chant donné.
N.º 41.
LEÇONS POUR L'EMPLOI DU 3ᵉ RENVERSEMENT.
Basse donnée.
N.º 42.
Chant donné.
N.º 43.

Echange des notes de l'accord.

375 On peut aussi retarder la résolution de ces accords et de leurs renversements par une transposition de parties, comme cela a été pratiqué pour les renversements de l'accord de 7ᵉ de dominante. Ex:

Les règles exposées § 368 de ce chapitre s'opposent à ce qu'on emploie le 3ᵉ renversement de mode majeur sans que la Basse soit préparée.

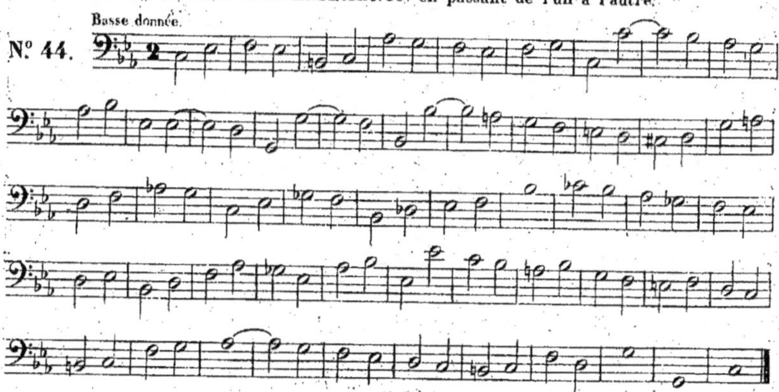

LEÇON POUR LE RETARD DE LA RÉSOLUTION DE L'ACCORD DE 7ᵉ DE SENSIBLE ET DE SES RENVERSEMENTS en passant de l'un à l'autre.

EXEMPLES DE RÉSOLUTIONS ÉVITÉES DES ACCORDS DE 7ᵉ DE SENSIBLE
ET DE LEURS RENVERSEMENTS.

Résolutions évitées de l'accord de Septième de sensible
de MODE MAJEUR.

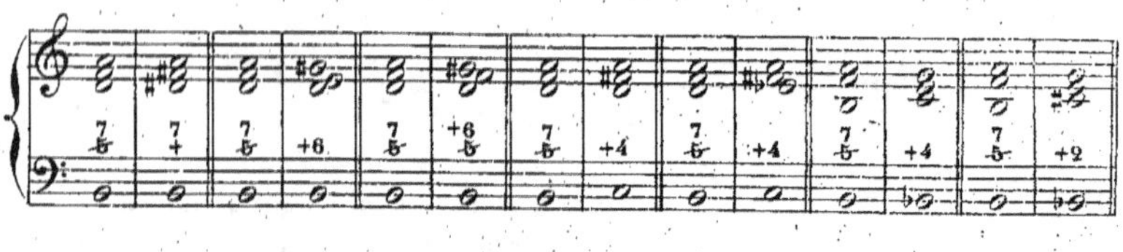

Résolutions évitées du 1ᵉʳ renversement.

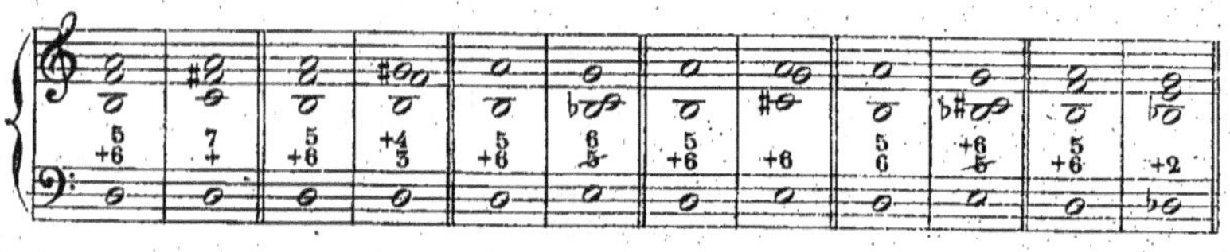

Résolutions évitées du 2ᵉ renversement.

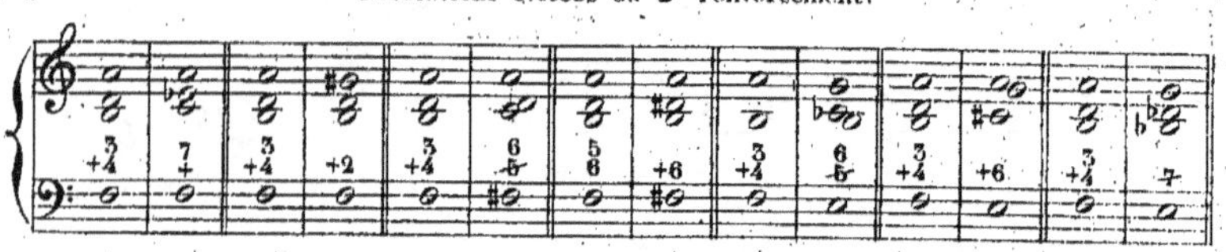

Résolutions évitées du 3ᵉ renversement.

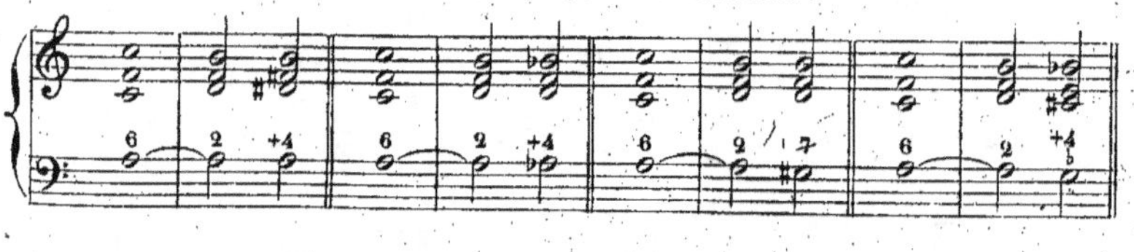

Résolutions évitées de l'accord de Septième diminuée
7ᵉ de sensible de MODE MINEUR.

Résolutions évitées du 1er renversement.

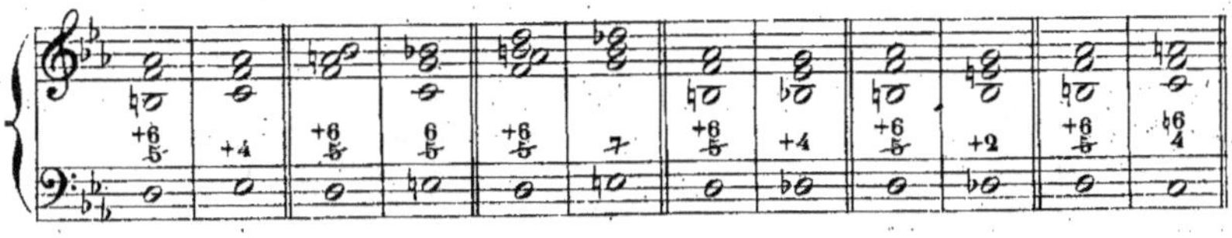

Résolutions évitées du 2e renversement.

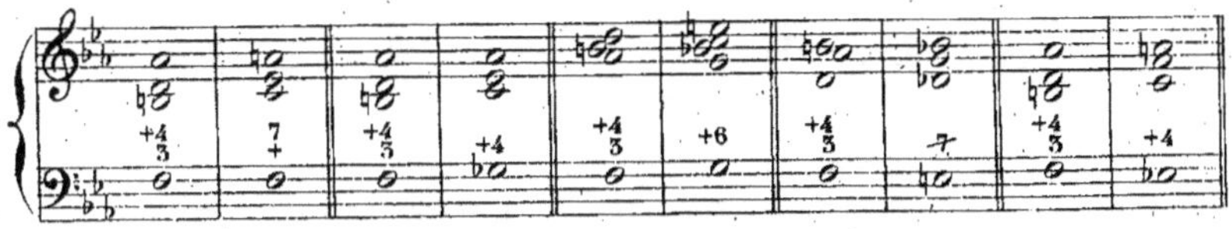

Résolutions évitées du 3e renversement.

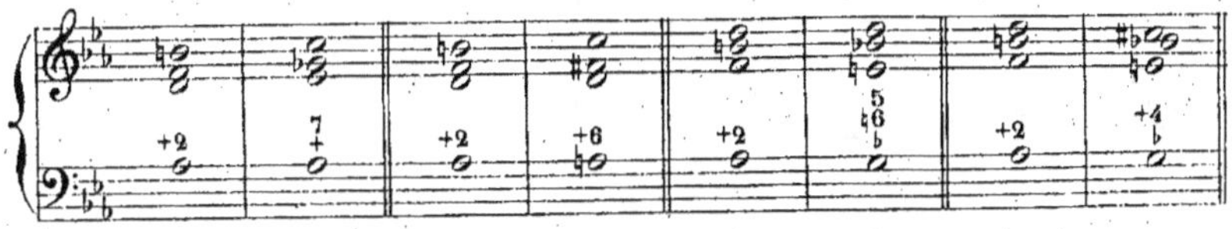

SUCCESSIONS FORMÉES. PAR L'ACCORD DE 7e DIMINUÉE
ET SES RENVERSEMENTS
en passant de l'un à l'autre par résolution évitée.

par Seconde ascendante.

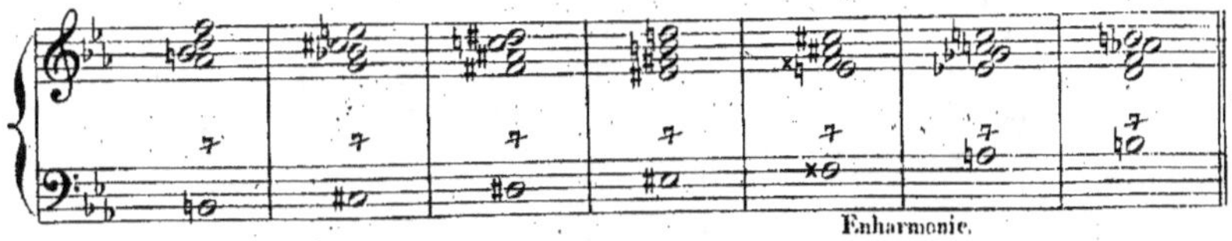

Enharmonie.

par Seconde descendante.

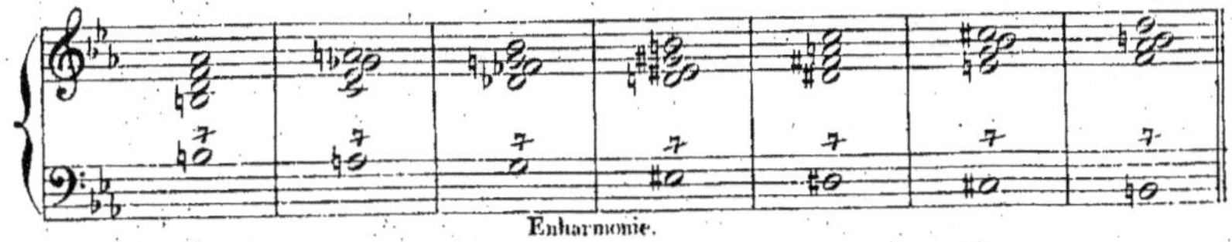

Enharmonie.

Ces successions sont plus usitées à l'état de renversements.

EXEMPLE

(Les successions précédentes passant d'un renversement, à l'autre).

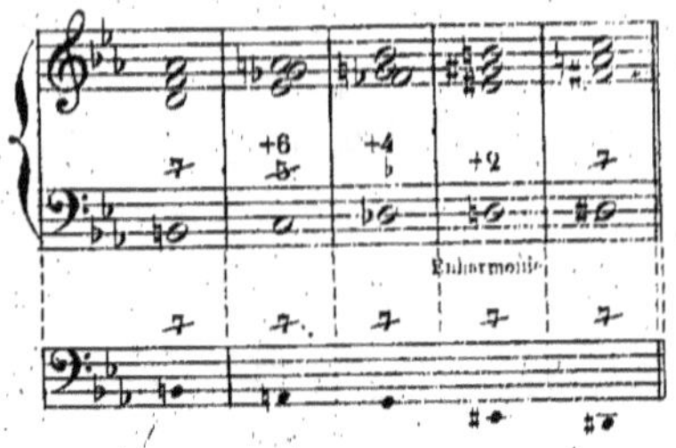

En passant enharmoniquement de l'accord de 7ᵉ *diminuée* à chacun de ses renversements (§ 374) on obtient une succession fondamentale par tierces.

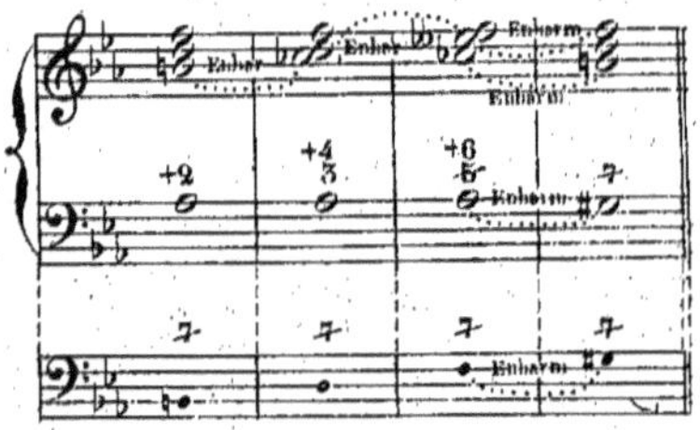

Autres successions dont les notes fondamentales donnent des progressions par quarte et par quinte.

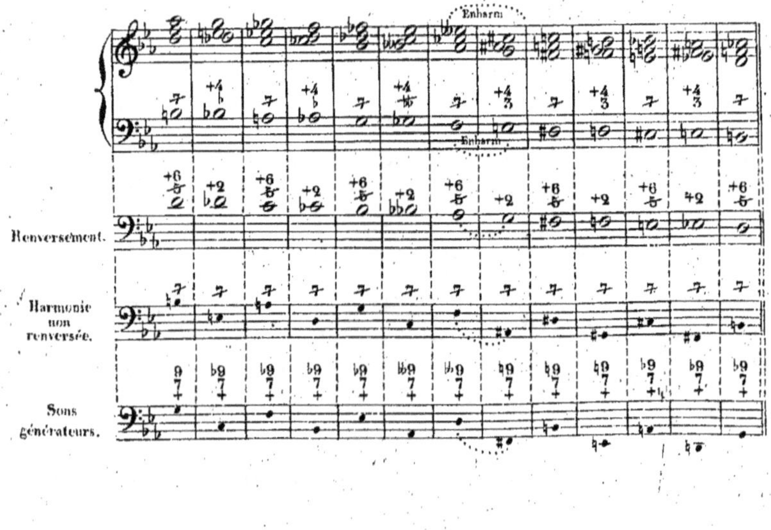

EXEMPLES DE MARCHES HARMONIQUES

fournies par l'accord de Septième de sensible de l'un et l'autre mode.

1er renversement.

2ᶜ renversement.

3ᶜ renversement.

L'on peut associer ces marches les unes aux autres et obtenir ainsi de nouvelles combinaisons.

EXERCICES:

Réaliser l'harmonie de toutes ces marches et les pratiquer sur le Piano dans les diverses positions.

On devra aussi, comme on l'a fait à l'égard de l'accord de 7me de dominante, appliquer ces accords de 7me de sensible aux exercices prescrits pour l'étude des cadences et de la modulation.

LEÇONS POUR L'EMPLOI DES RÉSOLUTIONS ÉVITÉES ET DES MARCHES HARMONIQUES
fournies par les accords de 7e de sensible de l'un et de l'autre mode.

CHAPITRE QUATRIÈME.

ACCORDS DITS DE 11ᵉ DE TONIQUE, DE 13ᵉ MAJEURE OU MINEURE DE TONIQUE.
ou autrement:
DE ONZIÈME DE TONIQUE AVEC SIXTE MAJEURE OU MINEURE.

374 On appelle accord de *onzième de tonique* **l'accord de** *septième de dominante* **établi sur la tonique placée à la Basse.**

375 On le chiffre ainsi: +7

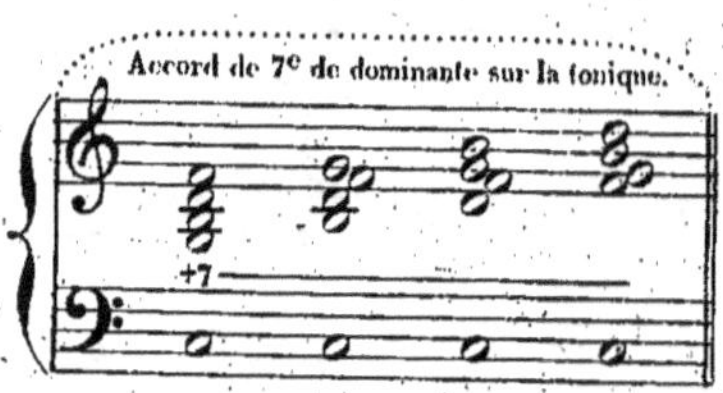

376 On a donné le nom de *treizième majeure* **ou** *mineure de tonique*, **ou de** *onzième de tonique* **avec sixte majeure ou mineure, suivant le mode,** [1] **aux accords de neuvième de dominante ou 7ᵉ de sensible établis pareillement sur la tonique mise à la Basse.**

377 On est dans l'usage de chiffrer cet accord, dans le mode majeur, par $+\overset{6}{7}$ [2]**, et dans le mode mineur, par** $\overset{6}{+7}$ **ou** $\overset{+7}{6}$

(On place devant le 6 le signe nécessaire, d'après l'armature de la clef, pour indiquer le mode de la Sixte).

[1] Ces dénominations de *onzième* et *treizième* de tonique sont vicieuses en ce que la 11ᵉ et la 13ᵉ peuvent être placées à distance de quarte ou de sixte de la tonique formant la Basse.

L'intervalle de 13ᵉ n'est obligatoire que pour la 9ᵉ de dominante majeure avec ou sans fondamentale et pour la 9ᵉ de dominante mineure avec fondamentale. Nous pensons qu'il vaut mieux désigner ces agrégations par le nom de l'accord réel avec indication de son emploi sur la tonique. Ainsi nous dirons: accord de 7ᵉ de dominante ou accord de 9ᵉ majeure de dominante ou accord de 7ᵉ de sensible, sur la tonique.

[2] Il est bon d'adopter cette disposition des chiffres pour indiquer la position respective *obligée* des notes qu'ils représentent.

378 Ces sortes d'accords se pratiquent au temps fort et se résolvent toujours sur la tonique qui les a portés. Ex:

379 C'est ce qui les fait considérer par certains auteurs comme des appoggiatures à plusieurs parties. *(Voir Appoggiatures page 249 et suivantes).*

380 Ces accords résultent d'ailleurs presque toujours de la prolongation de l'accord de 7ᵉ de dominante, ou des autres accords de la même famille sur la tonique. Ex:

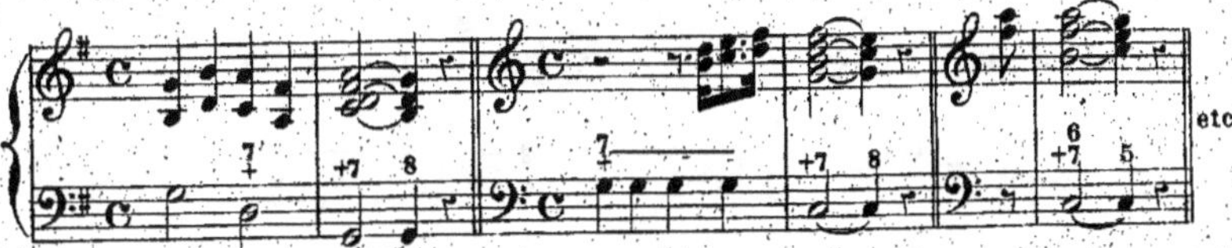

381 D'autres fois ces agrégations ont pour cause une *pédale inférieure de tonique,* *(voir les Pédales, page 231)* et elles peuvent alors occuper indifféremment les temps forts ou les temps faibles.

382 Au reste, de quelque manière qu'on les emploie elles demeurent soumises aux règles qui concernent l'accord posé sur sa Basse naturelle. (Voir les exemples ci-dessus).

EXERCICES:

Comme précédemment:
Exercer l'oreille.
Analyser, etc.

LEÇONS POUR L'EMPLOI DES ACCORDS DE 7ᵉ DE DOMINANTE ET DE 7ᵉ DE SENSIBLE SUR LA TONIQUE.

(Accords de 11ᵉ et 13ᵉ de Tonique).

DEUXIÈME DIVISION.

DISSONANCES ARTIFICIELLES.

ACCORDS DISSONANTS
DANS LESQUELS LA DISSONANCE DOIT ÊTRE PRÉPARÉE.

NOTIONS GÉNÉRALES.

383 Les accords qui nous restent à étudier sont moins des accords nouveaux que de simples modifications des accords que nous avons vus.

Ces modifications répandent de la variété dans les formes harmoniques au fond desquelles il est cependant facile de retrouver toujours l'harmonie naturelle.

384 L'introduction de nouvelles dissonances dans l'harmonie naturelle est l'objet de ces modifications, qui s'opèrent comme nous allons l'exposer.

385 Toute note intégrante d'un accord admise régulièrement dans l'harmonie peut être *prolongée* dans l'accord suivant et y produire une dissonance, pourvu toutefois que cette dissonance soit *résolue* ultérieurement.

En d'autres termes :

On peut introduire dans un accord naturel une ou plusieurs dissonances, à la condition qu'elles soient *préparées* et *résolues*.

386 Quelquefois, au lieu de se resoudre, la note qui forme la dissonance reste stationnaire et devient note intégrante de l'accord qui suit celui ou ceux auxquels elle était étrangère. C'est ce qu'on a déjà pu observer dans certains exemples de résolutions évitées; et ce dont nous parlerons plus amplement à l'article concernant les Pédales. (*Voir page 231*).

387 On appelle *préparation* l'état régulier de la note prolongée dans l'accord qui précède la prolongation.

388 On appelle *résolution* (§ 345) le mouvement de cette note vers son point d'attraction.

389 Ce point d'attraction est la note placée *un degré au dessous*, ou quelquefois *un degré au dessus* (un demi-ton ordinairement) de la note à résoudre. Ex :

Mais les dissonances qui se résolvent en montant, n'étant qu'une sorte d'ornement mélodique, rentrent dans un ordre de faits dont nous parlerons ultérieurement. (Voir Appoggiatures § 591). Nous n'avons à nous occuper présentement
que des modifications qu'apportent dans les accords naturels les prolongations
descendantes, c'est-à-dire celles qui se résolvent en descendant.

390 La *préparation* et la *résolution* doivent s'effectuer sur une
consonnance, ou, ce qui a lieu plus rarement, sur une dissonance appartenant à l'harmonie naturelle, telle que la 7ᵉ de
dominante, etc. **Ex:**

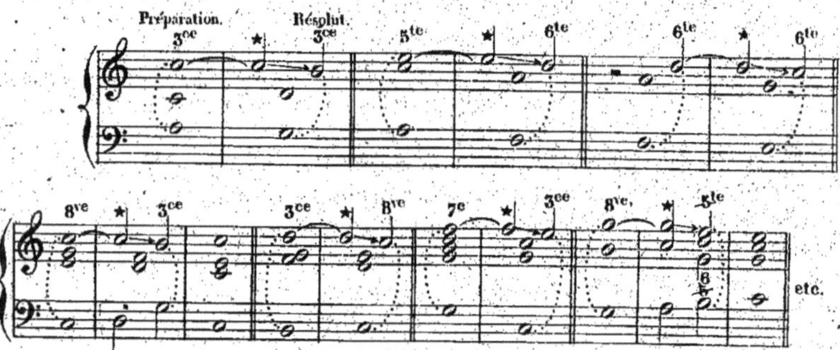

391 La préparation doit être d'une valeur au moins égale à la dissonance.

392 Le cas où chaque accord serait articulé forme une exception à cette règle. **Ex:**

Mais cette forme n'appartient pas au style élémentaire.

393 La résolution ne peut avoir lieu sur un temps plus fort que celui qui
porte la dissonance.

394 Dans le style mélodique ou figuré, on peut placer entre la dissonance et
sa résolution une ou plusieurs notes intégrantes ou artificielles. **Ex:**

595 La dissonance ne peut modifier un accord que de deux manières:

1º. Par la substitution d'une note étrangère à une note intégrante de l'accord.

2º. Par l'addition d'un son étranger à un accord complet en lui même. Ex:

596 La dissonance produite par cette note étrangère et suivie de résolution, (*) ainsi que cela a lieu dans ces exemples, est nommée dans le premier cas *retard* ou *suspension*, parce qu'alors elle ne fait que retarder ou suspendre la note intégrante dont elle prend momentanément la place.

597 Le second cas donne lieu à des agrégations dissonantes qui, ne pouvant se résoudre sans changement de fondamentale, sont traités pour cette raison, par certains théoriciens, comme autant d'accords particuliers.

Quant à nous, considérant que la nécessité de préparation démontre suffisamment la nature artificielle de la dissonance dans ces accords, nous ne verrons en eux que les accords naturels donnés par l'harmonie simple auxquels se joint la dissonance résultant d'une *prolongation*.

Nous allons d'abord étudier ces dernières agrégations. Nous verrons ensuite celles qui donnent les *retards* proprement dits.

(*) Nous avons déjà fait observer que si ces dissonances n'avaient pas de résolution immédiate, elles rentreraient dans un ordre de faits dont nous parlerons à l'article concernant les Pédales.

CHAPITRE PREMIER.

ACCORDS RENDUS DISSONANTS PAR L'ADDITION D'UNE NOTE PRÉPARÉE.

Origine.

398 **Ce sont les accords parfaits majeurs et mineurs et l'accord de quinte diminuée auxquels on ajoute la 7ᵉ fournie par la tonalité et résultant d'une prolongation. Ex:**

399 Si ce n'est dans une marche et pour la raison indiquée au § 295 la note sensible ne se prête pas facilement à devenir dissonance descendante, cet artifice lui imposant un mouvement résolutif contraire à sa tendance naturelle.

Mais dans le mode mineur elle ne pourrait être employée de la sorte sur l'accord de tonique, qu'à la condition de recevoir une résolution évitée, puisque, sans cet artifice, elle devrait franchir pour se résoudre en descendant, un intervalle de seconde augmentée.

400 Ces agrégations dissonantes et leurs renversements composent à eux seuls cette classe d'accords artificiels.

401 Tout intervalle dissonant autre que la 7ᵉ ne pourrait être introduit dans un accord à l'état fondamental que comme suspension d'une note intégrante, et rentrerait par conséquent dans la catégorie des *retards*, desquels nous nous occuperons ensuite.

Constitution.

402 **Tous les accords parfaits majeurs, mineurs, ou accords de quinte diminuée que comporte la gamme, peuvent ainsi recevoir l'addition d'une septième.**

Résolution.

403 La résolution de cette septième devra s'opérer sur l'accord suivant, donnant une autre fondamentale.

404 A moins que cette dissonance n'entre dans l'harmonie comme pédale. (*Voir Pédales* page 231).

Doublement.

405 **La résolution obligatoire de la septième en empêche le doublement.**

406 Le doublement de cette dissonance ne serait possible que dans le cas et pour la raison énoncés § 404. (*Voir* § 558).

Emploi.

407 Ces dissonances appartiennent généralement aux temps forts (§ 393), cependant on les emploie très bien sur les temps faibles quand le temps fort qui précède a été lui même occupé par une dissonance.

Notes essentielles de l'accord.

408 Les notes intéressantes de l'accord sont la dissonance (la septième), ou les bonnes notes de l'harmonie simple constitutive.

La quinte peut être supprimée sans inconvénient.

Chiffrage.

409 Ces agrégations prennent le nom d'accords de septième sur tel ou tel degré et se chiffrent simplement par 7.

On joint quelquefois à ce chiffre des signes d'altération placés devant ou dessous, suivant qu'ils sont nécessaires pour indiquer la modification de la septième ou de la tierce données par l'armature de la clef. Ex:

Marches harmoniques fournies par l'accord de 7ᵉ (artificiel)

410 Ces dissonances peuvent former des progressions qui prennent leur origine dans les marches d'harmonie simple que nous avons étudiées.

411 La marche consonnante fondamentale montant de quarte et descendant de quinte permet l'emploi de cette septième sur chaque accord. Ex:

Dans cette marche, la dissonance naît de la prolongation de la tierce de l'accord précédent et se résout sur la tierce de l'accord suivant, puis cette résolution devient à son tour préparation, et ainsi de suite.

412 Ces marches ne peuvent être prolongées dans le mode mineur sans altérer la tonalité par la suppression momentanée de la note sensible. Ex:

EXERCICES D'HARMONIE PRATIQUE:

1°. *Exercer l'oreille.*
2°. *Exercices analytiques.*
3°.   *Id.*   *écrits.*
4°.   *Id.*   *au Piano.*

Bien étudier ces marches dans tous les tons et les trois positions.

LEÇONS POUR L'EMPLOI DE L'ACCORD DE 7ᵉ (artificiel)

*Comme toujours: chiffrer; —— réaliser l'harmonie; ——composer
soi-même des leçons.*

Renversements.

413 Ces sortes d'accords se renversent comme les accords naturels, et, de même que pour ceux-ci, chacune des notes intégrantes conserve dans les renversements le caractère et les propriétés qu'elle avait dans l'accord à l'état fondamental.

1ᵉʳ Renversement.

Constitution.
Chiffrage.

414 **Le premier renversement de ces accords de 7ᵐᵉ se nomme accord de** *quinte* **et** *sixte.*

Il est composé de *tierce, quinte* **et** *sixte,* **et se chiffre par $\frac{6}{5}$.**

415 Dans ce renversement, la dissonance étant la quinte, l'harmonie simple sera l'accord de *sixte.*

Notes essentielles.

416 **Les notes importantes sont la quinte et la sixte.**

La tierce seule peut être supprimée.

Marches harmoniques.

417 **La marche de quinte et sixte ressort de celle d'accords de sixte et d'accords parfaits alternatifs.**

418 **La Basse monte de seconde du temps fort au temps faible et descend de tierce du temps faible au temps fort. C'est le premier renversement de la marche de 7ᵉ. Ex:**

(*) On ne peut mettre de 7ᵉ sur le second accord à cause des octaves cachées qu'amènerait la résolution de cette 7ᵉ.

EXERCICES.

Comme précédemment. Indiquer l'harmonie simple.

LEÇONS POUR L'EMPLOI DU 1ᵉʳ RENVERSEMENT
DE L'ACCORD DE SEPTIÈME.

2ᵉ Renversement.

Constitution.
Chiffrage.

419 **Le deuxième renversement se nomme accord** de *tierce* et *quarte*.

Il est composé de *tierce, quarte* **et** *sixte,* **et se chiffre par** $\frac{4}{3}$.

420 La dissonance est la tierce et par conséquent l'harmonie simple donne l'accord de quarte et sixte: c'est dire que son emploi est très restreint.

Notes essentielles.

421 **La tierce et la quarte forment les notes essentielles de ce renversement.**

422 La marche de *tierce* et *quarte* n'est guère plus usitée que la marche de *quarte* et *sixte* qui lui donne naissance. C'est le 2ᵉ renversement de la marche fondamentale de 7ᵉ. La Basse descend par degrés conjoints. Ex :

Nous ne donnons pas de leçon spéciale pour ce renversement.

<hr>

3ᵉ Renversement.

Constitution.
Chiffrage.

423 Le troisième renversement prend le nom d'accord de *seconde.*

Il se compose de *seconde, quarte* et *sixte,* et se chiffre par **2.**

424 La dissonance est à la Basse, laquelle, pour fournir la préparation et la résolution obligées, doit procéder par syncope descendant de degré.

On ne pourrait donc produire l'harmonie simple de ce troisième renversement sans apporter à la Basse les modifications que nécessiterait la suppression de la dissonance qu'elle contient.

Notes essentielles.

425 Les notes importantes sont la *seconde* et la *quarte.* La *sixte* seule peut être négligée, parce qu'elle est la *quinte,* dans l'accord fondamental.

Marches harmoniques.

426 La marche de secondes s'établit sur une série de syncopes descendant par degrés conjoints. (§ 424).

On a ainsi le troisième renversement de la marche fondamentale de 7e. Ex:

On peut associer entre elles les marches précédentes. Ex:

EXERCICES:

Semblables aux précédents.

LEÇONS POUR L'EMPLOI DE L'ACCORD DE SECONDE.

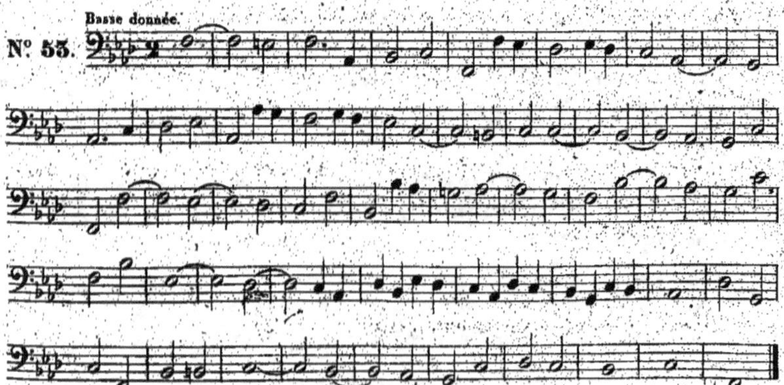

Observations sur l'accord de 7.e placé sur le second degré.

427 De tous ces accords de 7,^e celui qui se pratique sur le second degré est le plus fréquemment employé.

428 L'accord de 7.e établi de la sorte sur le second degré de la gamme mineure étant composé des mêmes intervalles et des mêmes notes que l'accord de 7.e de sensible du mode majeur relatif, est, comme nous l'avons déjà fait observer, confondu avec ce dernier accord par certains auteurs, sous la dénomination d'accord de 7.e mixte.

429. Nous avons indiqué les motifs qui nous empêchaient d'adopter cette classification qui réunit deux accords complètement différents l'un de l'autre. Le tableau suivant, en offrant la comparaison des principaux caractères de chacun de ces deux accords, en établira clairement la distinction.

ACCORD DE 7.e DE SENSIBLE.	ACCORD DE 7.e DE SECONDE.
mode Majeur.	*mode Mineur.*

1.° La 7.e peut être prise sans *préparation.*	1.° La 7.e résultant d'une prolongation est par conséquent *préparée.* (*)
2.° Résolution naturelle sur la *tonique.*	2.° Résolution naturelle sur la *dominante.*
3.° La note inférieure de l'accord (si) n'est pas la véritable fondamentale, et vu sa qualité de note sensible, elle ne peut être doublée.	3.° La note inférieure de l'accord (si) est la véritable fondamentale et peut être doublée.
4.° La 7.e ou la *quinte diminuée* doivent occuper la partie supérieure.	4.° Toutes les notes de l'accord peuvent être mises à la partie supérieure. Cependant les meilleures notes sont la 7.e la 3.^{ce} ou la fondamentale.
5.° La 7.e doit toujours, dans les renversements de l'accord, se trouver en rapport de 7 avec la note sensible.	5.° La 7 peut indifféremment se trouver en rapport de 2.de ou de 7.e avec la fondamentale.

(*) On la rencontre cependant quelquefois non préparée, la *quinte diminuée* qui entre dans cet accord adoucissant la dureté de la dissonance.

CHAPITRE DEUXIÈME.

DISSONANCES PRODUITES PAR LE RETARD
DES NOTES INTÉGRANTES.

Origine.

430 Nous avons dit (§ 395 et 396) qu'outre la production des agrégations précédentes, la prolongation pouvait encore avoir pour effet le *retard* d'une ou plusieurs notes intégrantes d'un accord. Ce retard prend aussi le nom de *suspension*.

Constitution.
Résolution.

431 Les dissonances produites par les retards dont nous nous occupons ici, doivent être à la *seconde* supérieure, majeure ou mineure, de la note intégrante qu'elles retardent, et elles se résolvent en descendant à la note retardée. Ex:

432 Cette résolution peut se faire soit sur l'accord même qui contient le retard, soit sur l'accord suivant, qu'il ait ou n'ait pas la même fondamentale que celui qui porte la dissonance. Ex:

433 La résolution ne doit point entraîner d'*octaves cachées* (§ 130). Ainsi la résolution suivante serait inadmissible. Ex:

434 Les *quintes* et *octaves retardées* par l'emploi des suspensions sont également défendues. Ex:

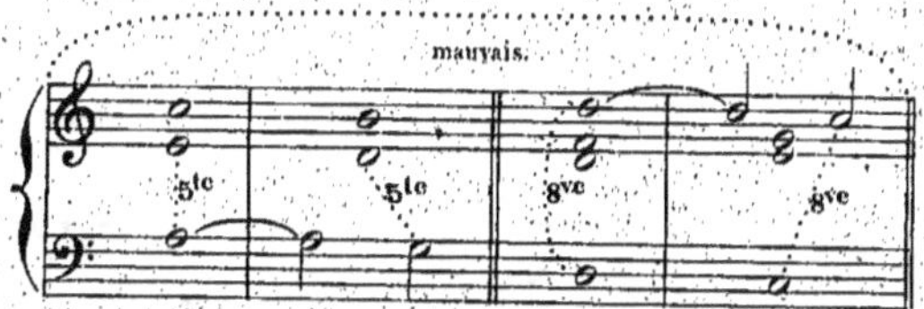

435 Dans le style *libre* les quintes retardées sont quelquefois tolérées sous cette face, c'est-à-dire entre la première et la deuxième partie. Ex:

Doublement.

436 La dissonance, vu sa résolution obligatoire, ne peut être doublée.

437 A moins qu'elle n'entre dans l'harmonie à titre de Pédale. (*Voir* § 558.)

Importance et disposition des notes.

438 Les bonnes notes sont les notes essentielles de l'accord consonnant qui forme la base de l'accord artificiel et surtout la dissonance produite par le retard.

439 Cette dissonance peut être mise dans toutes les parties.

440 La *neuvième* retardant l'*octave* fait exception à cette dernière règle; car devant par sa nature se trouver en rapport de *neuvième* avec la fondamentale, cette dissonance ne peut par conséquent être placée à la Basse.

Emploi.

441 On doit se souvenir de la règle énoncée § 393, touchant l'emploi de ces dissonances sous le rapport rhythmique.

442 On ne peut faire entendre en même temps la dissonance et la note qu'elle retarde quand bien même ces deux notes seraient placées dans des octaves différentes. Ex:

443 *Cependant dans le style mélodique* on admet quelquefois l'emploi simultané de la note réelle, placée dans les parties inférieures, et du retard, lequel n'étant plus alors qu'une sorte d'ornement mélodique (*voir 3e partie* § 590) doit en conséquence occuper une partie supérieure et être à distance de 9e au moins de la note réelle.(*) Ex:

444 L'emploi des retards vient souvent motiver des croisements momentanés entre les parties.

On doit dans ce cas se conformer à la règle relative au croisement des parties § 138. Ex:

Nous allons faire suivre ces observations générales de l'étude particulière de chacune des agrégations fournies par le retard des différentes notes des accords naturels.

(*) Quand ces notes sont produites par des sons de timbres différents comme par exemple une voix et un instrument, on en tolère le rapprochement à distance de seconde.

RETARD DES NOTES INTÉGRANTES DANS L'HARMONIE CONSONNANTE.

(Accords parfaits majeur et mineur et Accord de Quinte diminuée).

RETARD DE LA FONDAMENTALE DANS L'ACCORD PARFAIT ET SES RENVERSEM.ts (*)

445 C'est sous la forme de premier renversement (accord de 7e) que ce retard est le plus usité.

446 La marche harmonique qui le produit le plus naturellement est celle qui s'établit sur une Basse descendant par degrés conjoints. Ex:

447 On comprend facilement la différence qui existe entre ces accords de 7ᵉ et ceux qui ont fait le sujet du chapitre précédent.

448 Dans ceux-ci la 7ᵉ était un son supplémentaire et ne pouvait se résoudre sur la même fondamentale.

Dans les accords dont nous nous occupons maintenant, la 7ᵐ est le retard d'une note intégrante et effectue sa résolution naturelle sans changement de fondamentale.

449 Dans les premiers la 7ᵉ venant s'ajouter à un accord à l'état fondamental, permettait l'admission de la 5ᵗᵉ comme note intégrante.

La quinte au contraire ne peut appartenir aux accords de 7ᵉ par retard,(*) lesquels représentent l'accord de sixte.

Jouer dans tous les tons la formule suivante laquelle contient ce retard dans les différentes formes de l'accord.

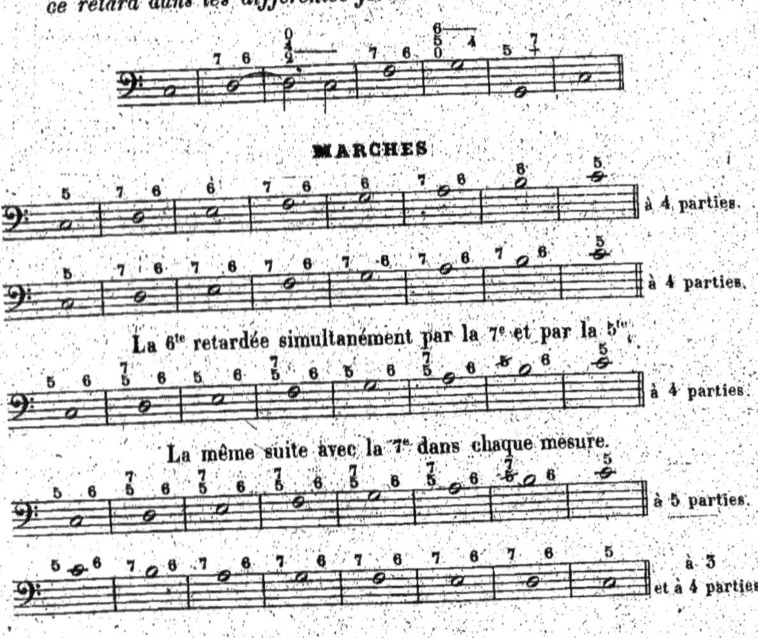

MARCHES

(*) On introduit cependant quelquefois la quinte dans ces accords de 7ᵉ par suspension, mais elle y entre alors à titre du retard de la sixte, de la manière suivante:

On voit qu'ainsi la sixte se trouve retardée en même temps par la 7ᵉ et la 5ᵗᵉ.

La même à Trois temps.

à 4 parties.

à 4 parties.

à 4 parties.

à 5 parties.

à 3 à 4
et à 5 parties.

La même suite avec la 7e dans chaque mesure.

à 4 parties.

à 3
et à 4 parties.

à 4 parties.

à 5 parties.

S'exercer sur ces marches comme on l'a fait pour les précédentes.

LEÇONS POUR L'EMPLOI DU RETARD DE LA FONDAMENTALE
DANS LES ACCORDS CONSONNANTS.

(L'accord de Seconde et Quarte et ses renversements).

RETARD DE LA TIERCE DE LA FONDAMENTALE DANS L'ACCORD PARFAIT ET SES RENVERSEMENTS.

450 C'est à l'état fondamental (accord de $\frac{5}{4}$) que ce retard est le plus fréquemment employé

451 La *marche de* $\frac{5}{4}$ la plus naturelle est celle qui se fait sur une Basse montant de quinte et descendant de quarte.

Cette marche a donc un mouvement ascendant et précisément contraire à celui de la marche de septièmes par addition. (Voir § 441).

Elle peut être unitonique ou modulante. Ex:

MARCHE UNITONIQUE.

MARCHE MODULANTE.

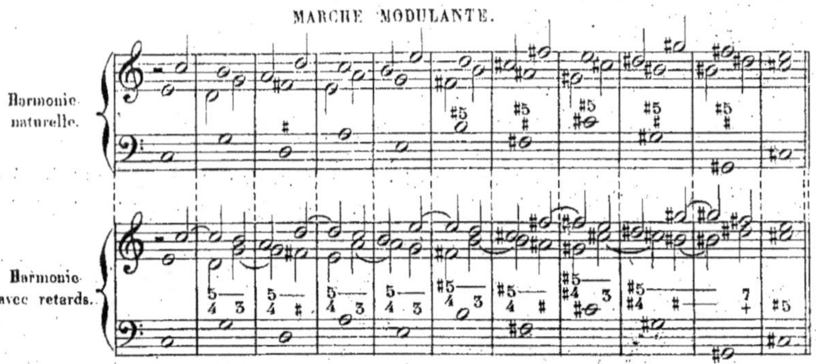

452 Le premier renversement de ce retard l'accord de $\frac{5}{2}$, quoique d'un usage moins fréquent, est cependant assez souvent employé. On fait plus rarement usage du second renversement, l'accord de $\frac{7}{4}$:

Formule à jouër dans tous les tons.

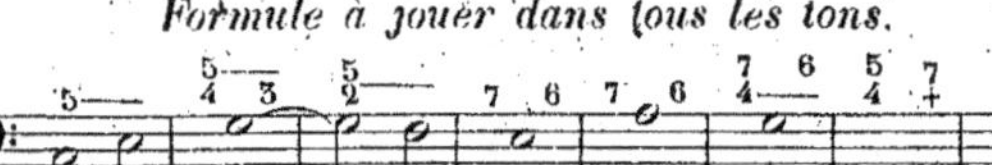

MARCHES.

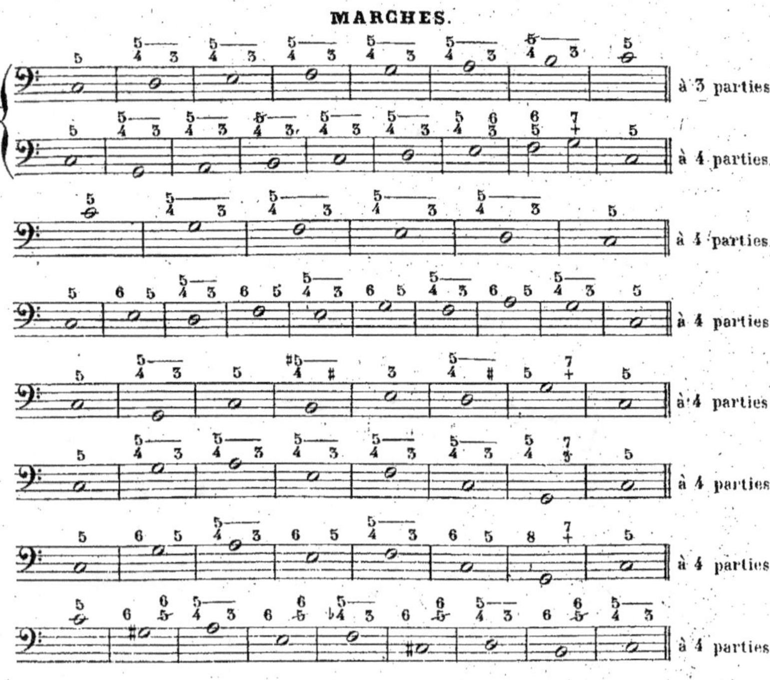

Réaliser l'harmonie de ces marches et les étudier comme on a fait à l'égard des autres.

LEÇONS POUR L'EMPLOI DU RETARD DE LA TIERCE DE LA FONDAMENTALE DANS LES ACCORDS CONSONNANTS.

(l'accord de Quarte et Quinte et ses renversements).

Chant donné.
N.° 60.

RETARD DE LA QUINTE DE LA FONDAMENTALE
DANS L'ACCORD PARFAIT.

453 Le retard par la note supérieure de la *quinte* de la fondamentale dans l'accord parfait ne produisant pas de dissonance, nous n'avons pas à nous en occuper.

454 Nous dirons seulement que ce retard est peu usité et que d'ailleurs il ne remplit plus la fin du retard dissonant qui est de faire valoir la douceur de la consonnance résolutive par l'âpreté momentanée de la dissonance; c'est pourquoi la qualité suspensive de ce retard consonnant est en général peu appréciable, et il n'est guère employé que dans le cas où il ferait partie d'une progression ou d'un dessin intéressant. Ex :

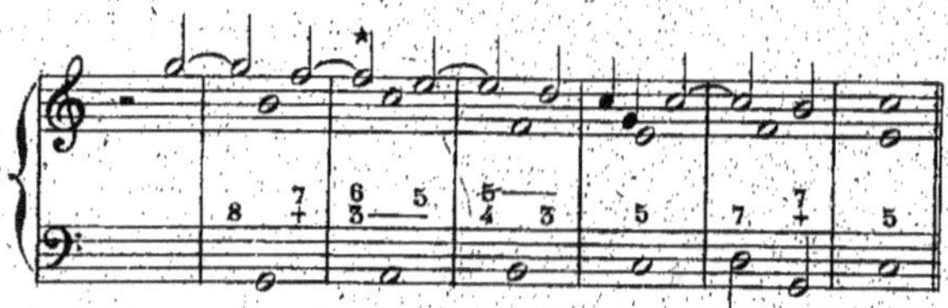

455 Cependant il y a des cas où ce retard prend un caractère suspensif bien prononcé, c'est lorsque les agrégations qu'il produit diffèrent, soit par la composition soit par la résolution, de celles qui proviennent des accords consonnants non affectés de retard; ou bien encore lorsque l'agrégation née du retard forme un accord qu'exclurait le caractère tonal de la note de Basse.

Le passage suivant donne un exemple de chacune de ces circonstances.

RETARD DE L'OCTAVE DE LA FONDAMENTALE
DANS L'ACCORD PARFAIT.

456 La dissonance doit toujours être en rapport de neuviè-me avec la fondamentale; ce qui, pour cet accord comme pour celui de 9ᵉ de dominante, rend le troisième renversement im-praticable.

Au reste l'accord fondamental est seul usité.

ACCORD FONDAMENTAL. | 1ᵉʳ RENVERSEMENT. | 2ᵉ RENVERSEMENT.

Accord parfait. | Accord de 6ᵗᵉ | Acc: du 4ᵗᵉ et 6ᵗᵉ

Harmonie naturelle.

Harmonie avec retards, se chiffre comme dans cet exemple.

Accord de 9ᵐᵉ — Retard de l'8ᵛᵉ par la 9ᵉ | Acc: de 6ᵗᵉ et 7ᵉ | Acc: de 4 et 6ᵗᵉ | Le 3ᵉ Renversement est impraticable (§ 456)

La dissonance est la 9ᵉ | La dissonance est le 7ᵉ | La dissonance est la 6ᵗᵉ

Ces renversements ne sont pas usités dans le style dit rigoureux et employé d'ailleurs dans le style mélodique ils rentreraient dans l'observation consignée au § 443.

457 Une Basse montant de seconde du temps faible au temps fort et descendant de tierce du temps fort au temps faible, est

naturellement disposée pour former une marche de 9es.

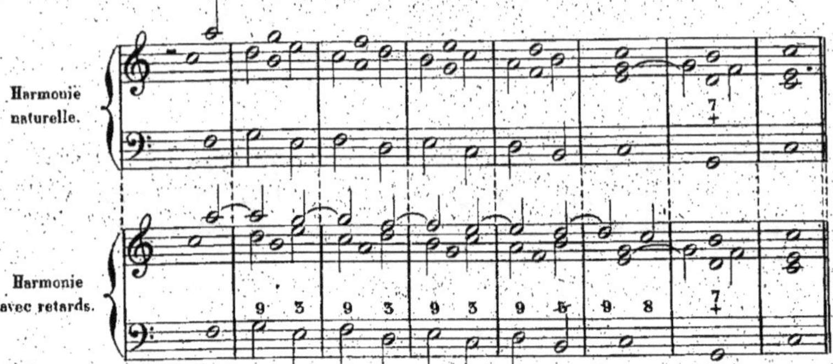

458 Ce mouvement de Basse est, sous le rapport rhythmique, le contraire de celui qui donne une marche de $\frac{6}{5}$. (§ 418). (*)

459 On peut encore obtenir la dissonance de 9e par le retard de *l'octave* de la Basse dans les accords de *sixte* et de *quarte et sixte*. Ex:

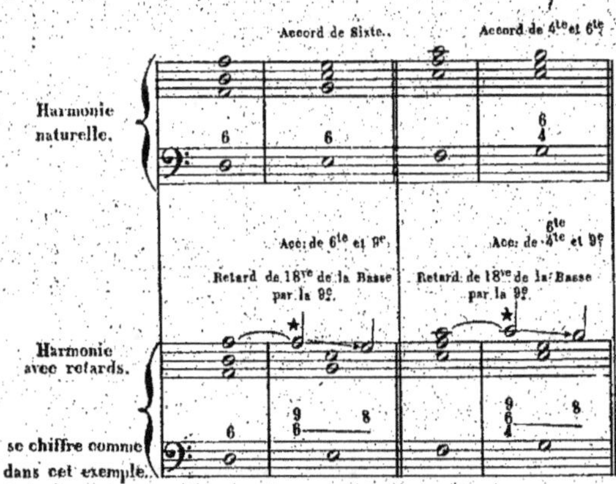

Ces retards sont peu usités.

460 Qu'on n'oublie pas que la 9e quelle qu'elle soit ne peut jamais être préparée par l'octave, en raison des octaves retardées qu'amenenerait la résolution.

(*) Ceci, au reste, est la conséquence de la nécessité de faire entendre la dissonance sur le temps fort, (§ 393).

MARCHES.

Réaliser l'harmonie de ces marches et les pratiquer.
Exercices comme précédemment.

LEÇONS POUR L'EMPLOI DU RETARD DE L'8ᵛᵉ DE LA FONDAMENTALE DANS LES ACCORDS CONSONNANTS.

RETARD DES NOTES INTÉGRANTES DANS L'HARMONIE
DISSONANTE NATURELLE.

(Accords de 7e et de 9e de dominante et Accords de 7e de sensible).

RETARD DE LA FONDAMENTALE DANS L'ACCORD DE 7e DE DOMINANTE
ET SES RENVERSEMENTS.

461 Le retard, par la note supérieure, de la fondamentale dans l'accord de 7e de dominante et ses renversements donne l'accord de 7e de sensible sous l'une ou l'autre de ses formes, comme on peut le voir dans le tableau suivant.

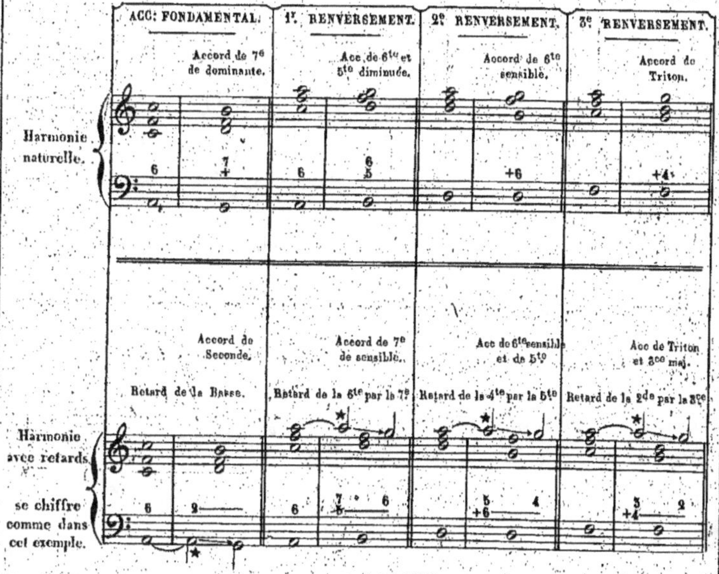

	ACC: FONDAMENTAL.	1er. RENVERSEMENT.	2e RENVERSEMENT.	3e RENVERSEMENT.
	Accord de 7e de dominante.	Acc. de 6te et 5te diminuée.	Accord de 6te sensible.	Accord du Triton.
Harmonie naturelle.	6 — 7+	6 — 6/5	+6	+4
	Accord de Seconde.	Accord de 7e de sensible.	Acc. de 6te sensible et de 5te.	Acc. de Triton et 3ce maj.
	Retard de la Basse.	Retard de la 6te par la 7e.	Retard de la 4te par la 5te.	Retard de la 2de par la 3ce.
Harmonie avec retards se chiffre comme dans cet exemple.	6 — 2	6 — 7/5 — 6	5/+6 — 4	5/+4 — 2

Il en est de même dans le mode mineur pour ce retard, qui produirait alors l'accord de 7e diminuée.

Nous n'avons donc pas à nous occuper de ce retard, puisque les agrégations qu'il fournit forment des accords naturels. Toutefois c'est ici le lieu de rappeler l'observation qui a été faite § 368 relativement au 3e renversement de l'accord de 7e de sensible.

RETARD DE LA TIERCE DE LA FONDAMENTALE DANS L'ACC: DE 7ᵉ DE DOMINANTE
ET SES RENVERSEMENTS.

	ACC: FONDAMENTAL.	1ᵉʳ RENVERSEMENT.	2ᵉ RENVERSEMENT.	3ᵉ RENVERSEMENT.
	Accord du 7ᵉ de dominante.	Accord de 6ᵗᵉ et 5ᵗᵉ diminuée.	Accord de 6ᵗᵉ sensible.	Accord du Triton.
Harmonie naturelle.	7 +	6/5	+6	6 · +4
	Accᵈ de 4ᵗᵉ 5ᵗᵉ et 7ᵉ	Accord de 2ᵈᵉ 4ᵗᵉ et 5ᵗᵉ	Accᵈ de 8ᵛᵉ 4ᵗᵉ et 7ᵉ	Accord de 2ᵈᵉ 5ᵗᵉ et 8ᵗᵉ
	Retard de la Tierce par la 4ᵗᵉ	Retard de la Basse.	Retard de la Sixte par la 7ᵉ	Retard de la 4ᵗᵉ augment: par la 5ᵗᵉ
Harmonie avec retards. **se chiffre comme dans cet exemple.**	7/5/4 · 7	5/4/2	7/4/3 · +6	6/5/2 · +4
	La dissonance artificielle est la 4ᵗᵉ	La dissonance artificielle est à la Basse.	La dissonance artificielle est la 7ᵉ	La dissonance artificielle est la 5ᵗᵉ

Formule d'accompagnement à jouer dans tous les tons:

MARCHES.

Réaliser l'harmonie de ces marches et les pratiquer.

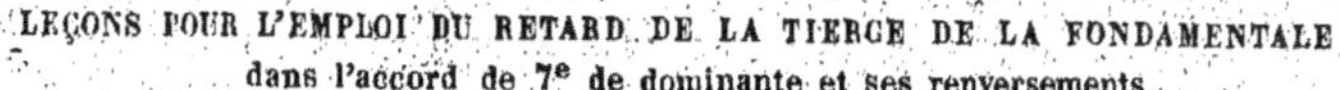

LEÇONS POUR L'EMPLOI DU RETARD DE LA TIERCE DE LA FONDAMENTALE
dans l'accord de 7e de dominante et ses renversements.

RETARD DE LA QUINTE DE LA FONDAMENTALE DANS L'ACC: DE 7ᵉ DE DOMINANTE ET SES RENVERSEMENTS.

462 Le retard de la *quinte* par la *sixte* a, dans l'accord de 7ᵉ de dominante, un caractère suspensif bien plus déterminé que dans l'accord parfait. En effet, dans le premier accord, la septième accuse trop nettement la nature étrangère de la sixte pour que cette dernière puisse être considérée comme note intégrante.

463 Cependant ce retard n'est guère employé que comme ornement mélodique et, par conséquent, il est ordinairement placé à la partie supérieure et, en tout cas, doit être suffisamment éloigné des notes de l'accord avec lesquelles il est en rapport dissonant.

Ainsi, cette disposition serait mauvaise:

Mais cette même agrégation devient praticable disposée ainsi:

	ACC: FONDAMENTAL.	1ᵉʳ RENVERSEMENT.	2ᵉ RENVERSEMENT.	3ᵉ RENVERSEMENT.
	Accord de 7ᵉ de dominante.	Accord de 6ᵗᵉ et 5ᵗᵉ diminuée.	Accord de 6ᵗᵉ sensible.	Accord de Triton.
Harmonie naturelle.	7 +	6 5	6 +6	+4
Harmonie avec retards, se chiffre comme dans cet exemple.	Retard de la 5ᵗᵉ par la 6ᵗᵉ dans l'accord de 7	Retard de la 3ᶜᵉ par la 4ᵗᵉ dans l'accord de 6/5	Retard de la Basse dans l'accord de +6	Retard de la Sixte dans l'accord de +4
	6 / 7 / + — 5	4 / 6 / 5 — 5	6 +6	+4 — 6 / 7
	La dissonance artificielle est la 6ᵗᵉ	La dissonance artificielle est à la 4ᵗᵉ	La dissonance artificielle est la Basse, Ce renversement amenant le retard à la Basse est inusité. §463	La dissonance artificielle est la 7ᵉ

464 Ces différentes agrégations ne reçoivent pas de dénominations spéciales.

RETARD DE LA SEPTIEME DANS L'ACCORD DE 7ᵉ DE DOMINANTE.

465 Le retard des *dissonances naturelles*, étant nécessairement produit par une note intégrante et consonnante du même accord, donne par conséquent l'accord consonnant originel. Ex:

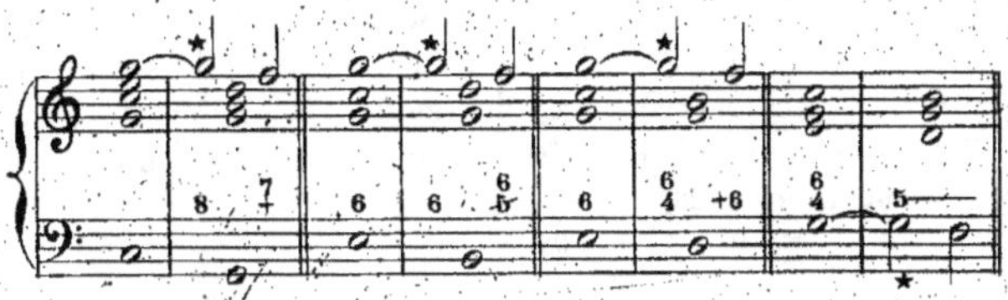

Nous n'avons donc pas à nous occuper de ces sortes de retards.

RETARD DE L'OCTAVE DE LA FONDAMENTALE
DANS L'ACCORD DE 7ᵉ DE DOMINANTE.

466 Ce retard produit l'accord de 9ᵉ de dominante que nous connaissons.

RETARDS DANS LES ACCORDS DE 9ᵉ DE DOMINANTE
ET 7ᵉ DE SENSIBLE.

467 Ce que nous avons dit touchant les retards que l'on pouvait introduire dans l'accord de 7ᵉ de dominante, peut être appliqué à ces derniers accords, puisqu'ils ont la même origine.

468 On remarquera cependant que l'accord de 9ᵉ de dominante renfermant naturellement deux dissonances, ce ne sera qu'avec beaucoup de réserve qu'on pourra tenter d'en introduire artificiellement de nouvelles, car la multiplicité des dissonances rendrait l'accord trop dur et tout à fait méconnaissable.

469 Le seul retard usité dans l'accord de 9ᵉ de dominante est celui de la tierce de la fondamentale. Ex:

(De même pour l'accord de 9ᵉ mineure de dominante).

470 Ce qui devient retard de la Basse dans l'accord de 7ᵉ de sensible. Ex:

(De même pour l'accord de 7ᵉ diminuée).

(*) D'après l'observation consignée § 368 relativement à l'emploi de ce renversement de l'accord de 7ᵉ de sensible du *mode majeur*, les dissonances contenues dans l'agrégation ci-dessus devraient être considérées comme résultant nécessairement de deux prolongations simultanées.

471 On emploie aussi très souvent le retard de la tierce de la sensible dans l'accord de 7ᵉ diminuée et ses renversements. Ex:

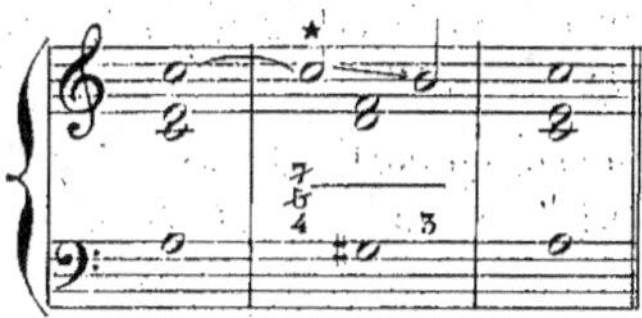

LEÇON POUR L'EMPLOI DES RETARDS

DANS LES ACCORDS DE 9ᵉˢ DE DOMINANTE ET 7ᵉˢ DE SENSIBLE

et des autres retards indiqués précédemment.

RETARDS SIMULTANÉS.

472 On peut retarder simultanément plusieurs notes intégrantes d'un accord en associant les différents retards que
nous venons d'étudier.

473 Les notes formant un double retard à résolution uniforme doivent être
entre elles en rapport de 3ce ou de 6te et peuvent se résoudre en même temps
ou l'une après l'autre. Ex:

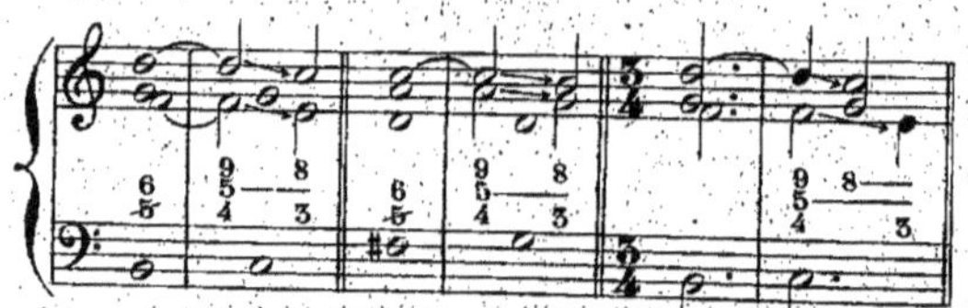

La résolution simultanée est la plus usitée.

474 Ces doubles suspensions à résolution uniforme ne sont praticables sur des
notes en rapport de quarte qu'au moyen d'une résolution successive. Ex:

Ces dernières agrégations sont peu usitées.

475 On ne peut retarder simultanément deux notes en rapport de quinte ou
d'octave.

476 On peut quelquefois pratiquer le retard descendant sur trois notes à la
fois et effectuer simultanément la résolution de ces trois retards, dont deux cependant sont en rapport de quarte, mais accompagnée de tierce. Ex:

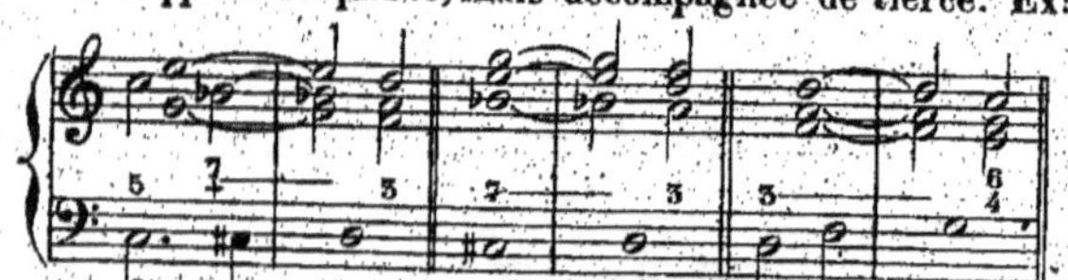

477 Enfin on peut associer ces retards descendant aux dissonances à résolutions ascendantes dont il sera parlé ultérieurement. (Voir appoggiatures § 591).

478 Les retards simultanés se placent principalement dans les parties supérieures; la Basse y prend rarement part.

MARCHES DE DISSONANCES ARTIFICIELLES SIMULTANÉES
fournies par l'association des marches précédentes.

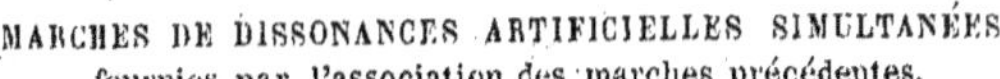

Réaliser l'harmonie de ces marches.

EXERCICES:

Introduire ces différentes agrégations dans les exercices les leçons etc; — *analyser;* — *composer des leçons, des préludes, etc.*

LEÇON POUR L'EMPLOI DES RETARDS SIMULTANÉS.

TROISIÈME DIVISION.

ARTIFICES HARMONIQUES
PRODUISANT DE NOUVELLES AGRÉGATIONS.

LES ALTÉRATIONS.
LES PÉDALES.

EXPOSÉ.

479 Nous allons nous occuper dans cette troisième division de deux artifices harmoniques qui, apportant aux accords que nous connaissons des modifications nouvelles, donnent naissance à de nouvelles agrégations.

Ces artifices harmoniques sont:

    1°.   **Les Altérations.**

    2°.   **Les Pédales.**

Parmi les agrégations fournies par l'emploi de ces artifices, les unes, d'un effet agréable, sont usitées, mais d'autres au contraire, et particulièrement un grand nombre de celles produites par les altérations, sont d'une dureté qui les rend plus ou moins impraticables.

CHAPITRE PREMIER.

DES ALTÉRATIONS.

480 Cet artifice consiste à *altérer* une ou plusieurs notes intégrantes d'un accord.

481 Altérer une note, c'est élever ou abaisser cette note d'un demi-ton chromatique.

482 La note altérée doit se résoudre à un demi-ton diatonique au dessus ou au-dessous, suivant le sens de l'altération.

483 L'altération peut donc être *ascendante* ou *descendante,*

484 L'altération *ascendante* est produite par un signe d'augmentation (le ♯ ou le ♮ supprimant un ♭) et doit se résoudre en montant.

485 L'altération *descendante* a pour cause un signe de diminution (le ♭ ou le ♮ annulant un ♯) et se résout en descendant.

486 L'altération résultant de l'emploi du genre chromatique n'entraîne pas nécessairement le changement de la tonalité.

487 L'altération peut être *harmonique.* Dans ce cas elle porte sur une note intégrante de l'accord et forme les nouvelles agrégations dont nous allons nous occuper.

488 Ou, elle est purement *mélodique,* et s'applique alors indistinctement aux notes intégrantes et aux notes de passage.

489 Les altérations qui appartiennent exclusivement au genre mélodique passent ordinairement avec rapidité, et on n'en tient pas compte dans la formation de l'harmonie accompagnante. Ex:

Il sera parlé de ces sortes d'altérations au chapitre Ier de la troisième partie. (Voir § 562 des notes de passage diatoniques et chromatiques).

Pour le moment, nous n'avons à nous occuper que de celles qui atteignent l'harmonie.

490 On peut distinguer deux sortes d'agrégations produites par l'altération.

Les unes forment des accords qui ne sont altérés qu'en raison de la place qu'ils occupent, c'est-à-dire qu'ils ne seraient pas classés parmi les altérations s'ils étaient placés sur les degrés diatoniques et dans la tonalité et le mode qui leur appartiennent. Ex:

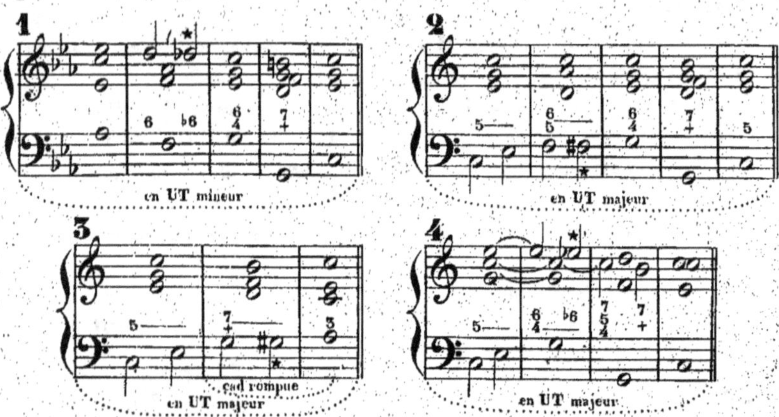

Dans le 1er exemple l'agrégation *fa, la♭, ré♭,* ne serait pas un accord altéré dans les tons de *la♭* ou de *ré♭* majeurs.

Il en est de même dans le second exemple pour l'agrégation formée par l'altération ascendante du *fa* qui produirait le 1er renversement de l'accord de 7e de dominante du ton de *sol*.

Dans le 3e exemple l'altération ascendante de la dominante fait naître l'accord de 7e diminuée. Enfin dans le 4e ex. elle produit un accord emprunté au mode mineur. On voit que nous avons déjà bien souvent employé ces sortes d'altérations.

491 Les autres espèces d'agrégations résultant de l'altération ne pourraient être notées dans aucune gamme de l'un ou de l'autre mode sans l'emploi d'accidents.

492 Certains théoriciens appellent les premières agrégations: *accords altérés* par *déplacement,* et les secondes: *accords altérés* par *formation.*

493 Les unes et les autres sont soumises aux mêmes règles générales.

494 L'altération peut être attaquée soit en même temps que les autres notes de l'accord. Ex: soit ultérieurement. Ex:

495 La dureté de certaines altérations n'en permet l'emploi que de cette seconde manière et de plus avec la précaution de procéder chromatiquement de l'intervalle naturel de l'accord à l'intervalle altéré.

Exemple:

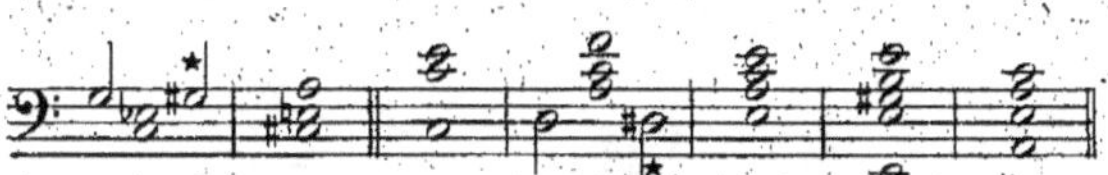

496 La note altérée ni aucune des notes ayant un mouvement résolutif déterminé ne peuvent être doublées.

497 Quand l'altération d'une note intégrante fait naître, entre les parties, l'intervalle de *tierce diminuée*, il faut renverser cet intervalle en plaçant les notes qui le produisent en rapport de sixte augmentée. Ex:

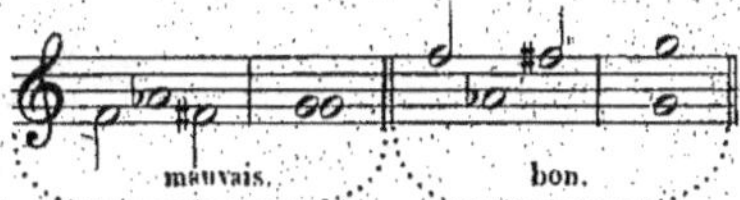

498 L'harmonie moderne fournit cependant des exemples de l'emploi de l'intervalle de *tierce diminuée*, mais dans ce cas, d'ailleurs assez rare, les deux notes qui produisent cet intervalle doivent être tenues à distance de 10ᵉ au moins l'une de l'autre. Ex:

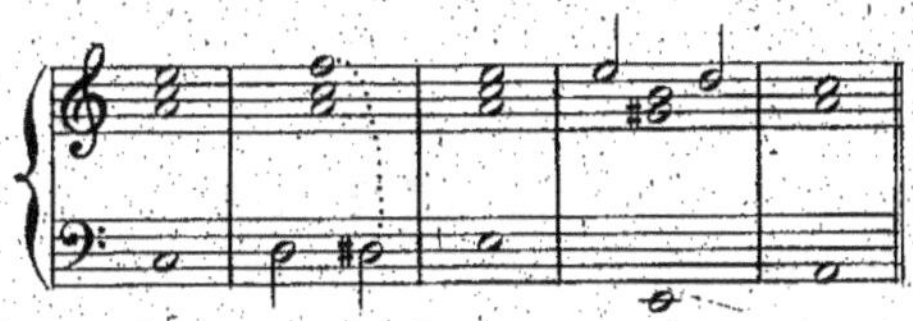

Autre exemple.

Contrairement à la règle précédente voici un exemple qui offre les deux no_
tes formant la *tierce diminuée* rapprochées l'une de l'autre.

Il est tiré de *Guillaume-Tell* de Rossini.

Cette *tierce diminuée* est, comme on le voit, le résultat de l'altération descendante de
la sixte, dans l'accord de triton et tierce mineure, dont la résolution est évitée sur une Bas_
se qui forme pédale.

Le tableau ci-contre donnera un exemple des altérations applicables à chacune des notes intégrantes des accords.

NOTA. Les dissonances devant être résolues en descendant ne peuvent recevoir qu'une altération *diminutive* et par conséquent *descendante*. Ainsi, la 9ᵉ majeure peut être rendue mineure, la 7ᵉ majeure devenir mineure et la 7ᵉ mineure, diminuée.

Exemple.

etc.

Mais ces sortes d'altérations n'étant guère employées que quand elles forment des agrégations régulières en elles mêmes, c'est-à-dire des accords altérés par *déplacement* (Voir § 490), nous ne les avons pas fait figurer dans ce tableau, qui en aurait reçu une complication inutile.

Observons encore qu'outre leur résolution naturelle, la plupart des accords altérés se prêtent à des résolutions anormales.

Dans les exemples que présente ce tableau, nous avons fait quelquefois usage de ces dernières quand l'effet en était plus doux que celui de la résolution normale.

TABLEAU SYNOPTIQUE DES ALTÉRATIONS QUE L'ON PEUT INTRODUIRE DANS L'HARMONIE.

ALTÉRATIONS DES ACCORDS CONSONNANTS.

		ACCORD PARFAIT MAJEUR.			ACCORD PARFAIT MINEUR.			ACC. DE QUINTE DIMINUÉE.		
		ACCORD FONDAMENTAL	1er RENVERST	2e RENVERST	ACCORD FONDAMENTAL	1er RENVERST	2e RENVERST	ACCORD FONDAMENTAL	1er RENVERST	2e RENVERST
ALTÉRATION de l'OCTAVE.	Altération ascendante	1	2 Dur et insolite.	3 Id.	4 Impraticable.	5 Id.	6 Id.	7 Impraticable.	8 Id.	9 Id.
	Altération descendante	24 Praticable [illegible]	25 Id.	26 Id.	27 Dur.	28 Id.	29 Id.	30 Dur.	31 Id.	32 Trop dur.
ALTÉRATION de la QUINTE.	Altération ascendante	47	48	49	50	51	52	53 Produit l'accord parfait mineur.	54 Produit le 1er Renversement de l'accord parfait mineur.	55 Produit le 2e Renversement de l'accord parfait mineur.
	Altération descendante	62	63 Dur	64	65 Produit l'accord de 5te dimin.	66 Produit le 1er Renversement de l'accord de 5te dimin.	67 Produit le 2e Renversement de l'accord de 5te dimin.	68 Praticable [illegible]	69 Voir le N° 65.	70 Voir le N° 66.
ALTÉRATION de la TIERCE.	Altération ascendante	81 Impraticable.	82 Id.	83 Id.	84 Produit l'accord parfait majeur.	85 Produit le 1er Renversement de l'accord parfait majeur.	86 Produit le 2e Renversement de l'accord parfait majeur.	87	88 Dur.	89
	Altération descendante	104 Produit l'accord parfait mineur.	105 Produit le 1er Renversement de l'accord parfait mineur.	106 Produit le 2e Renversement de l'accord parfait mineur.	107 Impraticable.	108 Id.	109 Id.	110 Dur.	111	112
ALTÉRATION de la FONDAMENTALE	Altération ascendante	127 Produit l'accord de 5te dimin.	128 Produit le 1er Renversement de l'accord de 5te dimin.	129 Produit le 2e Renversement de l'accord de 5te dimin.	130	131	132	133 Impraticable.	134 Id.	135 Id.
	Altération descendante	150 Praticable [illegible]	151 Voir le N° 130.	152 Voir le N° 130.	153	154	155	156 Produit l'accord parfait majeur.	157 Produit le 1er Renversement de l'accord parfait majeur.	158 Produit le 2e Renversement de l'accord parfait majeur.

ALTÉRATIONS DES ACCORDS DISSONANTS.

ACCORDS DISSONANTS NATURELS.

		ACCORD DE 7me DE DOMINANTE.			
		ACCORD FONDAMENTAL	1er RENVERST	2e RENVERST	3e RENVERST
ALTÉRATION de l'OCTAVE.	Altération ascendante	10	11 Trop dur.	12 Id.	13 Id.
	Altération descendante	33 Impraticable.	34 Id.	35 Id.	36 Id.
ALTÉRATION de la QUINTE.	Altération ascendante	56	57	58 Insolite.	59
	Altération descendante	71	72	73	74
ALTÉRATION de la TIERCE.	Altération ascendante	90 Impraticable.	91 Id.	92 Id.	93 Id.
	Altération descendante	113 Produit un accord dissonant de seconde espèce.	114	115	116
ALTÉRATION de la FONDAMENTALE	Altération ascendante	136 Produit l'accord de [illegible]	137 Produit le 1er Renversement de l'accord de [illegible]	138 Produit le 2e Renversement de l'accord de [illegible]	139 Produit le 3e Renversement de l'accord de [illegible]
	Altération descendante	159 Impraticable.	160 Id.	161 Id.	162 Id.

ACCORDS DE NEUVIÈME DE DOMINANTE.

		MODE MAJEUR.					MODE MINEUR.				
		ACCORD FONDAMENTAL	RENVERSEMENTS SANS FONDAMENTALE ou ACCORD DE SEPTIÈME DE SENSIBLE.				ACCORD FONDAMENTAL	RENVERSEMENTS SANS FONDAMENTALE ou ACCORD DE SEPTIÈME DIMINUÉE.			
ALTÉRATION de l'OCTAVE.	Altération ascendante	14 Impraticable.	15 Id.	16 Id.	17 Id.	18 Id.	19 Impraticable.	20 Id.	21 Id.	22 Id.	23 Id.
	Altération descendante	37 Impraticable.	38 Id.	39 Id.	40 Id.	41 Id.	42 Impraticable.	43 Id.	44 Id.	45 Id.	46 Id.
ALTÉRATION de la QUINTE.	Altération ascendante	60	Par la suppression de la véritable fondamentale la Quinte de l'accord primitif devient Tierce dans l'accord de Septième de sensible. C'est pourquoi l'altération de cette note est reportée ci-dessous.				61 Très dur. [illegible]	Même observation pour le mode majeur.			
	Altération descendante	75 Insolite. [illegible]					76	77 Praticable [illegible]	78 Id.	79 Id.	80 Mauvais.
ALTÉRATION de la TIERCE.	Altération ascendante	94 Impraticable.	95	96 Insolite.	97	98	99 Impraticable.	100 Très dur. [illegible]	101 Trop dur.	102 Id.	103 Id.
	Altération descendante	117 Impraticable.	118	119	120	121	122 Impraticable.	123	124	125	126
ALTÉRATION de la FONDAMENTALE	Altération ascendante	140 Impraticable.	141 Impraticable.	142 Id.	143 Id.	144 Id.	145 Impraticable.	146 Impraticable.	147 Id.	148 Id.	149 Id.
	Altération descendante	163 Impraticable.	164 Impraticable.	165 Id.	166 Id.	167 Id.	168 Impraticable.	169 Produit l'accord de [illegible]	170 Produit le 1er Renversement de l'accord de [illegible]	171 Produit le 2e Renversement de l'accord de [illegible]	172 Produit le 3e Renversement de l'accord de [illegible]

ACCORDS DISSONANTS ARTIFICIELS.

		ACCORDS RÉPUTÉS DISSONANTS par suite de prolongation	ACCORDS RENDUS DISSONANTS par retard ou notes intégrantes.
		On peut y introduire les mêmes altérations que dans l'accord consonnant originaire, mais avec plus de réserve pour éviter la trop grande complication de dissonances. Nous ne citerons que celles de ces agrégations qui sont les plus usitées.	On peut aussi introduire l'altération dans des accords modifiés, en outre, par l'artifice du retard.
ALTÉRATION de l'OCTAVE.	Altération ascendante		On comprend qu'il serait superflu de poursuivre ici ces détails [illegible] Nous nous bornons à en donner les exemples suivants.
	Altération descendante		
ALTÉRATION de la QUINTE.	Altération ascendante		Retard de l'8ve de la fondamentale.
	Altération descendante		Retard de la 5te de la fondamentale.
ALTÉRATION de la TIERCE.	Altération ascendante	Accord de 7e de Sensible du mode mineur. A B C D	
	Altération descendante		Retard de la 3ce de la fondamentale.
ALTÉRATION de la FONDAMENTALE	Altération ascendante	Acc. parf. mineur avec 7e min. (Acc. de 2e de [illegible] du mode majeur) E F G H	
	Altération descendante		Retard de la fondamentale.

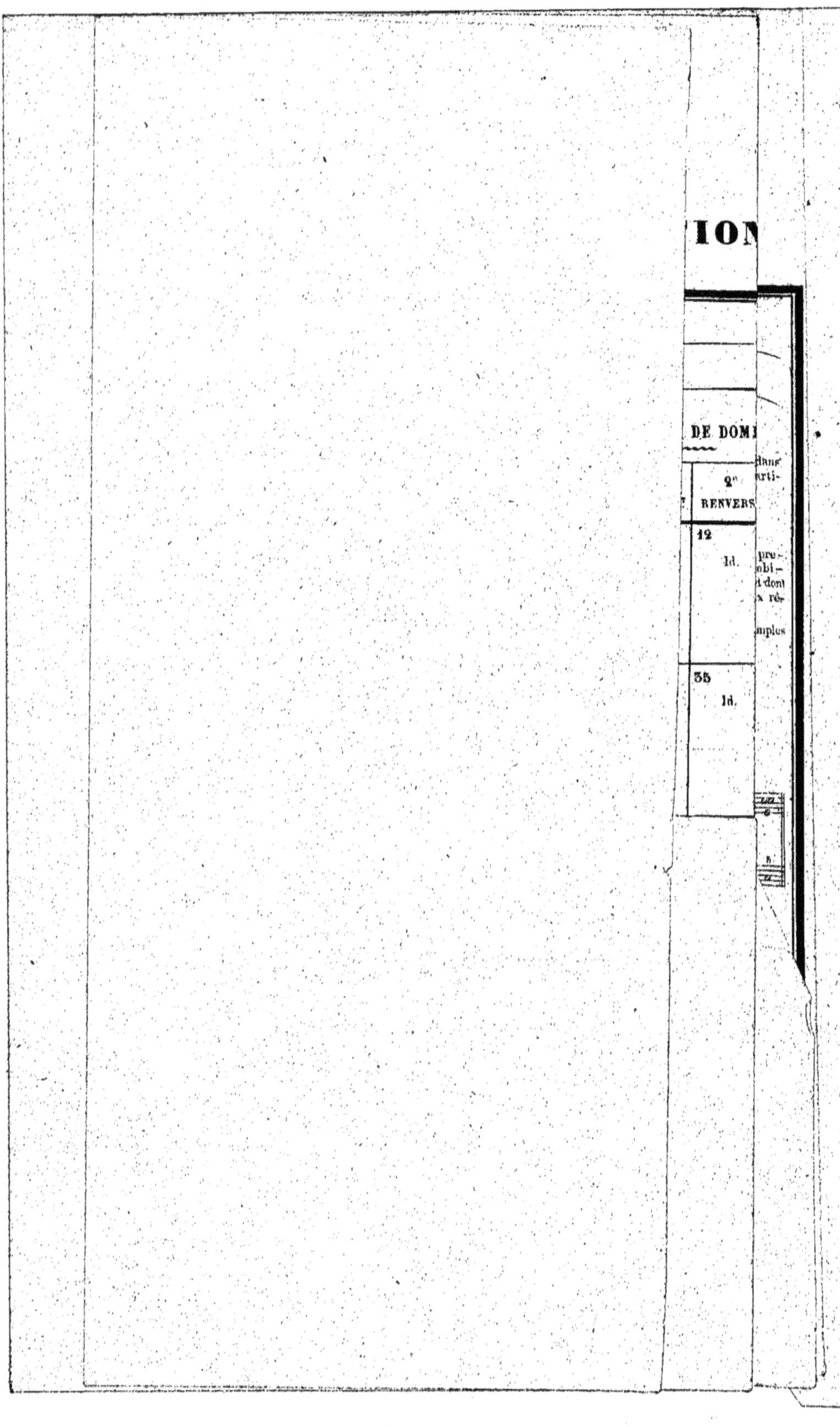

ALTÉRATIONS DE L'OCTAVE DE LA FONDAMENTALE.

499 L'altération ascendante et l'altération descendante de l'octave de la fondamentale dans un accord non renversé sont quelquefois praticables. Voir les Nᵒˢ 1, 10, 24, 27, 30 et 31 du tableau.

500 Mais les renversements des agrégations fournies par ces altérations sont durs et inusités.

501 L'altération de l'octave de la Basse dans un accord renversé (accord de 6 ou $\frac{6}{4}$ etc) est, en général, peu usitée.

ALTÉRATIONS DE LA QUINTE DE LA FONDAMENTALE.

ALTÉRATION ASCENDANTE DE LA QUINTE.

Dans l'accord parfait majeur:

(Nos 47, 48 et 49 du tableau).

502 Cette altération est fort usitée et s'emploie principale—
ment dans les accords de tonique et de dominante.

503 L'agrégation qui résulte de cette altération porte à l'é—
tat fondamental le nom d'accord de 5te *augmentée* (*) et se chiffre
par +5, ou par 5 précédé du signe d'altération nécessaire (#5 ou
♮5) pour désigner l'augmentation de l'intervalle.

504 Dans l'emploi de cet accord, on tolère quelquefois le saut mélodique de
quarte diminuée en descendant, et même de quinte augmentée en montant. Ex:

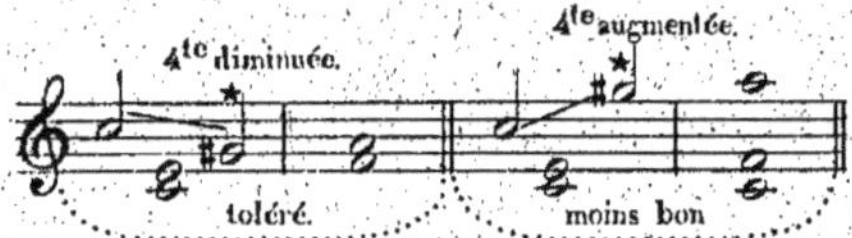

Dans l'accord parfait mineur:

505 L'altération ascendante de la quinte ne peut être que très passagère. Ex:

(Voir les Nos 50, 51 et 52 du tableau).

Cette altération se rencontre rarement.

Dans l'accord de quinte diminuée:

506 L'altération ascendante de la quinte donne l'accord parfait mineur.

Dans l'accord de septième de dominante:

507 L'altération ascendante de la 5te est assez usitée. Mais
dans la disposition harmonique des parties la 5te augmentée
doit être placée au dessus de la septième. (Voir les Nos 56, 57 et 59
du tableau).

Cette raison rend le deuxième renversement peu praticable. (Ex: le N° 58 du
tableau).

(*) L'altération descendante de la Basse dans l'accord parfait mineur produirait une agrégation équivalente
mais dont la résolution serait inverse. (Voir les Nos 153, 154 et 155 du tableau).

508 Sous le rapport mélodique, l'intervalle de tierce diminuée résultant du passage de la 7e à la 5te augmentée pourrait être toléré en descendant et en procédant de l'accord naturel à l'accord altéré, comme dans cet exemple.

Mais ces deux notes ne pourraient se succéder en sens inverse, en franchissant l'intervalle de sixte augmentée.

509 Les trois notes à mouvement contraint: la 3e, la 5te et la 7e de l'accord fondamental ne peuvent être ni doublées ni supprimées, soit dans l'accord fondamental, soit dans ses renversements.

Dans le cas où l'on serait forcé de retrancher une note, cette suppression ne pourrait donc porter que sur la fondamentale.

510 La résolution normale de cet accord est celle de l'accord de 7e de dominante non altéré.

Dans l'accord de 9e de dominante et ses dérivés:

511 L'altération ascendante de la 5te dans l'accord de 9e *majeure* de dominante et ses dérivés est peu usitée et ne peut être employée qu'avec certaines précautions, en raison du surcroît de dissonances qu'elle apporte dans cet accord.

C'est pourquoi cette altération, d'ailleurs très passagère, ne doit être attaquée qu'ultérieurement aux autres notes de l'accord, conformément à la règle énoncée § 495.

512 La 5te, à raison de l'altération dont elle est affectée, peut occuper la partie supérieure et souvent même doit être préférée à la 9e. La 3ce et la 7e sont exclues de cette première partie.

513 Ces agrégations ne s'emploient qu'à quatre ou cinq parties et sont d'ailleurs soumises aux lois qui régissent ces mêmes accords non altérés.

514 Quant à l'altération ascendante de la 5te dans l'accord de 9e *mineure* de dominante, on voit qu'elle ne pourrait exister qu'à la condition de faire résoudre l'accord en majeur.

515 Mais la dureté de cette agrégation est si considérable que, malgré la précaution de ne pas attaquer simultanément la 5te augmentée et la 9e, on ne peut guère l'employer qu'à l'état fondamental (N° 64 du tableau) ou mieux, dans son premier renversement sans fondamentale; c'est-à-dire sous la forme d'accord de 7e diminuée avec altération ascendante de la 3ce (N° 100 du tableau); encore cette agrégation, même sous cet aspect, est elle fort dure.

ALTÉRATION DESCENDANTE DE LA QUINTE.

516 Cette altération ne donne lieu à aucune remarque particulière.

ALTÉRATIONS DE LA TIERCE DE LA FONDAMENTALE.

517 L'altération de la tierce demeure soumise aux règles générales sur les altérations et ne donne lieu à aucun précepte particulier.

518 Parmi les agrégations résultant de cette altération, il en est une que l'on doit remarquer: c'est celle indiquée à l'exemple C du tableau, et qui est fort usitée sous la dénomination d'accord de sixte augmentée (*)

(C'est, on le voit, le 2ᵉ renversement de l'agrégation produite par l'altération de la tierce dans l'accord de 7ᵉ de seconde du mode mineur).

519 Cet accord présente, il est vrai, la même agrégation que celle qui se trouve classée au Nᵒ 97 du tableau, mais l'impression tonale des deux accords est essentiellement différente et ils ne sont pas soumis aux mêmes règles concernant la disposition harmonique des parties.

(*) OBSERVATIONS SUR L'ACCORD DE SIXTE AUGMENTÉE.

520 On comprend encore sous cette dénomination générale d'accord de *sixte augmentée* plusieurs accords altérés, d'origine et même de composition différentes, mais d'un emploi analogue. Ces autres accords de *sixte augmentée* sont représentés dans le tableau des altérations sous les Nᵒˢ 73, 111, 124, 131 et à la lettre F.

521 Les anciens compositeurs de l'école d'Italie n'admettaient que l'accord de *sixte augmentée* désigné au Nᵒ 131, c'est-à-dire l'altération ascendante de la fondamentale dans l'accord de sixte. (Voir § 536 ou bien l'agrégation équivalente Nᵒ 111 du tableau).

522 Cet accord n'est composé que de trois notes dont une seule, la tierce, a un mouvement libre et peut être doublée. Les deux autres notes ont une résolution contrainte; la Basse doit descendre d'un ½ ton diatonique, et la sixte monter d'un ½ ton également diatonique. (Voir l'ex: 131 du tableau)

523 Cette agrégation se nomme simplement *accord de sixte augmentée* et se chiffre par +6 ou par 6 précédé du signe d'altération ♯ ou ♮ nécessaire pour indiquer l'altération de la sixte.

524 Dans l'harmonie moderne, on admet également les agrégations C et F du tableau.

525 La première C, dont nous avons parlé d'abord, donne un accord composé de 3ᶜᵉ majeure, 4ᵗᵉ augmentée et 6ᵗᵉ augmentée. On le nomme accord de sixte augmentée *avec quarte augmentée;* il se chiffre par $^{+6}_{+4}$ ou mieux par $^{6}_{4}$ précédés des signes d'altération nécessaires.

526 La seconde, F, fournit un accord composé de 3ᶜᵉ majeure, 5ᵗᵉ juste et 6ᵗᵉ augmentée. On le nomme accord de sixte augmentée *avec quinte* et on le chiffre par $^{+6}_{5}$ ou $^{♯6}_{5}$, le 6 étant précédé d'un ♯ ou d'un ♮ suivant la circonstance.

527 Dans l'un et l'autre de ces accords la Basse et la 6te augmentée doivent faire leur résolution naturelle comme dans l'accord de 6te augmentée accompagné simplement de la 3ce. Les autres notes suivent, s'il y a lieu, la marche qu'elles auraient dans l'accord non altéré.

528 Quelques auteurs tolèrent même les deux 5tes provenant de la résolution immédiate de cette dernière agrégation, F sur l'accord de dominante. Ex:

529 On pourrait cependant éviter facilement ces deux 5tes soit en retardant, soit en anticipant la résolution de la 5te comme dans l'exemple suivant:

530 On remarquera que chacune de celles de ces agrégations qui résultent d'altération ascendante a son équivalent formé par une altération descendante. Ainsi le N° 131 a le N° 111; C a le N° 73; et F le N° 124.

531 Ces accords sont en général destinés à amener un repos à la dominante.

532 Les accords de sixte augmentée résultant d'une altération ascendante, et exprimés au N° 131 et aux lettres C et F du tableau, appartiennent au 6me degré de la gamme mineure.

533 Ceux qui proviennent d'une altération descendante, comme dans les N°s 111, 73 et 124, se placent sur le second degré du ton de la dominante; par conséquent le 6e du ton que cette dominante appelle.

534 Tous ces accords de *sixte augmentée* peuvent être employés dans les deux modes indistinctement.

535 Outre leur résolution naturelle sur la dominante, ces accords reçoivent quelquefois une résolution *anormale*.

La plus remarquable et la plus usitée est celle qu'on obtient par le rapport enharmonique existant entre la 6te augmentée et la 7e mineure, rapport qui permet de transformer un accord de 6te augmentée en accord de 7e de dominante et *vice versa*. Ex:

etc.

Les modulations résultant de cette enharmonie réunissent des tons fort éloignés l'un de l'autre et sont cependant très douces quand elles sont bien amenées.

En voici un exemple tiré d'une Messe de *Cherubini.*

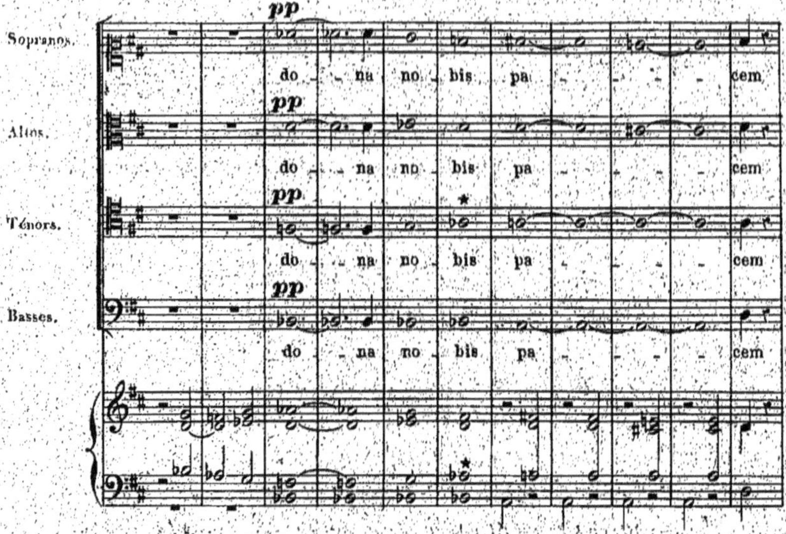

ALTÉRATIONS DE LA FONDAMENTALE.

536 L'altération ascendante de la fondamentale produit, entre autres agrégations, celle désignée au N° 131 du tableau, et qui donne lieu aux observations consignées § 521, 522, 523.

537 Remarquons en outre que cette altération dans l'accord de 7e de 2de du mode majeur (exemple E du tableau) donne une agrégation qui est quelquefois employée enharmoniquement pour l'accord de triton.

ALTÉRATIONS DOUBLES.

538 On peut quelquefois altérer simultanément deux notes d'un accord. Ex:

539 Souvent l'une de ces altérations n'est praticable qu'à la faveur de celle à laquelle elle se trouve associée. Ex:

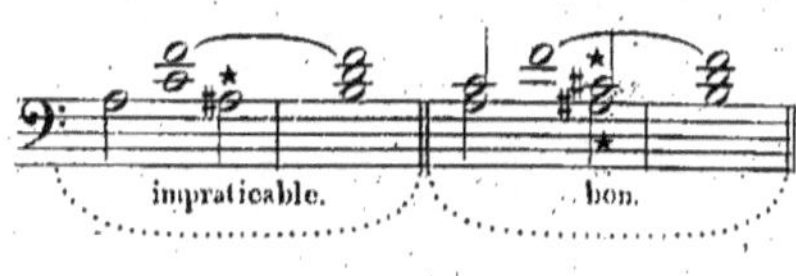

EXERCICES.

Comme précédemment: exercices d'oreille; — exercices analytiques, etc.

Introduire des altérations dans plusieurs des leçons déjà faites; en composer soi-même pour l'emploi de cet artifice.

LEÇONS POUR L'EMPLOI DES ALTÉRATIONS.

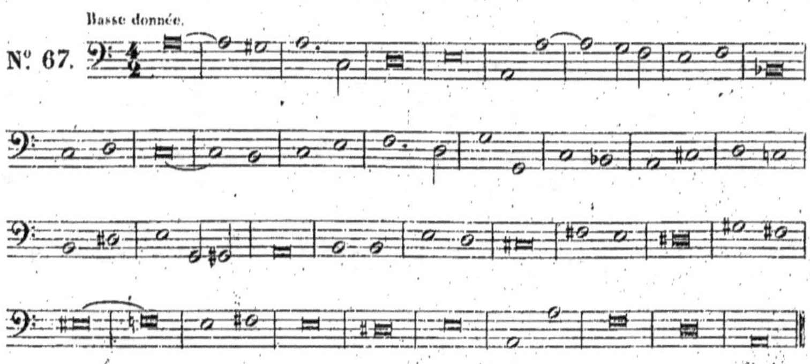

Allegro.
Basse donnée.
N.º 68.
Andante.
Chant donné.
N.º 69.

CHAPITRE DEUXIÈME.

DES PÉDALES.

540 On nomme *Pédale* (*) une note prolongée durant la succession de différents accords à plusieurs desquels cette note peut être étrangère.

541 Cependant elle doit appartenir aux accords avec lesquels commence et finit cette *tenue*.

542 Quoique les pédales appartiennent spécialement à la partie la plus grave, néanmoins ces sortes de tenues peuvent quelquefois être placées, soit à la partie supérieure, soit dans une partie intermédiaire, et alors par analogie on leur a donné aussi, quoiqu'improprement, le nom de *Pédales*.

On a donc des pédales :

INFÉRIEURES, quand la note prolongée est à la Basse.

SUPÉRIEURES, quand elle est placée à l'aigu.

INTÉRIEURES, quand elle occupe une partie intermédiaire.

DES PÉDALES INFÉRIEURES.

543 Les *Pédales inférieures* sont les plus usitées et ordinairement les plus étendues.

544 Elles se font principalement sur la *tonique* et sur la *dominante*

545 La *Pédale de dominante* est la plus riche, en ce qu'elle se prête à une harmonie plus variée.

546 On peut pratiquer sur les pédales infér. de tonique et surtout sur celles de dominante, tous les accords, les suspensions, les altérations etc; en un mot, tous les artifices harmoniques et mélodiques.

547 Ces pédales peuvent supporter toutes sortes de marches unitoniques et même quelques progressions modulant à des tons relatifs de celui qui fournit la pédale.

Ce dernier cas est principalement applicable à la pédale inférieure de dominante, laquelle se prête mieux que celle de tonique à ces modulations, qui d'ailleurs doivent être essentiellement passagères.

(*) Cette expression vient du mot latin *Podes* pied, parceque sur l'orgue, qui autrefois était le seul instrument destiné à l'harmonie, cette note tenue se fait avec le pied, au moyen d'un clavier disposé à cet effet et appelé *Clavier de Pédales*.

548 Les différents accords qui se placent sur une pédale suivent dans leur enchaînement et leur progression les règles ordinaires.

549 On s'abstient ordinairement de chiffrer les pédales inférieures, parce que le plus souvent elles ne forment pas la véritable Basse, et aussi à cause de la trop grande complication de signes nécessaires pour désigner les divers accords que ces pédales peuvent supporter.

550 Dans les ouvrages où l'on emploie la Basse chiffrée on est forcé d'exprimer ces accords en toutes notes, ou bien au moyen d'une partie écrite au dessus de la pédale et chiffrée d'après les règles ordinaires.

551 Cependant la pédale de tonique, entrant le plus souvent dans l'harmonie comme note intégrante des accords qu'elle supporte, est alors susceptible d'être chiffrée.

552 Il est souvent préférable de tenir la note qui fait pédale inférieure à distance d'octave, au moins, des accords qu'elle doit supporter.

Exemples de Pédales inférieures.

Pédale sur la tonique. (Chiffrée).

Pédale sur la tonique. (Sans chiffrage)

Pédales sur la dominante.

553 La *Pédale* n'est pas toujours exprimée par un son soutenu et la note qui fait *Pédale* est quelquefois figurée et ornée de différentes manières. Ex:

Ces formes appartiennent au style instrumental et sont pour la plupart applicables aux *Pédales inférieures*

DES PÉDALES SUPÉRIEURES ET INTÉRIEURES.

554 Ces pédales sont aussi produites, le plus souvent, par la prolongation de la tonique ou de la dominante.

Pédales supérieures.

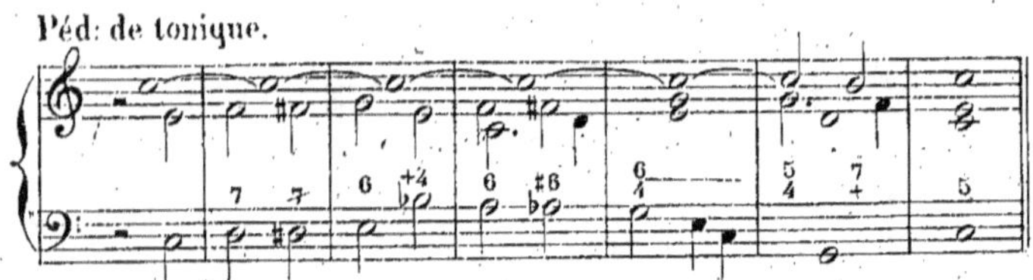

Pédales intérieures.

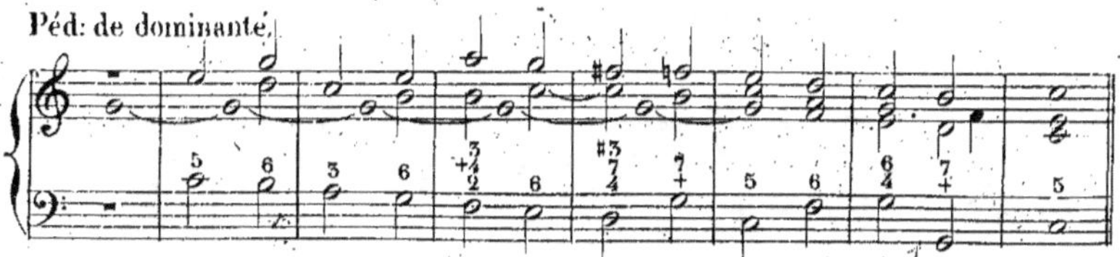

Citons encore une magnifique pédale intérieure que son trop long développement ne nous permet pas de reproduire ici. Elle se trouve au *Crucifixus* de la 2ᵉ messe de CHERUBINI.

555 La note sensible se résolvant sur la tonique ne peut guère être placée sous une pédale de tonique qu'à la condition de n'entrer dans l'harmonie que pour une valeur très brève. Ex:

556 Mais la note sensible descendant chromatiquement (et formant ainsi cadence évitée) peut s'associer à la pédale de tonique placée dans toutes les parties indifféremment. Ex:

557 Outre la tonique et la dominante, les autres notes de la gamme peuvent aussi former des pédales supérieures et intérieures. Ex:

558 Quelquefois la note qui fait *pédale* dans une partie est doublée dans une autre partie où elle est traitée comme une dissonance ordinaire.

Exemples.

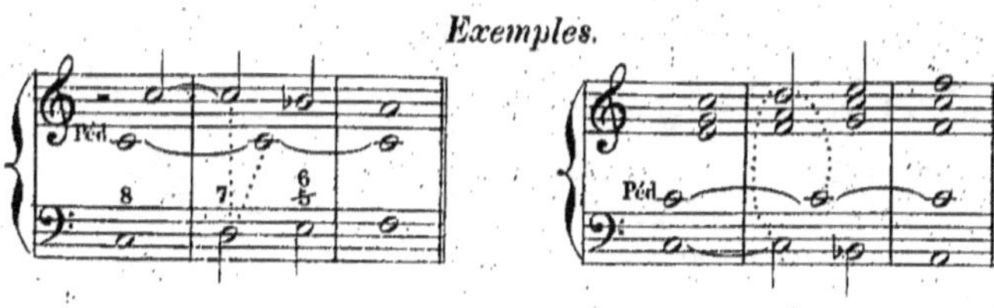

DES DOUBLES PÉDALES.

559 C'est l'emploi simultané de deux pédales; (*) ainsi quelquefois on pratique simultanément la pédale de tonique et celle de dominante. Ex:

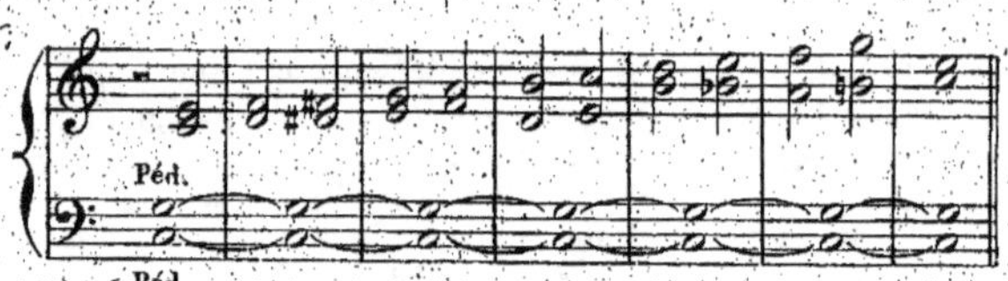

560 On peut aussi prolonger simultanément d'autres notes de la gamme, par exemple: la 4e et la 5e ou la 1re et la 2e. Ex:

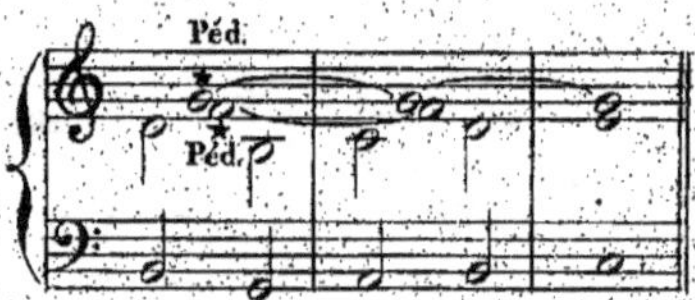

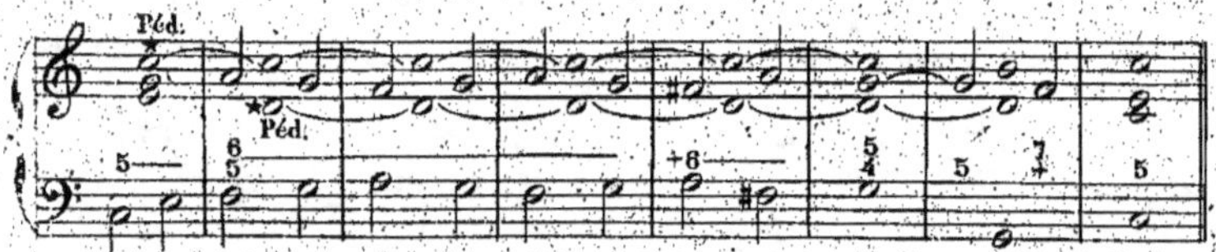

(*) La pédale inférieure est quelquefois doublée dans une partie grave ou du *medium*. Ex:

Mais ce doublement n'a pour but que de renforcer la note tenue, et ne peut être considéré comme donnant lieu à une double pédale.

(*) L'élève a toute latitude pour composer l'harmonie sur ces sortes de pédales qu'il peut, à son gré, prolonger ou raccourcir.

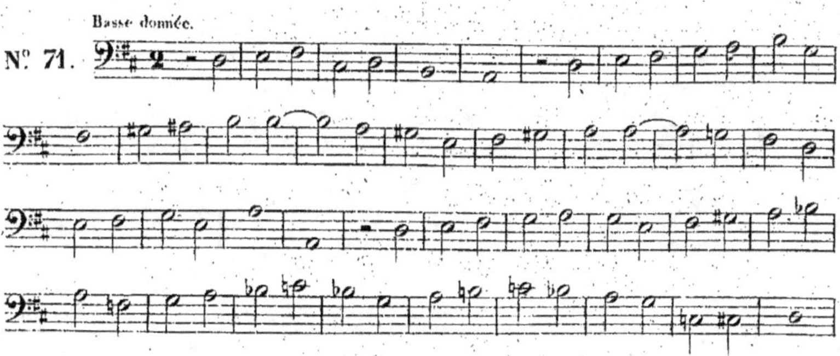

Adagio ma non troppo.
Chant donné,
Nº 72.

FIN DE LA DEUXIÈME PARTIE.

TROISIÈME PARTIE.

ARTIFICES MÉLODIQUES.

(NOTES ÉTRANGÈRES À L'HARMONIE)

EXPOSÉ.

561 Outre les notes *essentielles* ou *réelles*, c'est-à-dire qui font partie intégrante des accords et qui constituent l'harmonie proprement dite, on emploie dans la formation de la mélodie ou du dessin mélodique des parties accompagnantes, des notes *artificielles*, c'est-à-dire étrangères à l'harmonie, au moyen desquelles la phrase musicale peut revêtir toutes les formes et recevoir toutes les broderies qu'il plaît à l'imagination du compositeur de lui donner.

Un des principaux caractères qui distinguent les compositions modernes des anciennes, c'est le rôle plus important que jouent les notes *artificielles*.

Dans les compositions du style moderne, le luxe et la variété des formes mélodiques permettent, exigent même l'emploi d'une harmonie plus large que dans l'ancien style, où, une harmonie serrée, l'intérêt résultant de la marche particulière de chaque partie et de la combinaison des dessins, remplaçaient souvent les charmes de la mélodie.

Ces artifices mélodiques sont:

1°. Les *notes de passage*, diatoniques et chromatiques.

2°. Les *appoggiatures* simples et doubles, les *ports de voix, mordants, grupetti*.

3°. { Les *notes syncopées*.
{ Les *anticipations*.

CHAPITRE PREMIER.

DES NOTES DE PASSAGE.

562 On nomme ainsi une ou plusieurs notes étrangères à l'harmonie et placées entre deux notes essentielles, de manière à remplir diatoniquement ou chromatiquement l'intervalle qui sépare ces notes essentielles et à conduire ainsi conjointement de l'une à l'autre. Ex:

563 Par succession diatonique on ne peut pratiquer qu'une seule ou au plus deux *notes de passage* consécutives: c'est-à-dire que les notes essentielles qu'elles sont destinées à réunir, ne peuvent être éloignées l'une de l'autre de plus d'une tierce dans le premier cas et doivent être à distance de quarte dans le second. Ex:

564 Ces mêmes intervalles de tierce ou de quarte qui séparent les notes essentielles peuvent être remplis par un plus grand nombre de *notes de passage* consécutives si on fait suivre les notes diatoniques de leur altération ascendante ou descendante, ce qui produit la succession chromatique. Ex:

Observons toutefois que ces successions chromatiques appartiennent exclusivement au style mélodique et ne peuvent convenir au genre scolastique élémentaire.

565 On place aussi la *note de passage* entre deux mêmes notes essentielles répétées. Ex:

Certains auteurs l'appellent dans ce cas *dissonance de retour*,
parce qu'elle ne conduit pas d'une note à une autre, comme la
note de passage proprement dite, mais ramène à la note essentielle dont elle vient.

566 Elle peut être *supérieure* ou *inférieure* et doit toujours se
trouver à une seconde majeure ou mineure de la note essentielle. Ex:

SUPÉRIEURE.

INFÉRIEURE.

567 Les anciens compositeurs qui ne faisaient que peu d'usage des chromatiques pratiquaient
les notes passagères de retour diatoniquement, comme dans les exemples ci-dessus; mais les compositeurs modernes placent de préférence la dissonance *inférieure* de retour à une seconde mineure
de la note essentielle; le retour à cette note étant par là mieux déterminé.

Ex:  etc.

568 Cette observation n'est pas applicable à la dissonance *supérieure*, qui doit toujours
être la note diatonique au dessus de la note essentielle, comme dans l'exemple donné au
§ 566.

569 On associe quelquefois l'une à l'autre les notes passagères de retour *supérieures* et *inférieures*, ce qui donne la formule suivante.

Exemple:

autres Exemples.

Mais les formules 3 et 4 doivent être évitées dans le style scolastique élémentaire, les *notes de passage* ne marchant pas conjointement, mais sautant de tierce de l'une à l'autre.

570 Les notes de passage peuvent avoir une valeur égale ou plus petite, mais jamais plus grande que celle des notes essentielles entre lesquelles elles se trouvent placées.

571 Elles doivent tomber sur les temps faibles ou sur la partie faible des temps.

572 Il y a, surtout dans les styles mélodique et instrumental, de nombreuses exceptions à cette dernière règle, qui d'ailleurs n'est pas applicable aux *notes de passage chromatiques.* (*Voir les exemples précédents*).

573 Bien qu'étrangères à l'harmonie, les **notes de passage** ne doivent pas donner lieu à des quintes ou à des octaves consécutives. Elles demeurent donc soumises à cet égard, mais avec tolérance, à la loi qui proscrit ces successions.

574 Les notes de passage sont praticables dans toutes les parties, y compris la Basse. Ex:

Nº 1.

575 Les notes de passage peuvent être employées simultanément dans plusieurs parties.

576 Elles doivent alors marcher en tierce, en sixte, ou par mouvement contraire. Ex:

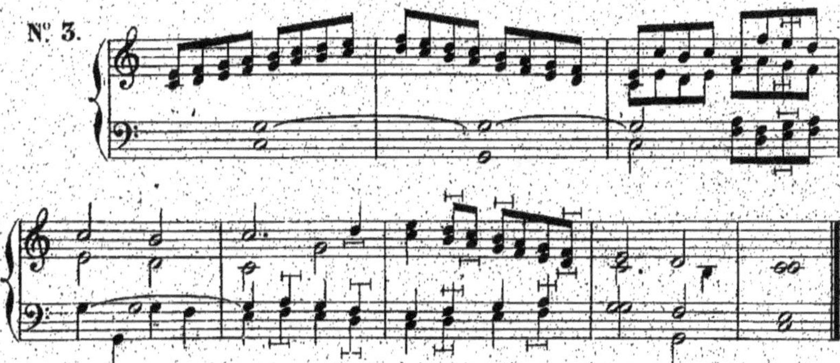

Nᵒ 4. Notes de passage produisant une succession de quartes intérieures.

Nᵒ 5. Succession de sixtes brisées.

577 Quelquefois les notes de passage simultanées, s'harmonisent mutuellement et produisent ainsi des accords intermédiaires qui, n'entrant que d'une manière accessoire dans l'ensemble de l'harmonie, peuvent être annulés par la suppression des notes de passage qui les produisent sans que le sens général de la phrase harmonique en soit changé.

C'est ce que l'on peut observer dans les exemples précédents N°s 1 et 3, où ces notes de passage, harmonisées, sont marquées du signe ⊢—⊣

578 Les notes de passage non harmonisées ne se chiffrent pas.

EXERCICES:

1°. *Analyse: dépouiller des phrases mélodiques des notes de passage qu'elles contiennent.*

2°. *Varier les marches harm., ainsi que des Basses et des Chants donnés dans le genre du thème suivant, au moyen des notes de passage de différentes valeurs: blanches, noires, croches, etc., une variation pour chaque valeur, puis en valeurs mélangées. Ex:*

On peut, comme cela a eu lieu dans le dernier exemple*, placer un silence en commençant, de manière à n'entrer que sur un temps faible ou la partie faible du temps; cette forme est même plus élégante.

3°. *Introduire des notes de passage dans les exercices écrits ou exécutés, tels que marches harmoniques, leçons, préludes etc.*

4°. *Distinguer à l'audition les notes de passage des notes essentielles.*

CHAPITRE DEUXIÈME.

DES APPOGGIATURES ou NOTES DE GOUT.

APPOGGIATURES SIMPLES ET DOUBLES. — PORT DE VOIX. — MORDANT. — GRUPETTO.

Des Appoggiatures simples et doubles.

579 L'*appoggiature* (*) qu'on nomme aussi *Note de goût* ou d'*agrément*, est un ornement qui s'adapte aux notes essentielles et quelquefois même aux notes de passage.

580 Contrairement à la note de passage, l'appoggiature se place sur les temps forts, ou sur la partie forte des temps, à un degré *au dessus* ou *au dessous* de la note essentielle qui la suit, et sur laquelle elle prend sa valeur et fait sa résolution.

581 On rencontre cependant quelquefois dans un trait mélodique l'appoggiature placée sur le temps faible ou la partie faible du temps. Ex:

etc.

Mais, faisant partie d'une agrégation harmonique, l'appoggiature appartient toujours au temps fort.

582 L'appoggiature *inférieure* doit être à une seconde mineure de la note essentielle avec laquelle elle se lie.

583 L'appoggiature *supérieure* est toujours la note diatonique au dessus de la note essentielle et peut être, par conséquent, à une seconde majeure ou mineure de cette note, suivant la position occupée par celle-ci dans la gamme.

584 Les appoggiatures s'écrivent, soit en petites notes, soit en notes ordinaires mesurées.

(*) Du verbe italien *appoggiare* appuyer.

Voici un fragment mélodique orné d'appoggiatures supérieures et inférieures :

585 Les compositeurs modernes écrivent, le plus souvent, l'appoggiature en notes ordinaires mesurées, les petites notes ne pouvant pas toujours déterminer d'une manière précise la valeur que l'appoggiature emprunte à la note réelle, comme cela a lieu dans les 4e 5e et 7e mesures de cet exemple.

586 Cet ornement, qu'on trouve principalement dans le style moderne appartient à la mélodie, et pour cette raison se place particulièrement dans les parties supérieures. Cependant on l'admet quelquefois dans les parties intermédiaires et même à la basse; mais dans ce dernier cas, avec précaution et réserve, à raison de la dureté ou de l'incertitude, qu'ainsi placé il pourrait occasionner dans l'harmonie.

Les appoggiatures mises à la basse s'écrivent rarement en petites notes.

587 Les appoggiatures peuvent avoir lieu dans plusieurs parties à la fois, en 3ces, en 6tes ou par mouvement contraire.

Ex: tiré d'une pièce d'orgue par Mr BENOIST.

588 Par exception à la règle formulée § 582 on rencontre quelquefois l'appoggiature inférieure à distance d'un ton de sa résolution; mais alors elle est accompagnée ordinairement d'une seconde appoggiature marchant dans le même sens, à la 3ce ou à la 6te et se résolvant à un demi-ton, comme dans l'exemple suivant.

589 Quelquefois l'appoggiature double est brisée de cette manière.

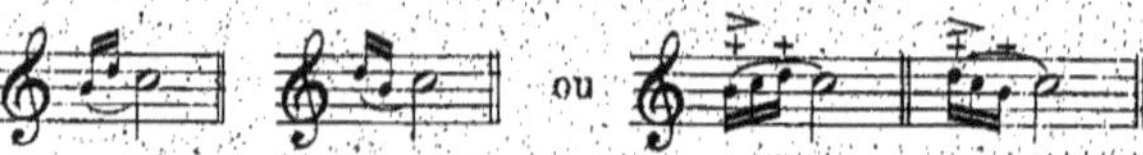

La dissonance est sur le temps fort, la note essentielle sur le temps faible ou la partie faible du temps.

590 Bien que l'emploi de l'appoggiature n'interdise pas l'émission simultanée de la note essentielle dans les parties intermédiaires, il est cependant quelquefois plus doux et souvent plus sûr d'éviter ce mode d'accompagnement, qui pourrait causer de l'incertitude sur l'intonation à un chanteur peu habile.

591 Un des caractères distinctifs de l'appoggiature, c'est d'être attaquée sans préparation; c'est pourquoi certains auteurs n'admettent pas comme appoggiature de telles dissonances quand elles sont préparées, mais ils les rangent alors parmi les suspensions.

Or les appoggiatures pouvant être supérieures ou inférieures, on a d'après cette classification, outre les suspensions supérieures que nous avons exposées à la 2e division de la 2e partie, des suspensions inférieures dissonantes.

Quant à nous, considérant que cette sorte de suspension ne diffère de l'appoggiature proprement dite que par une préparation qui peut toujours être supprimée, nous n'avons pas cru devoir en faire une classe à part, tout ce que nous avons dit ici leur étant applicable. Ex:

592 On rencontre quelquefois dans la mélodie moderne des dissonances qui n'ont pas de résolution normale, mais qui se portent à une note essentielle par intervalle disjoint. Ex:

Ces sortes d'ornements purement mélodiques sont ordinairement préparés et toujours placés au temps fort. Ils sont considérés par certains auteurs comme des appoggiatures. D'autres les mettent au rang des ports de voix (voir ci-après); plusieurs enfin, vu la préparation, en font une suspension à résolution irrégulière.

Du Port de voix.

593 Comme l'appoggiature, le *Port de voix* est un ornement mélodique placé sur le temps fort, ou la partie forte des temps, à intervalle supérieur ou inférieur de la note essentielle avec laquelle il se lie, pouvant être pris avec ou sans préparation et s'écrivant soit en petites notes, soit en notes ordinaires mesurées.

Le port de voix diffère de l'appoggiature en ce qu'il doit être à intervalle disjoint de la note essentielle et faire partie intégrante (*) des accords. Ex:

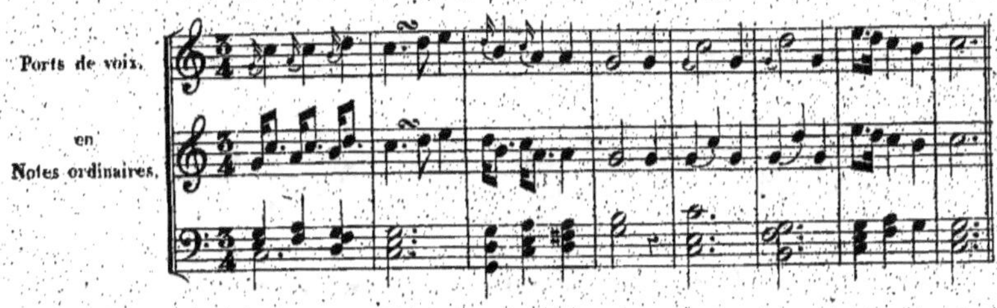

Du Mordant.

594 On appelle *Mordant* deux petites notes précédant une note de valeur. Ex:

Du Grupetto.

595 On nomme ainsi un groupe de 3, 4 ou 5 petites notes qui se placent devant la note essentielle ou quelquefois après, et s'écrivent de la manière suivante:

Placé devant la note essentielle, le *grupetto* n'est autre chose que la double appoggiature brisée. (Voir les deux premières figures de cet exemple et le § 589.)

EXERCICES:

Semblables à ceux indiqués pour les notes de passage.

(*) Sans cette dernière condition, l'ornement mélodique présenté dans l'exemple précédent (§ 192) serait un port de voix régulier.

CHAPITRE TROISIÈME.

DES NOTES SYNCOPÉES ET DE L'ANTICIPATION.

Des notes syncopées.

596 La *syncope* est, comme on sait, une note partagée par un temps. Elle peut se pratiquer: soit de manière à ce que ses deux moitiés entrent dans l'harmonie comme notes réelles:

Soit en prolongeant une note réelle d'un accord sur un autre accord auquel elle n'appartient pas, ce qui fait de la seconde moitié de la syncope une note accidentelle, Ex:

597 La première sorte de syncope ne donne lieu à aucune remarque. Quant à la seconde, observons que, pour en vérifier le caractère, il suffit de ramener l'harmonie à l'état naturel en faisant commencer chaque note syncopée la moitié de sa valeur plus tôt, c'est-à-dire la frappant simultanément avec l'accord dont elle fait partie.

Ex: précédent avec suppression de la *syncope.*

598 La syncope peut être appliquée aux notes de passage et aux appoggiatures. Ex:

599 Quoique les syncopes se placent principalement dans la mélodie, on peut cependant les pratiquer dans les parties intermédiaires et même à la Basse ainsi que dans plusieurs parties à la fois. Ex:

De l'Anticipation.

600 L'*anticipation* est une note artificielle produite par l'émission anticipée d'une note réelle ou quelquefois d'une dissonance passagère.

601 Elle se place toujours sur les temps faibles ou la partie faible des temps.

602 On l'écrit en notes ordinaires et quelquefois en petites notes, et elle ne doit jamais avoir qu'une courte durée.

603 L'anticipation est *directe* quand elle résulte de l'attaque anticipée de la note suivante.

C'est l'artifice inverse des syncopes.

604 L'anticipation est *indirecte* **quand la note étrangère, tout en appartenant à l'accord suivant, est cependant différente de celle dont elle est suivie immédiatement. Ex:**

605 Certains auteurs classent parmi les notes de passage cette sorte d'anticipation en supposant alors l'élision de la note nécessaire pour passer conjointement de la note étrangère à la note suivante. Ex:

On voit en effet qu'en ajoutant la note marquée de * dans ces exemples, la note qui précède rentre dans la catégorie des notes de passage.

606 Pendant la durée d'un même accord, les notes réelles et les dissonances passagères sont susceptibles d'anticipation. Ex:

607 D'un accord à un autre les notes réelles sont les seules sur lesquelles on anticipe. Ex:

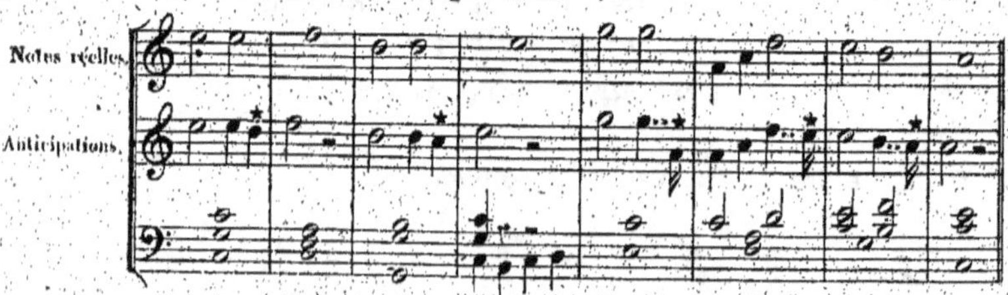

En général, on ne doit user qu'avec réserve de ces sortes d'anticipations, en raison des duretés qu'elles occasionnent le plus souvent.

608 *L'anticipation* s'effectue quelquefois sur des accords entiers.

609 L'anticipation étant un artifice essentiellement mélodique, ne se place guère à la Basse que dans le cas où celle-ci serait la partie chantante. Ex:

EXERCICES:

Analyser; — *introduire ces artifices dans des leçons.*

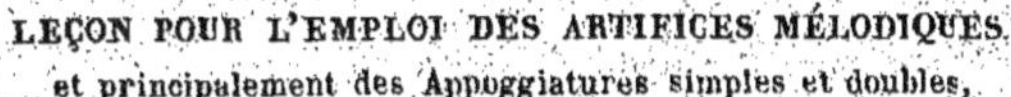

LEÇON POUR L'EMPLOI DES ARTIFICES MÉLODIQUES
et principalement des Appoggiatures simples et doubles,
des notes Syncopées et de l'Anticipation.

Outre cette leçon spéciale, on pourra se servir, pour l'étude des divers artifices mélodiques, de leçons écrites dans le style moderne.

D'ailleurs les leçons que nous donnons à la suite de ce cours d'études fourniront souvent à l'élève l'occasion d'employer les artifices que nous venons d'étudier.

FIN DE LA TROISIÈME PARTIE.

APPENDICES.

DE LA PRODUCTION DE L'HARMONIE
SOUS UN CHANT DONNÉ.

610 Nous avons jusqu'à présent établi l'harmonie d'après la partie grave; puis, considérant les rapports existant entre l'harmonie et la mélodie, nous avons reconstruit cette harmonie avec le seul secours des parties supérieures.

On est donc amené maintenant d'une manière toute naturelle à établir *a priori* l'harmonie sous une partie supérieure donnée.

Pour cela, on doit commencer par analyser scrupuleusement la mélodie qu'il s'agit d'accompagner. Le résultat de cette analyse sera la reconnaissance des *notes réelles* et la fixation des différentes tonalités qui peuvent se présenter.

611 Pour dégager les notes réelles de celles qui ne sont que d'ornement, on doit observer le sens tonal de la phrase, la valeur et la situation rhythmique des notes de la mélodie. Il sera facile alors de reconnaître la nature de chacune de ces notes en voyant si les règles concernant quelqu'une des différentes espèces de notes artificielles lui sont applicables.

612 Quant à la fixation des diverses tonalités, on devra, après avoir reconnu le ton principal, rechercher les signes qui pourraient dénoter le changement de tonalité ainsi que la nature du mode.

613 C'est par le sens tonal de la phrase indiquée par la cadence mélodique, qu'on distingue si la note altérée qui survient est chromatique ou diatonique.

Dans le premier cas, elle rentre dans la catégorie des notes artificielles et n'entraîne pas de modulation; mais dans le second cas, elle devient élément constitutif d'une nouvelle gamme qu'il est facile de connaître en observant l'ensemble des nouveaux éléments constitutifs.

614 Si d'ailleurs quelques doutes existaient, on devrait rechercher les différentes circonstances qui, indépendamment des notes constitutives, peuvent éclairer à cet égard. Telles sont:

Le mouvement de la note sensible ou de toute autre ayant une marche contrainte. Ex:

Le sens que donne à la phrase la note finale. Ex:

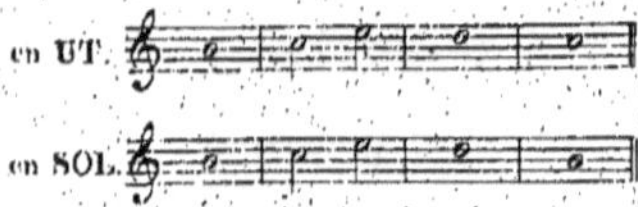

La situation rhythmique des notes composant le passage douteux et de laquelle ressort la ponctuation véritable de la phrase et ainsi la valeur harmonique des notes. Ex:

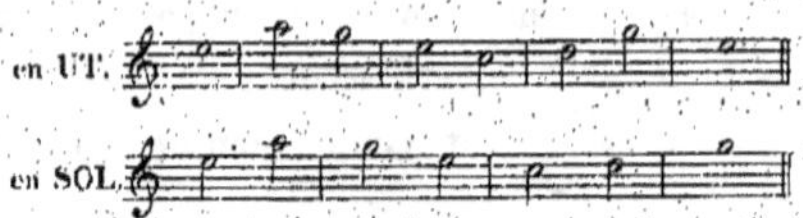

On voit que ces différentes circonstances se rapportent toujours à la production des cadences.

615 Lorsque la mélodie est ainsi analysée d'un bout à l'autre, que la tonalité principale et les notes réelles sont mises à nu, et qu'on a reconnu les différentes modulations, il devient facile d'établir l'harmonie.

Pour que l'harmonie placée sous un chant donné soit bonne, il faut qu'elle satisfasse aux conditions suivantes:

1°. L'harmonie prise en elle-même doit être régulière, c'est-à-dire conforme aux règles établies touchant l'enchaînement des accords, etc.

2°. Il faut qu'il y ait une parfaite correspondance entre le sens harmonique et le sens mélodique.

Nous savons que le sens harmonique est le résultat des différentes cadences. (§ 189)

On doit donc avant tout, remarquer avec soin la ponctuation mélodique afin de conserver un rapport intime entre elle et la ponctuation harmonique.

3°. Les notes principales de la mélodie donnée doivent être, relativement à la Basse, dans les conditions exigées par les règles concernant le choix des notes de la partie supérieure. (§ 94.)

DES PRINCIPAUX ARTIFICES DU CONTRE-POINT

à savoir:

DE L'IMITATION ET DU CONTRE-POINT RENVERSABLE.

616 Les conditions d'une bonne réalisation de l'harmonie sont: la pureté, la clarté et l'élégance; qualités résultant de la résolution correcte des accords, de la bonne distribution des parties et du choix de leur forme mélodique.

Mais souvent on peut encore augmenter l'intérêt harmonique par certaines combinaisons dans le jeu des parties.

Bien que ces artifices soient spécialement du ressort de la science du contre point, nous allons cependant donner une idée de ceux qui sont d'un plus fréquent usage.

De l'Imitation.

617 Cet artifice est, comme son nom l'indique, la reproduction ou l'imitation à un intervalle donné d'une phrase ou d'un petit trait de chant proposé par une autre partie. Ex:

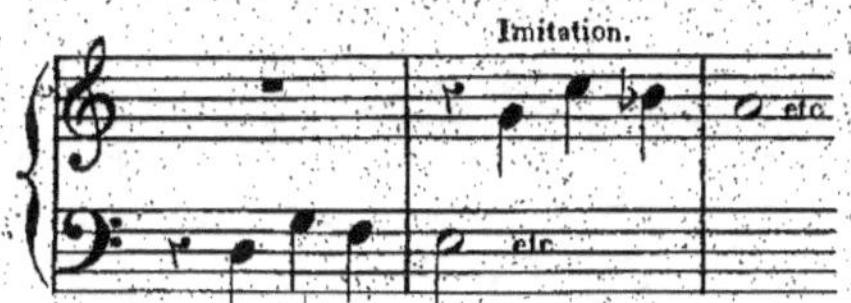

618 La phrase à imiter se nomme *antécédent*, et celle qui imite *conséquent*.

619 Pour que l'effet de l'imitation soit bien saisissable, il faut qu'il ne s'écoule pas un temps trop long entre l'attaque de l'antécédent et celle de son conséquent.

Une ou deux mesures et, dans un mouvement vif, quatre mesures au plus, sont une distance qu'il ne faut pas dépasser.

620 **L'imitation peut se pratiquer à tous les intervalles supérieurs et inférieurs.**

à la Quinte inférieure.

621 L'imitation peut être d'une exactitude plus ou moins rigoureuse.

622 Quand le *conséquent* répond à chacun des intervalles proposés dans l'an-técédent par un intervalle identique, c'est-à-dire quand on observe la corres-pondance des tons et demi-tons, cette imitation se nomme alors *régulière* ou *contrainte*.

623 Cette sorte d'imitation se pratique plus particulièrement à l'octave et à la quinte supérieure ou inférieure. En effet, l'imitation régulière se produit tout naturellement lorsque le conséquent imite l'antécédent à l'unisson ou à l'octave; elle s'obtient encore assez facilement à la quarte et à la quinte; mais il faut avoir recours à un grand nombre d'accidents pour obtenir cette identité d'in-tervalles si l'on veut pratiquer l'imitation régulière sur d'autres degrés.

624 L'imitation *irrégulière* est celle où l'on ne s'assujettit pas à cette cor-respondance rigoureuse et où l'on répond, par exemple, à une seconde *majeure* par une seconde *mineure*, ou à une tierce *mineure* par une tierce *majeure* &, selon les exigences de la tonalité où l'on se trouve. (Voir les exemples précédents).

625 Quand l'imitation régulière est continue, c'est-à-dire quand elle repro-duit le morceau entier exactement et sans interruption, elle prend le nom de *canon*. Ex:

De l'Imitation libre et de l'Imitation de mouvement.

626 Outre l'imitation réelle, que nous venons d'étudier, et qui appartient plus particulièrement au style scientifique et scolastique, on emploie fréquemment dans la composition libre une sorte d'imitation dite *imitation libre*, qui consiste dans une reproduction moins exacte de la phrase mélodique à imiter.

Ex:

627 Dans l'imitation libre, l'antécédent et son conséquent sont placés, comme pour l'imitation réelle, dans des parties différentes sous forme de dialogue. (Voir les exemples précédents).

Néanmoins ils peuvent encore être présentés dans une même partie; mais alors cette imitation n'est en réalité qu'une progression mélodique.

628 Quand l'imitation n'a pour objet que la forme rhythmique on la nomme *imitation de mouvement.* **Ex:**

629 Les imitations et surtout l'imitation libre sont usitées dans la musique de style concertant, morceaux d'ensemble, chœurs, ouvertures, et en général dans tous les morceaux qui n'exigent pas une grande simplicité de style ou un intérêt exclusivement mélodique. Les simples imitations de mouvement sont d'un usage encore plus étendu.

Analyser Haydn, Mozart, Beethoven.

630 Toutes les espèces d'imitation qu'on a vues peuvent être traitées à un plus grand nombre de parties.

DU CONTRE-POINT RENVERSABLE.

CONTRE-POINT DOUBLE, TRIPLE ET QUADRUPLE.

Du Contre-point double.

631 Cet artifice consiste dans une certaine combinaison harmonique des parties qui permet de les renverser sans qu'il en résulte aucun inconvénient.

632 Ce renversement s'opère de manière à ce qu'une partie restant fixe et sans changement, l'autre est transposée du *grave* à *l'aigu* si elle était inférieure à cette partie restée fixe, ou de *l'aigu* au *grave* si elle lui était supérieure.

633 Ce changement de position des parties peut s'effectuer de sept manières, ce qui donne par conséquent sept espèces de contre-point double, savoir:

à la 9me ou 2^{de}
à la 10e ou 3^{ce}
à la 11e ou 4te
à la 12e ou 5te
à la 13e ou 6te
à la 14e ou 7me
à la 15e ou 8^{ve}

634 C'est-à-dire qu'une partie accompagnante pourra être transposée à l'un ou l'autre de ces intervalles suivant l'espèce de contre-point et, ainsi transposée, accompagner de nouveau le même thème qui, lui, n'aura pas subi de transposition et *vice versa*.

635 Néanmoins toutes ces transpositions ne sont pas également riches; il y en a même plusieurs qui sont tellement ingrates et donnent si peu de combinaisons praticables, qu'elles ne sont pas usitées.

636 Les renversements qui offrent le plus de ressources sont: le renversement à la 15e ou 8^{ve}; à la 10e et à la 12e.

N^a. Nous n'étudierons d'une manière spéciale que le contre-point à l'8^{ve}, cette espèce étant la plus usitée, et d'ailleurs la seule dont un simple cours d'harmonie puisse quelquefois fournir l'application.

637 Voici d'abord quelques observations qui sont applicables à toutes les espèces de contre-points renversables.

1°. Il faut faire contraster les valeurs rhythmiques des notes de contre-point avec celles du thême, afin que ces deux parties se distinguent aisément l'une de l'autre.

2° Pour la même raison, il est bon de faire entrer la partie qui fait le contre-point après celle qui fait le thème.

3° On doit éviter les croisements des parties parce qu'ils s'opposeraient au renversement des intervalles lors de la transposition des parties.

4° Dans tous les contre-points doubles, excepté dans celui à l'octave, il est non seulement permis, mais nécessaire d'altérer suivant les exigences de la tonalité et des modulations les intervalles, lorsqu'on les renverse.

638 Pour se rendre compte des intervalles qu'on peut employer et de ceux qu'on doit éviter, afin que le renversement soit correct, on place l'un sur l'autre et en sens inverse, deux rangs de chiffres dont le nombre est déterminé par la dénomination du contre-point. Ainsi, on aura pour le contre-point à l'octave les séries suivantes: { 1. 2. 3. 4. 5. 6. 7. 8. / 8. 7. 6. 5. 4. 3. 2. 1.

Pour le contre-point à la 9me { 1. 2. 3. 4. 5. 6. 7. 8. 9. / 9. 8. 7. 6. 5. 4. 3. 2. 1.

Pour le contre-point à la 10e { 1. 2. 3. 4. 5. 6. 7. 8. 9. 10. / 10. 9. 8. 7. 6. 5. 4. 3. 2. 1. et ainsi des autres.

639 Les chiffres du rang supérieur indiquent les intervalles du contre-point et les chiffres du rang inférieur les intervalles qui résultent du renversement. On voit ainsi que pour le contre-point à l'octave, par exemple, le 1 ou unisson devient octave par le renversement; la seconde, le 2, donne une 7me, la 4te une 5te, etc.; que pour le contre-point à la 9me l'unisson se change en 9me, la 2de en 8^{ve}, la 3^{ce} en 7me etc, et ainsi des autres.

640 D'après ce moyen, l'élève pourra se convaincre par lui-même du peu de ressources fourni par certains renversements, tels que, par exemple, celui à la 9e qui ne donne que la 5te à employer comme consonnance.

Passons maintenant à ce qui est particulier au contre-point à l'octave.

Du Contre-point double à l'octave ou 15e.

641 Il faut d'abord, au moyen des séries de chiffres qui appartiennent à ce contre-point, analyser les combinaisons dont il est susceptible. Voici, comme nous l'avons déjà vu, § 638, ces deux séries: { 1. 2. 3. 4. 5. 6. 7. 8. / 8. 7. 6. 5. 4. 3. 2. 1.

642 On voit que l'8^{ve} donne l'unisson, et *vice versa*; il ne faut donc pas trop employer ces intervalles à cause de leur nullité harmonique.

643 La quinte devenant quarte au renversement, on ne peut s'en servir que comme note de passage, ou quand elle est employée comme syncope résolue en descendant d'un degré, à la manière des dissonances. Ex:

644 La quarte se changeant en quinte, les règles et prohibitions qui concernent ce dernier intervalle lui sont applicables. On ne peut donc faire deux quartes de suite, etc.

645 Les autres intervalles sont praticables suivant leur nature et conformément aux règles qui s'y rattachent.

646 Il est essentiel de faire remarquer que la dissonance de neuvième (retard de l'octave) n'est pas admise dans ce contre-point, puisqu'elle ne pourrait être renversée.

647 Observons encore qu'il faut éviter d'éloigner les parties au delà des bornes de l'octave, parce que les intervalles qui excèdent cette limite ne seraient pas *renversés* par la transposition à l'octave.

Voici un exemple de contre-point double à l'octave.

EXEMPLE DE CONTRE-POINT DOUBLE À L'OCTAVE.
et des différentes manières d'en pratiquer le renversement.

Du Contre-point triple et quadruple.

648 Le contre-point renversable à 3 et à 4 parties, appelé contre-point triple et quadruple, ne se traite guère qu'à l'8ve à la 10e et à la 12e, et encore nous devons ajouter qu'il n'est réel et complet qu'à l'octave: aussi le contre-point triple et quadruple n'est-il usité qu'à cet intervalle, et c'est le seul dont nous parlerons.

Du Contre-point triple et quadruple à l'octave.

649 Ces contre points doivent être composés de telle sorte que chacune des parties puisse, dans le renversement, être placée soit au grave, soit à l'aigu, en un mot, occuper sans inconvénient les différentes positions.

650 On comprend que pour obtenir ce résultat les parties ne doivent jamais former entre elles l'intervalle de quarte ou de quinte, sauf le cas où cet intervalle serait amené par une note de passage, ou bien entrerait régulièrement dans l'harmonie comme dissonance préparée.

651 Il est inutile d'ajouter que la dissonance de 9e (retard de l'octave) est impraticable, comme nous l'avons déjà fait observer § 646 pour le contre-point double.

Voici un exemple de ce Contre-point triple et quadruple.

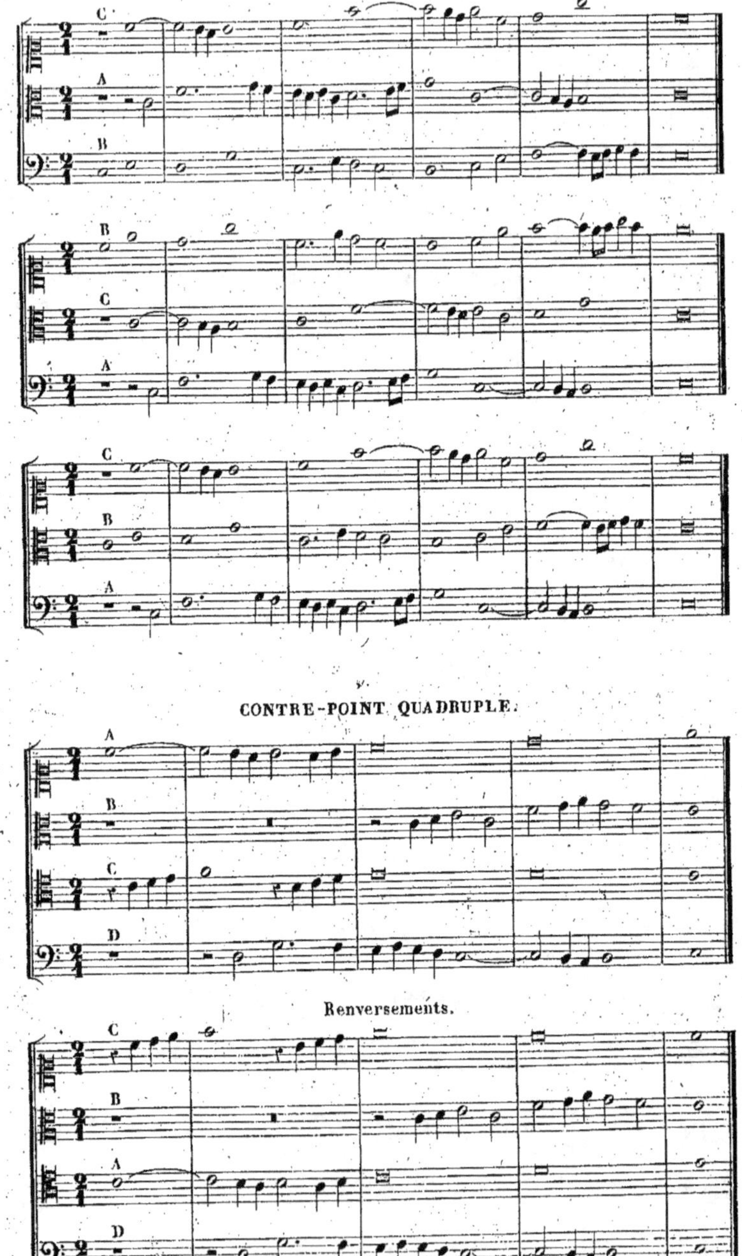
CONTRE-POINT QUADRUPLE.
Renversements.

LEÇONS SUR L'ENSEMBLE DU COURS D'ÉTUDE.

NOTA. La plupart des leçons suivantes ont été données pour les Examens ou les Concours du Conservatoire de Paris.

LEÇON D'EXAMEN.

(MATTEI).
Basse donnée.
N.º 76.

(CHERUBINI).
Chant donné.
N.º 77.
f
p
f
p
f
p

L'EÇON D'EXAMEN.
Basse et Chant donnés.
(A. SAVARD).
Basse donnée.
N.º 78.
Allegretto.
Chant donné

CONCOURS DE 1828.

Même Concours.

CONCOURS DE 1837.

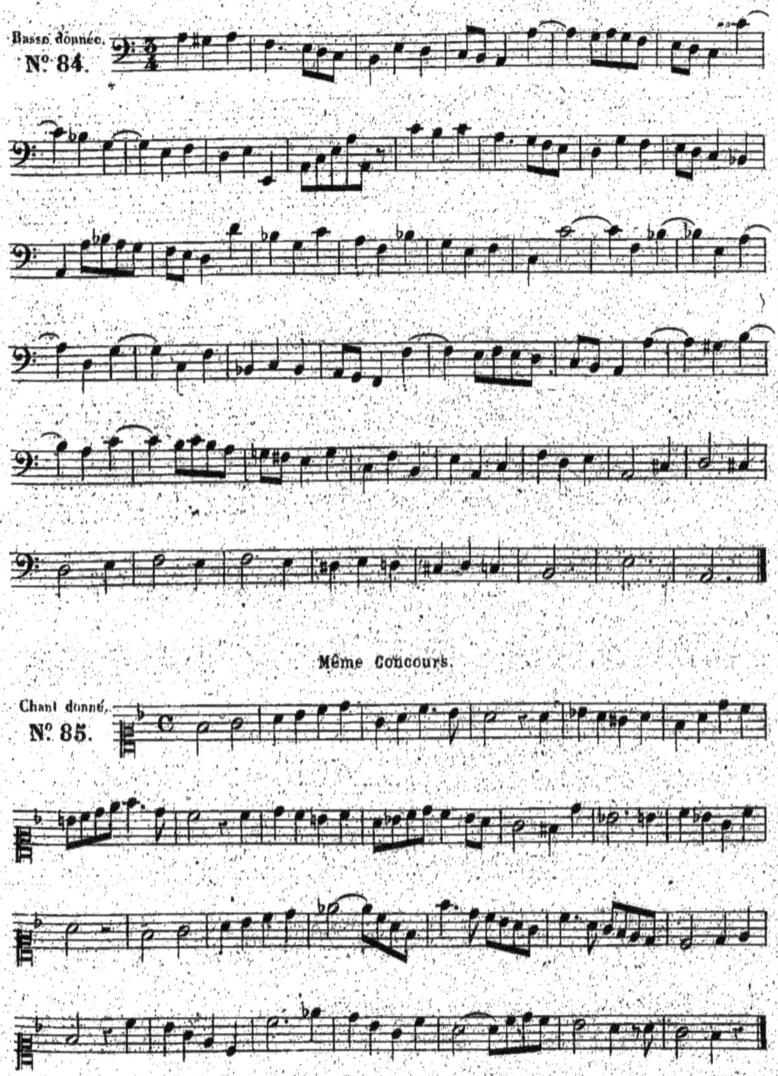

L'élève fera bien de composer lui-même des leçons sur un *sujet donné*.

Ce sujet, formé d'une phrase plus ou moins longue, appartenant à une partie quelconque, sera traité et développé de manière à en tirer le meilleur parti possible. Voici, par exemple, deux sujets sur lesquels on pourra s'exercer.

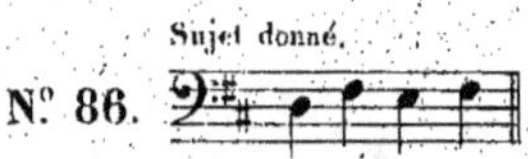

On verra au second volume de cet ouvrage, pages 201 et 205, comment ce travail a été accompli.

La leçon que nous donnons sur le 1er sujet est de M.r DUPRATO, 1er grand-prix de composition musicale; celle qui traite le 2d sujet est de M.r BAZILLE également lauréat de l'Académie des Beaux Arts.

Comme conclusion de notre travail, nous sommes heureux de pouvoir offrir une série d'intéressantes leçons, composées et spécialement destinées à notre ouvrage, par des artistes dont les noms bien connus sont pour lui une précieuse illustration.

Nous donnons ici la Basse ou le Chant de ces leçons pour servir d'exercice.

Ces mêmes leçons entièrement réalisées par les auteurs et placées au 2ᵈ volume de cet ouvrage, page 208 et suivantes, seront pour l'élève d'excellents modèles qu'il devra étudier soigneusement.

NOTA. Ces leçons sont ici classées suivant l'ordre alphabétique des noms des auteurs et non conformément au degré de difficulté que chacune d'elles présente.

Nous laissons au maître le soin d'indiquer à l'élève l'ordre dans lequel il devra les prendre comme sujet de son travail.

(F. BAZIN).
Chant donné.
N.º 90.
(V. DOURLEN).
Basse donnée.
N.º 91.
(H. DUPRATO).
Basse donnée.
N.º 92.

All°
(H. DUPRATO). (Style instrumental)
Chant donné.
N° 93.
pizz.
arco.

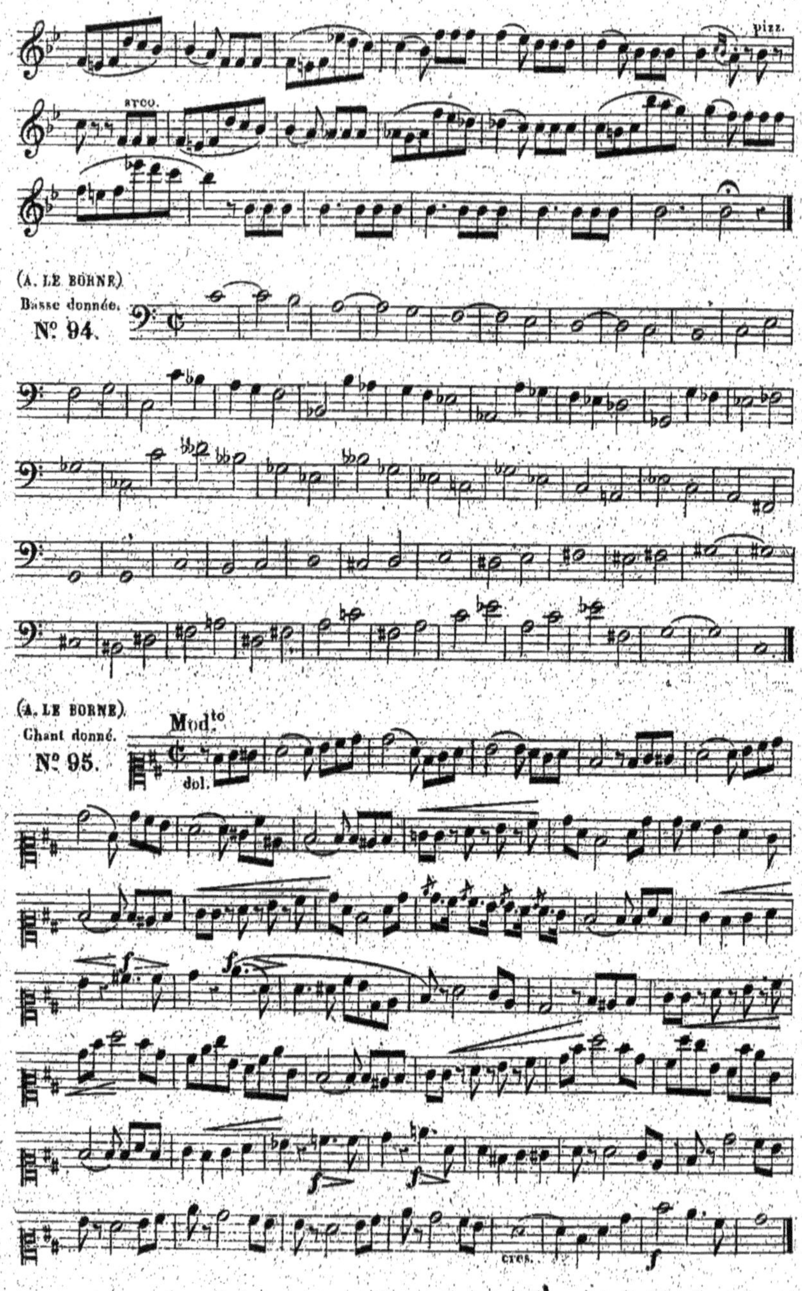

pizz.
arco.
(A. LE BORNE).
Basse donnée.
Nº 94.
(A. LE BORNE).
Chant donné.
Nº 95.
Mod.to
dol.
cres.

(F. LE COUPPEY). (Style moderne).
Chant donné.
No. 96.

(A. PANSERON).
Basse donnée.
No. 97.

All°. moderato.

Les élèves qui se bornent à réaliser l'harmonie pour le Piano pourront, quand il s'agira d'accompagner un *chant donné*, écrire l'harmonie accompagnante sur deux portées à part, sous forme d'un *accompagnement de Piano*. (*)

La leçon suivante que nous devons à Mr MARMONTEL fournira un exemple de cette manière naturelle d'accompagner un chant.

Nous ne plaçons ici que le chant donné, la réalisation de l'harmonie se trouve au second volume page 229.

____

(*) Il est bon de faire observer que, dans ce cas, les notes du Chant peuvent être doublées dans l'accompagnement; cela n'est pas alors considéré comme formant des octaves mais simplement comme le redoublement de la partie mélodique.

FIN DU COURS D'HARMONIE.

Paris, Imp: L. Parent rue Rochechouart 35.

QUESTIONNAIRE.

39

PREMIÈRE PARTIE.

—

HARMONIE CONSONNANTE.

⸺◦◦⸺

CHAPITRE PREMIER.

Accord parfait majeur, Accord parfait mineur, Accord de quinte diminuée.

DE L'ACCORD PARFAIT MAJEUR.

Origine.

Qu'est ce que l'accord parfait majeur? — 1 *.

Constitution.

De quoi se compose-t-il? — 2.

Doublement et disposition des notes de l'accord.

Peut-on doubler quelqu'une des notes qui composent l'accord parfait majeur?— 3.

La disposition des notes de l'accord au-dessus de la basse est-elle arbitraire? — 4.

Caractère.

Quel est le caractère particulier de l'accord parfait majeur? — 5.

Chiffrage.

Qu'est-ce que chiffrer un accord? — 6.

Comment chiffre-t-on l'accord parfait majeur? — 6 et 7.

Emploi.

Combien peut on former d'accords parfaits majeurs avec les notes diatoniques d'une gamme majeure? — 8.

Combien peut-on former d'accords parfaits majeurs avec les notes diatoniques d'une gamme mineure? — 9.

Quelle position occupent ils dans chacune de ces gammes? — 8 et 9.

DE L'ACCORD PARFAIT MINEUR.

Origine.

Qu'est-ce que l'accord parfait mineur? — 13.

Constitution.

De quoi se compose-t-il? — 14 et 15.

Doublement et disposition des notes de l'accord.

Peut-on doubler quelqu'une des notes de l'accord parfait mineur? — 10.

La disposition des notes de l'accord au-dessus de la basse est-elle arbitraire? — 16.

Si l'on se trouvait forcé de supprimer une des trois notes dont se compose l'accord parfait, soit majeur, soit mineur, laquelle de ces trois notes devrait-on retrancher? — 17.

Caractère.

Quel est le caractère particulier de l'accord parfait mineur? — 18.

* Les chiffres placés après les questions indiquent les nᵒˢ des paragraphes.

∘०∘

CHAPITRE TROISIÈME.

De l'Harmonie pratique.

CHAPITRE QUATRIÈME.

Du Renversement des Accords consonnants.

RENVERSEMENTS DE L'ACCORD PARFAIT.

RENVERSEMENTS DE QUINTE DIMINUÉE.

CHAPITRE CINQUIÈME.

De l'Enchaînement des Accords renversés.

CHAPITRE SIXIÈME.

Des Cadences harmoniques.

CHAPITRE SEPTIÈME.

De la Modulation.

CHAPITRE HUITIÈME.

Des Marches Harmoniques.

SECONDE PARTIE.

—

HARMONIE DISSONANTE.

—❦—

De l'harmonie dissonante en général.

———o o———

1ʳᵉ DIVISION.

DISSONANCES NATURELLES.

ACCORDS DANS LESQUELS LA DISSONANCE ÉTANT NATURELLE N'A PAS BESOIN DE PRÉPARATION.

—

CHAPITRE PREMIER

Accord de Septième de dominante.

∗∗∗

CHAPITRE DEUXIÈME.

Accord de Neuvième de dominante.

(MODE MAJEUR. — MODE MINEUR.)

Qu'arriverait-il si l'on faisait résoudre la neuvième avant les autres notes de l'accord? — 336.

Doublement des notes de l'accord.

Chacune des notes de l'accord peut-elle être doublée? — 338.

Suppression de notes.

Quelle note doit être supprimée de préférence? — 339.

Disposition.

La disposition des notes de l'accord est-elle arbitraire, ou bien doit-il exister entre
quelques-unes de ces notes des rapports d'intervalles déterminés? — 340, 341,
342 et 343.

Chacune des notes de l'accord peut-el'e être placée indistinctement dans l'une ou
l'autre des parties? — 344 et 345.

Échange des notes de l'accord.

Pendant la durée de l'accord, les différentes notes qui le composent peuvent-elles
en s'échangeant être transposées d'une partie dans une autre? — 346 et 347.

Chiffrage.

Comment chiffre-t-on l'accord de neuvième de dominante de l'un et de l'autre mode?
— 348.

RENVERSEMENTS DE L'ACCORD DE NEUVIÈME DE DOMINANTE.

A quelle remarque donnent lieu les renversements de l'accord de neuvième de dominante? — 349 et 350.

CHAPITRE TROISIÈME.

Accord de Septième de sensible.

(Ou accord de neuvième de dominante avec suppression de la fondamentale.)

MODE MAJEUR.		MODE MINEUR.
(Accord dit de septième mixte.)		(Accord de septième diminuée.)

Origine.

Comment se forme l'accord de septième de sensible? — 351.

Constitution.

Quelle est la composition de cet accord pour le mode majeur et pour le mode mineur?
— 352.

Résolution.

Comment l'accord de septième de sensible de l'un et de l'autre mode fait-il sa résolution naturelle? — 353.

Quel accord obtiendrait-on en faisant résoudre la septième de sensible (neuvième
de dominante) avant les autres notes de l'accord? — 354.

Outre sa résolution naturelle, l'accord de septième de sensible ne peut-il pas recevoir d'autres résolutions? — 355.

Doublement.

Peut-on doubler chacune des notes de l'accord? — 356.

Suppression de notes.

Quelle note doit être supprimée de préférence? — 358.

Disposition.

Les règles relatives à la disposition des notes dans l'accord de neuvième de domi-

nante *avec fondamentale* sont-elles applicables à l'accord de septième de sensible,
son dérivé ? — 359 et 360.

A l'égard de la disposition des notes, l'accord de septième de sensible du mode mineur est-il assujetti aux mêmes règles que celui du mode majeur ? — 361.

Emploi.

L'accord de septième de sensible du mode mineur (accord de septième diminuée)
peut-il être employé dans le mode majeur ? — 362.

Le contraire peut-il avoir lieu ? — 362.

Dans les nombreuses résolutions évitées que peut recevoir l'accord de septième de
sensible, n'y a t-il pas comme pour celles de l'accord de septième de dominante
certaines règles à observer relativement à la marche des parties ? — 363.

Chiffrage.

Comment chiffre-t-on l'accord de septième de sensible du mode majeur et celui du
mode mineur ? — 364.

RENVERSEMENTS DE L'ACCORD DE SEPTIÈME DE SENSIBLE.

MODE MAJEUR.	MODE MINEUR.
(Accord dit de septième mixte.)	(Accord de septième diminuée.)

MODE MAJEUR.

Comment se nomme le premier renversement de l'accord de septième de sensible ?

Comment est-il composé ?

Sur quel degré se place-t-il ?

Comment le chiffre-t-on ?

MODE MINEUR.

Comment se nomme le premier renversement de l'accord de septième diminuée ?

Comment est-il composé ?

Sur quel degré se place-t-il ?

Comment le chiffre-t-on ?

Mêmes questions pour les deuxième et troisième renversements de l'accord dans l'un et
l'autre mode.

Tableau synoptique, p. 163.

REMARQUES SUR LES RENVERSEMENTS DES ACCORDS DE SEPTIÈME DE SENSIBLE.

Dans les renversements de l'accord de septième de sensible *du mode majeur*, la septième de la note sensible (c'est-à-dire la neuvième dans l'accord fondamental de
dominante) ne doit-elle pas occuper une position déterminée par rapport à la
note sensible ? — 365 et 366.

Dans les renversements de l'accord de septième de sensible du mode mineur, ces
rapports d'intervalle sont-ils prescrits à l'égard de la septième diminuée ? — (Voir
les exemples au tableau synoptique, page 163.)

Le troisième renversement de l'accord de septième de sensible amène à la basse la
septième de la sensible, c'est-à-dire la neuvième de la dominante, ce que nous
avons vu être impraticable pour l'accord de neuvième de dominante, générateur
de celui-ci. Cette circonstance rend-elle également inadmissible le troisième
renversement de l'accord de septième de sensible ? — 367.

L'emploi du troisième renversement de l'accord de septième de sensible de l'un des
deux modes n'exige-t il pas certaines conditions ? — 368.

N'y a-t-il pas des circonstances où la quinte diminuée de l'accord de septième de

sensible (la septième dans l'accord fondamental de neuvième de dominante) peut
dans certains renversements recevoir une résolution ascendante? — 369 et 370.

L'accord de septième de sensible du mode mineur (l'accord de septième diminuée)
offre des analogies enharmoniques remarquables. Indiquez-les. — 371.

Quels avantages résultent de cette propriété? — 372.

Échange des notes de l'accord.

Peut-on, par une transposition des notes de l'accord entre différentes parties, présenter successivement l'accord de septième de sensible sous ses diverses formes
en en suspendant la résolution comme cela a été pratiqué pour l'accord de septième de dominante? — 373.

CHAPITRE QUATRIÈME.

Accords dits de onzième de tonique; de treizième, majeure ou mineure, de tonique, ou autrement de onzième de tonique avec sixte majeure de mineure.

Qu'est-ce que l'accord de onzième de tonique? — 374.

Comment le chiffre-t-on? — 375.

De quoi sont composées les agrégations désignées sous le nom d'accords de *treizième majeure* ou *mineure de tonique*, ou bien d'accords de *onzième de tonique*
avec *sixte majeure* ou *mineure*, suivant le mode? — 376.

Comment chiffre-t-on ces accords? — 377.

Ces dénominations de onzième et de treizième de tonique par lesquelles on désigne
vulgairement ces agrégations sont-elles bonnes? — (Nota à la page 175.)

Quels noms conviendrait-il de leur donner? — (Nota à la page 175.)

Comment emploie-t-on ces accords? — 378, 380 et 381.

Relativement à leur résolution, à la disposition des parties, etc., quelles sont les
règles qui les concernent? — 382.

2ᵉ DIVISION.

DISSONANCES ARTIFICIELLES.

ACCORDS DISSONANTS DANS LESQUELS LA DISSONANCE DOIT ÊTRE PRÉPARÉE.

—

Les accords dont il est ici question forment-ils des accords *à part* et d'une composition particulière, ou bien résultent-ils simplement de modifications apportées
aux accords qui appartiennent à l'harmonie naturelle? — 383.

En quoi consistent ces modifications apportées aux accords naturels? — 384.

Comment ces modifications s'opèrent-elles? — 385.

Qu'entend-on par *préparation?* — 387.

Qu'appelle-t-on *résolution?* — 388.

La préparation et la résolution peuvent-elles s'effectuer indistinctement sur tous
les intervalles harmoniques, consonnants ou dissonants? — 390.

La préparation et la résolution ne sont-elles pas assujetties à certaines conditions sous le rapport du rhythme? — 391 et 393.

La dissonance doit-elle nécessairement se porter à son point de résolution *immédiatement* et par intervalle conjoint, ou bien est-il possible de placer entre elle et sa résolution une ou plusieurs notes intégrantes ou artificielles? — 394.

De combien de façons les dissonances dont nous nous occupons ici peuvent-elles modifier un accord naturel? — 395.

Comment appelle-t-on l'artifice au moyen duquel ces dissonances étrangères sont introduites dans l'harmonie naturelle? — 396 et 397.

CHAPITRE PREMIER.

Accords rendus Dissonants par l'addition d'une note préparée.

Origine.

Quelles sont les agrégations dissonantes résultant de la modification énoncée ci-dessus? — 398 et 400.

La septième est-elle la seule dissonance artificielle qui puisse être associée de la sorte à un accord non renversé, sans rentrer dans la catégorie des retards? — 401.

Constitution.

Tous les accords parfaits majeurs, mineurs, ou accords de quinte diminuée que comporte la gamme, peuvent-ils recevoir ainsi l'addition d'une septième? — 402.

Résolution.

La résolution de cette septième doit-elle s'effectuer sur un accord ayant la même fondamentale ou sur un accord différent? — 403.

Doublement.

Chacune des notes de l'accord peut-elle être doublée? — 405.

Emploi.

Ces dissonances ne peuvent-elles jamais être employées sur les temps faibles? — 407.

Notes essentielles.

Quels sont, dans ces accords, les notes intéressantes? — 408.

Chiffrage.

Quel nom donne-t-on à ces agrégations et comment les chiffre-t-on? — 409.

Marches harmoniques.

Ces dissonances ne peuvent-elles pas entrer dans quelqu'une des progressions consonnantes que nous connaissons et former ainsi des *marches dissonantes*? — 410.

Sur quelle marche consonnante se greffent plus particulièrement ces sortes de septièmes? — 411.

RENVERSEMENTS.

Ces accords sont-ils comme les accords naturels susceptibles d'être renversés? — 413.

PREMIER RENVERSEMENT.

Constitution. — Chiffrage.

Comment nomme-t-on le premier renversement? — De quoi est-il composé et comment le chiffre-t-on? — 414.

Quelle est la dissonance dans l'accord de *quinte et sixte*, et quel serait l'accord consonnant résultant de la suppression de cette dissonance? — 415.

Notes essentielles.

Quelles sont les notes essentielles dans l'accord de *quinte et sixte?* — 416.

Marches harmoniques.

Sur quelle marche consonnante établit-on principalement la marche de *quinte et sixte?* — 417 et 418.

DEUXIÈME RENVERSEMENT.

Constitution. — Chiffrage.

Comment se nomme le deuxième renversement? De quoi se compose-t-il et comment le chiffre-t-on? — 419.

Quelle est la dissonance dans l'accord de *tierce et quarte,* et quelle est l'harmonie simple de cet accord? — 420.

Notes essentielles.

Quelles sont les notes essentielles de l'accord de *tierce et quarte?* — 421.

Marches harmoniques.

Quelle serait la marche harmonique qui produirait cet accord? — 422.

TROISIÈME RENVERSEMENT.

Constitution — Chiffrage.

Comment se nomme, se compose et se chiffre le troisième renversement? — 423.

Où la dissonance se trouve-t-elle placée dans l'accord de *seconde?* — 424.

Notes essentielles.

Quelles sont les notes importantes dans l'accord de *seconde?* — 425.

Marches harmoniques.

Comment s'établit la marche de *secondes?* — 426.

OBSERVATIONS SUR L'ACCORD DE SEPTIÈME PLACÉ SUR LE SECOND DEGRÉ.

L'accord de septième qui se produit sur le second degré ne doit-il pas être l'objet d'une remarque particulière? — 427.

L'accord de septième, établi de la sorte sur le deuxième degré de de la gamme mineure, n'a-t-il pas, sous un rapport, une grande ressemblance avec un des accords appartenant à l'harmonie naturelle? — 428.

En quoi donc diffèrent ces accords qui sont identiques quant à la composition des intervalles? — 429.

CHAPITRE DEUXIÈME.

Dissonances produites par le retard de notes intégrantes.

Origine.

Par quel artifice obtient-on ces dissonances? — 430.

Constitution. — Résolution.

A quelle distance de la note intégrante doit se trouver la dissonance qui retarde cette note, et comment s'opère la résolution? — 431.

Cette résolution doit-elle se faire nécessairement sur l'accord même qui contient le retard, ou bien peut-elle aussi avoir lieu sur un accord différent? — 432.

Une résolution qui entraînerait des octaves cachées serait-elle néanmoins admissible? — 433.

Les quintes et octaves retardées par l'emploi des suspensions sont-elles permises? — 434.

Doublement.

La dissonance peut-elle être doublée? — 436.

Importance et disposition des notes.

Quelles sont les bonnes notes dans ces accords artificiels? — 438.

Les dissonances dont il est ici question peuvent-elles être placées à toutes les parties indistinctement? — 439 et 440.

Emploi.

Quelle règle doit-on suivre dans l'emploi de ces dissonances sous le rapport du rhythme? — 441.

Peut-on faire entendre en même temps la dissonance dans une partie, et, dans une autre, la *note retardée* par cette dissonance? — 442.

Retard des notes intégrantes dans l'harmonie consonnante.

(Accords parfaits majeur et mineur, et accord de quinte diminuée.)

Nota. Les choses se passant de la même manière à l'égard des accords parfaits majeur et mineur et de l'accord de quinte diminuée, les questions que nous formulons ici sont applicables à chacun de ces accords.

RETARD DE LA FONDAMENTALE DANS L'ACCORD PARFAIT ET SES RENVERSEMENTS

ACCORD FONDAMENTAL.

Constitution. — Chiffrage.

Comment se nomme, se compose et se chiffre l'agrégation produite par le retard de la *fondamentale* dans l'accord parfait non renversé?

Quelle est la dissonance donnée par ce retard?

PREMIER RENVERSEMENT.

Comment se nomme, se compose et se chiffre l'agrégation produite par le retard de la *fondamentale* dans le premier renversement de l'accord parfait, *l'accord de sixte?*

Quelle est la dissonance?

Quelle note de l'accord de *sixte* est retardée?

DEUXIÈME RENVERSEMENT.

Comment se nomme, se compose et se chiffre l'agrégation produite par le retard de la *fondamentale* dans le deuxième renversement de l'accord parfait, *l'accord de quarte et sixte?*

Quelle est la dissonance?

Quelle note de l'accord de *quarte et sixte* est retardée?

Sous quelle forme le retard de la *fondamentale* est-il le plus usité? — 445.

Sur quelle série de sons s'établit principalement une *marche de septièmes* (retards de la sixte)? — 446.

En quoi ces accords de septièmes (retards de la sixte) diffèrent-ils de ceux qui ont fait le sujet du chapitre précédent? — 447, 448 et 449.

RETARD DE LA TIERCE DE LA FONDAMENTALE DE L'ACCORD PARFAIT ET SES RENVERSEMENTS.

ACCORD FONDAMENTAL.

Comment se nomme, se compose et se chiffre l'agrégation produite par le retard de la *tierce* de la fondamentale dans l'accord parfait non renversé? (Tableau synoptique, page 196.)

Tableau synoptique, page 192.

42

Quelle est la dissonance donnée par ce retard?

PREMIER RENVERSEMENT.

Comment se nomme, se compose et se chiffre l'agrégation produite par le retard de la *tierce* de la fondamentale dans le premier renversement de l'accord parfait, l'*accord de sixte*?

Quelle est la dissonance?

Quelle note de l'accord de *sixte* est retardée?

DEUXIÈME RENVERSEMENT.

Comment se nomme, se compose et se chiffre l'agrégation produite par le retard de la *tierce* de la fondamentale dans le deuxième renversement de l'accord parfait, l'accord de *quarte et sixte*?

Quelle est la dissonance?

Quelle note de l'accord de *quarte et sixte* est retardée?

Sous quelle forme le retard de la *tierce* de la fondamentale est-il le plus fréquemment employé? — 450.

Sur quelle série de sons s'établit principalement une marche de *quarte et quinte?* — 451.

RETARD DE LA QUINTE DE LA FONDAMENTALE DANS L'ACCORD PARFAIT.

Quelle est l'agrégation fournie par le retard de la *quinte* de la fondamentale dans l'accord parfait? — 453, 454 et 455.

RETARD DE L'OCTAVE DE LA FONDAMENTALE DANS L'ACCORD PARFAIT.

Comment se nomme, se compose et se chiffre l'agrégation produite par le retard de l'*octave* de la fondamentale dans l'accord parfait?

Quelle est la dissonance donnée par ce retard?

Cette disssonance de neuvième doit-elle, comme la neuvième de dominante, se trouver toujours en rapport de neuvième avec la fondamentale, ce qui, pour cette agrégation comme pour l'accord de neuvième de dominante, rendrait le troisième renversement impraticable? — 456.

RENVERSEMENTS.

Comment se nomme, se compose et se chiffre le premier renversement de l'agrégation précédente?

Quelle est la dissonance dans ce renversement?

Comment se nomme, se compose et se chiffre le second renversement?

Quelle est la dissonance dans ce renversement?

Dans les renversements, comme dans l'accord non renversé, la neuvième de la fondamentale doit-elle être rigoureusement tenue à distance de neuvième de cette fondamentale?

Ces renversements sont-ils usités?

Cette agrégation ayant quatre sons, pourquoi ne fait-elle pas de troisième renversement? — 456.

Sur quelle série de sons s'établit principalement une marche de *neuvièmes?* — 457 et 458.

Ne peut-on pas, en retardant l'octave de la basse dans les accords *renversés*, obtenir ainsi d'autres agrégations contenant la dissonance de neuvième? — 459.

Ces dernières agrégations sont-elles usitées? — 459.

Toutes les consonnances peuvent-elles servir à préparer la neuvième? — 460.

Retard des notes intégrantes dans l'harmonie dissonante naturelle.

(Accords de septième et de neuvième de dominante et accord de septième de sensible.)

RETARD DE LA FONDAMENTALE DANS L'ACCORD DE SEPTIÈME DE DOMINANTE ET SES RENVERSEMENTS.

Quelle agrégation produit le retard, par la note supérieure, de la *fondamentale* dans l'accord de septième de dominante et ses renversements? — 461 et tableau synoptique suivant.

RETARD DE LA TIERCE DE LA FONDAMENTALE DANS L'ACCORD DE SEPTIÈME DE DOMINANTE ET SES RENVERSEMENTS.

ACCORD FONDAMENTAL.

Comment se nomme, se compose et se chiffre l'agrégation produite par le retard de la *tierce* de la fondamentale dans l'accord de septième de dominante non renversé?

Quelle est la dissonance artificielle résultant de ce retard?

PREMIER RENVERSEMENT.

Comment se nomme, se compose et se chiffre l'agrégation produite par le retard de la *tierce* de la fondamentale dans le premier renversement, l'accord de *sixte et quinte diminuée?*

Quelle est la dissonance artificielle?

Quelle note de l'accord de *sixte et quinte* est retardée?

DEUXIÈME RENVERSEMENT.

Comment se nomme, se compose et se chiffre l'agrégation produite par le retard de la *tierce* de la fondamentale dans le deuxième renversement de l'accord de septième de dominante, l'accord de *sixte sensible?*

Quelle est la dissonance artificielle?

Quelle note de l'accord de *sixte sensible* est retardée?

TROISIÈME RENVERSEMENT.

Comment se nomme, se compose et se chiffre l'agrégation produite par le retard de la *tierce* de la fondamentale dans le troisième renversement de l'accord de septième de dominante, l'accord de *triton?*

Quelle est la dissonance artificielle?

Quelle note de l'accord de *triton* est retardée?

RETARD DE LA QUINTE DE LA FONDAMENTALE DANS L'ACCORD DE SEPTIÈME DE DOMINANTE ET SES RENVERSEMENTS.

On sait que le retard de la quinte de la fondamentale, dans l'accord parfait, produisant une agrégation consonnante (l'accord de sixte), n'a pas un caractère suspensif bien déterminé; en est-il de même à l'égard de ce retard appliqué à l'accord de septième de dominante? — 462.

Dans l'emploi des agrégations fournies par le retard de la *quinte* de la fondamentale dans l'accord de septième de dominante et ses renversements, la disposition des notes est-elle arbitraire? — 463.

Comment sont composées les agrégations produites par le retard de la *quinte* de la

⋙⋘

3ᵉ DIVISION.

ARTIFICES HARMONIQUES

PRODUISANT DE NOUVELLES AGRÉGATIONS.

EXPOSÉ.

Outre les *prolongations* et les *retards*, n'y a-t-il pas encore d'autres artifices harmoniques qui, apportant aux accords que nous connaissons des modifications nouvelles, donnent naissance à de nouvelles agrégations? — 479.

⚬

CHAPITRE PREMIER.

Des Altérations.

Remarques particulières sur les différentes altérations, et notamment sur les plus usitées.

ALTÉRATIONS DE L'OCTAVE DE LA FONDAMENTALE.

ALTÉRATIONS DE LA QUINTE DE LA FONDAMENTALE.

ALTÉRATION ASCENDANTE DE LA QUINTE.

CHAPITRE DEUXIÈME.

Des Pédales.

Y a-t-il quelque rapport d'intervalle à garder entre la note qui fait pédale et les autres notes de l'accord qu'elle supporte ? — 552.

Des Pédales supérieures et intérieures.

Comment obtient-on ces sortes de pédales ? — 554.

L'emploi de la note sensible *sous* une pédale de *tonique* n'est-il pas assujetti à certaines conditions ? — 555 et 556.

Toutes les notes de la gamme peuvent elles, ainsi que la *tonique* et la *dominante*, former des pédales *supérieures et intérieures* ? — 557.

La note qui fait *pédale* dans une partie pourrait-elle être doublée dans une autre où elle serait traitée comme une dissonance ordinaire ? — 558.

Des doubles Pédales.

Expliquez ce que c'est qu'une *double pédale*, et comment ces sortes de pédales se pratiquent. — 559 et 560.

TROISIÈME PARTIE.

ARTIFICES MÉLODIQUES.

(NOTES ÉTRANGÈRES A L'HARMONIE.)

EXPOSÉ.

En quoi consistent ces *artifices mélodiques* ? quels sont-ils ? — 561.

CHAPITRE PREMIER.

Des Notes de passage.

Qu'appelle-t on *notes de passage* ? — 562.

Combien peut-on faire de notes de passage consécutives par succession diatonique ? — 563.

Par succession chromatique, peut-on produire un plus grand nombre de notes de passage consécutives ? — 564.

Pourrait-on placer aussi la note de passage entre deux mêmes notes essentielles répétées ? — 565.

La note passagère de *retour* doit-elle être supérieure ou inférieure à la note essentielle ? — 566 et 569.

Quelle doit être la valeur et la situation rhythmique des notes de passage par rapport à celles des notes essentielles entre lesquelles elles se trouvent placées ? — 570, 571 et 572.

Les notes de passage étant étrangères à l'harmonie, doit-on avoir égard aux quintes ou aux octaves consécutives qu'elles peuvent amener ? — 573.

Les notes de passage sont-elles praticables dans toutes les parties ? — 574.

Peut-on employer les notes de passage dans plusieurs parties à la fois ? — 575.

Comment doivent procéder les notes de passage simultanées ? — 576 et 577.

Chiffre-t-on les notes de passage ? — 578.

CHAPITRE DEUXIÈME.

Des Appoggiatures ou notes de goût.

APPOGGIATURES SIMPLES ET DOUBLES; PORT DE VOIX; MORDANT; GRUPETTO.

Des Appoggiatures simples et doubles.

Du Port de voix.

Du Mordant.

Du Grupetto.

CHAPITRE TROISIÈME.

Des notes syncopées et de l'anticipation.

Des Notes syncopées.

De l'Anticipation.

APPENDICES.

De la production de l'harmonie sous un chant donné.

De quelle manière doit-on procéder pour établir l'harmonie *sous* une partie supérieure donnée? — 610.

Comment, dans l'analyse d'une mélodie, distinguera-t-on les notes réelles de celles qui ne sont que d'ornement? — 611. — Et par quels moyens pourra-t-on reconnaître d'une manière précise les diverses tonalités qui surviennent?—612 et 613.

Quelles conditions doit remplir, pour être bonne, l'harmonie placée sous un chant donné? — 615.

Des principaux artifices du contre-point.

DE L'IMITATION.

Qu'est-ce que l'imitation? — 617.

Comment nomme-t-on la phrase à imiter et celle qui l'imite? — 618.

Quel doit être l'espace de temps compris entre l'entrée de l'*antécédent* et celle de son *conséquent?* — 619.

L'imitation peut-elle avoir lieu à tous les intervalles? — 620.

Qu'appelle-t-on imitation *régulière* ou *contrainte?* — 621 et 622.

L'imitation régulière se pratique-t-elle à tous les intervalles? — 623.

Qu'est-ce que l'imitation irrégulière? — 624.

Qu'est-ce qu'un *canon?* — 625.

De l'Imitation libre et de l'Imitation de mouvement.

En quoi consiste l'*imitation libre?* — 626 et 627.

Qu'appelle-t-on *imitation de mouvement?* — 628.

———

Quel usage fait-on de l'imitation? — 629.

L'imitation peut-elle être traitée à plus de deux parties? — 630.

DU CONTRE-POINT RENVERSABLE. — CONTRE-POINT DOUBLE, TRIPLE ET QUADRUPLE.

Du Contre-Point double.

Qu'est-ce que le contre-point double? — 631.

Comment s'opère le renversement des parties? — 632.

Combien y a-t-il d'espèces de contre-point double? — 633 et 634.

Toutes les espèces de contre-point double sont-elles usitées? — 635.

Quelles sont celles qui offrent le plus de ressources et d'intérêt? — 636.

A quel moyen faut-il avoir recours pour se rendre compte des intervalles qu'on peut employer et de ceux qu'il faut éviter afin que le renversement présente une harmonie correcte?—638 et 639.

Du Contre-Point double à l'octave.

Comment procède-t-on pour composer ce contre-point? — 641.

Quelles sont les règles à observer dans la formation de ce contre-point à l'égard des intervalles d'octave? — 642. — De quinte? — 643. — De quarte? — 644. — Et à l'égard des autres intervalles? — 645.

FIN DU PREMIER VOLUME.

Imp. Bailly, Divry et Ce, pl. Sorbonne, 2.

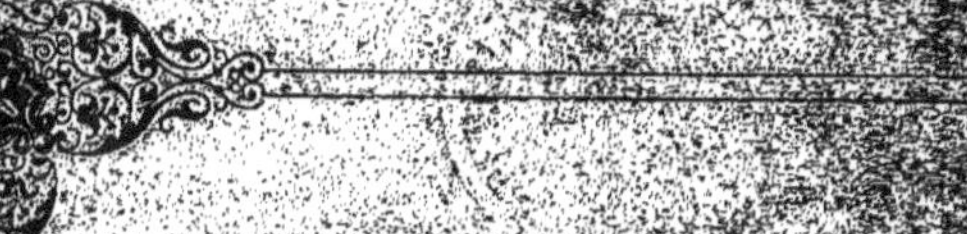

Du même Auteur

RECUEIL

DE PLAINS-CHANTS D'ÉGLISE

TRANSCRITS EN NOTATION MODERNE

et harmonisés à 3 et à 4 voix

avec l'approbation de Monseigneur l'Archevêque de Paris

Par livraisons, chacune 50 c.

DIVERS MOTETS ET MORCEAUX DE MUSIQUE SACRÉE

O SALUTARIS

CHANTS RELIGIEUX, ou Cantiques

PARIS. — IMPRIMERIE